Gertraud Diem-Wille

Karrierefrauen und Karrieremänner

Eine psychoanalytisch orientierte Untersuchung ihrer Lebensgeschichte und Familiendynamik

Westdeutscher Verlag

Die Deutsche Bibliothek – CIP-Einheitsaufnahme

Diem-Wille, Gertraud:
Karrierefrauen und Karrieremänner: eine psychoanalytisch
orientierte Untersuchung ihrer Lebensgeschichte und
Familiendynamik / Gertraud Diem-Wille. – Opladen:
Westdt. Verl., 1996
ISBN 3-531-12787-X

Alle Rechte vorbehalten
© 1996 Westdeutscher Verlag GmbH, Opladen

Der Westdeutsche Verlag ist ein Unternehmen der Bertelsmann Fachinformation.

Das Werk einschließlich aller seiner Teile ist urheberrechtlich
geschützt. Jede Verwertung außerhalb der engen Grenzen des
Urheberrechtsgesetzes ist ohne Zustimmung des Verlags unzulässig und strafbar. Das gilt insbesondere für Vervielfältigungen,
Übersetzungen, Mikroverfilmungen und die Einspeicherung und
Verarbeitung in elektronischen Systemen.

Umschlaggestaltung: Horst Dieter Bürkle, Darmstadt
Druck und buchbinderische Verarbeitung: Rosch-Buch, Hallstadt
Gedruckt auf säurefreiem Papier
Printed in Germany

ISBN 3-531-12787-X

Zum Gedächtnis an
Papa,
der mir Lebensfreude, Liebe und
geistige Anregungen gegeben hat.

EINLEITUNG

Eine Themenwahl steht ja immer in einem bewußten oder unbewußten Zusammenhang mit persönlichen Lebensfragen. Wenn ich versuche, den Bezug der Untersuchung zu meinem Leben nachzuzeichnen, werden zwei Linien sichtbar: erstens mein Interesse für unbewußte psychische Zusammenhänge und zweitens ein gleichsam hinter unserem Rücken wirkender familiärer Auftrag zum Erfolg.

Schon während der Mittelschule übte die Psychoanalyse eine starke Faszination auf mich aus, obwohl sie im Fach „Philosophischer Einführungsunterricht" in der Klosterschule nur als antichristliche Theorie referiert wurde. Freud bot eine Erklärung für mein diffuses Gefühl an, daß sich zwischen Menschen und in einem Menschen viel Dramatisches abspielt, worüber nicht gesprochen wird. Als ich mit 30 Jahren mit dem ersten selbst verdienten Geld eine Lehranalyse beginnen konnte, übertraf die Tiefe und Kraft des Unbewußten meine Erwartungen. So schmerzlich einerseits die Einsicht in das eigene Seelenleben ist, so reichhaltig und faszinierend sind die geheimen Zusammenhänge und die innere Dynamik andererseits. Es ist mir seither ein Anliegen, psychoanalytisches Denken in die Pädagogik und Sozialpädagogik zu integrieren. Die breite Ablehnung der Psychoanalyse hängt vermutlich mit der Angst zusammen, bei sich „krankhafte" unbewußte Antriebe wahrnehmen zu müssen. Aus diesem Grund wählte ich für die Studie erfolgreiche Frauen und Männer aus der Industrie und der Wissenschaft, um anhand ihrer beruflichen Karriere die intrapsychische Dynamik aufzuzeigen. Ich hoffe, daß es so leichter fällt, die Dynamik des Unbewußten zu verstehen und vielleicht auch Bezüge zur eigenen Lebensgeschichte herzustellen.

Der Wunsch, die Familiengeschichte meiner Herkunftsfamilie besser zu verstehen, bildet sicher ein zweites Motiv für die Themenwahl. Ich stamme aus einer Familie mit 6 Kindern, die alle ein Universitätsstudium abgeschlossen haben und nun erfolgreich in ihrem Beruf tätig sind. Diese auffallende Tendenz zum beruflichem Aufstieg läßt auf einen Zusammenhang schließen. Ich versuche diese Tendenz, wie ich sie sehe, nachzuzeichnen: Die beiden ältesten Geschwister waren Brüder und haben geschlechtskonform nach der Matura studiert und danach ihre berufliche Karriere als Anwalt und Wirtschaftsprüfer gestartet. Wir vier Schwestern haben frauenrollenkonform aber im Gegensatz zur berufstätigen Mutter sofort oder bald nach der Matura geheiratet und Kinder bekommen. Alle vier haben nach ein paar Jahren Ehe und Kindererziehung ein Hochschulstudium begonnen und abgeschlossen. Meine Beschäftigung mit der Psychoanalyse und der Familientherapie ließ mich die Frage in bezug auf meine eigene Herkunftsfamilie stellen: Welche Familiendynamik hat alle Kinder befähigt, trotz schwieriger Rahmenbedingungen neben einem Hausfrauenjob mit ein bis drei Kindern ein Studium zu absolvieren und beruflich erfolgreich zu sein?

Bei beiden Elternteilen ist ein Aufstiegswille da, wobei der Hauptmotor von der Mutter stammen dürfte. Meine Mutter fühlte sich mit dem Makel der „nicht standesgemäßen" Geburt behaftet. Mein Großvater, Sohn eines Großbauern, verliebte sich in meine Großmutter Rosalia, die schon mit 14 Jahren als Köchin arbeiten mußte. Ihre Eltern gehörten als Schneidermeister zum ländlichen Proletariat; für ihre zahlreichen Kinder hatten sie nie genug zu essen. Die Familie des Großvaters war gegen diese Eheschließung, enterbte den Großvater und sprach nie wieder ein Wort mit ihm, obwohl sie im selben Dorf wohnte. Meine Mutter war überdies 5 Jahre vor der Eheschließung geboren, was bei ihrer tiefen Religiösität als besonderer Makel erlebt wurde, den sie sühnen wollte. Deshalb wollte sie ihr Leben Gott weihen und ins Kloster gehen. Gleichzeitig wollte sie vermutlich all jenen, die ihre Mutter abgelehnt hatten, zeigen, was sie wert sei. Sie heiratete meinen Vater, einen Akademiker, und sorgte dafür, daß alle 6 Kinder die Matura machten. So organisierte sie uns trotz guter schulischer Leistungen vorbeugend Nachhilfelehrer, um uns durch gute Noten Freude am Lernen zu vermitteln. Schon meine Großmutter mütterlicherseits, die gerne weiter zur Schule gegangen wäre, hatte unter großen finanziellen Opfern die Handelsschule für meine Mutter finanziert. Die treibende Kraft für den finanziellen Aufstieg war die Mutter, die zuerst meinem Vater in der Rechtsanwaltskanzlei half und später die ererbte Ziegelei- und Baustoffhandlung gemeinsam mit dem Vater selbständig leitete.

Mein Vater verkörperte in meiner Herkunftsfamilie die Lebensfreude und das Lustprinzip. Er liebte Musik und Literatur, gutes Essen und Geselligkeit. Der Beruf des Rechtsanwalts war für ihn mühsam, er hätte gerne rascher Geld verdient. Die Eltern des Vaters waren wohlhabende

Kaufleute auf dem Land, seine Vorfahren Besitzer des Lagerhauses. Vom Großvater väterlicherseits stammt die musikalisch-künstlerische Ader. Erst im Kontext der Forschungsarbeit wurde mir bewußt, daß ich eine starke Antriebskraft, die vom Vater stammt, verdrängt hatte. Das bei der Hälfte der Wissenschaftler konstatierte Phänomen, wissenschaftliche Tätigkeit als Kompensation für verletzte Körperintegrität eines Familienmitgliedes zu betreiben, trifft auch für unsere Familie zu. Mein Vater mußte als Kind wegen einer Hüftluxation jahrelang das Bett hüten und setzte sein körperliches Handicap eines verkürzten Beines in vielfältiger Weise ein. Er funktionierte dieses Handicap sogar zu zahlreichen Vergünstigungen und Arbeitserleichterungen um. Er lernte ausgezeichnet Klavierspielen und ersetzte das unter Burschen übliche Raufen durch eine Kraftprobe der Hände (Rangeln). Er konnte tanzen, aber nicht ein Auto chauffieren oder körperliche Arbeit im Garten verrichten etc. Darüber hinaus verstehe ich seine Betonung unserer „gesunden bäuerlichen Abstammung" als Antwort auf die zwei von vier taubstummen Cousins, die von einer Tante väterlicherseits geboren wurden. Die Tatsache, daß alle dreizehn Enkelkinder „gerade Glieder" haben und „hören", wurde sehr sehr oft betont, was mir aber in der Bedeutung bis zur Durchführung der Studien selbst nicht bewußt war. Vom Vater stammt auch die Bewunderung der Theorie und des Schreibens sowie die ausgeprägte Liebe zu den Büchern, die ihm immer wichtig waren.

Die unbewußten Aufträge einer mehrgenerativen Perspektive faszinierten mich. Der unbändige, verzichtfördernde Aufstiegswille der mütterlichen Linie schien sich fortzusetzen: von den Großeltern, die sich neben der Schlosserei ein paar Felder und Weingärten „vom Mund abgespart" hatten und nur ein Kind haben wollten, um ihm eine Bildung zu ermöglichen, über den großbürgerlichen Haushalt meiner Eltern mit Villa, Dienstmädchen, Gärtner und Chauffeur ließ sich eine Linie erkennen zu dem beruflichen Engagement der Söhne und Töchter als Rechtsanwalt, Unternehmer, Unternehmensberaterin und Psychoanalytikerinnen. Mich machte nun neugierig, woher bei anderen Karrierefrauen und Karrieremännern die Energie zum beruflichen Aufstieg stammt? Gab es hier ähnliche mehrgenerative Linien, die den beruflichen Aufstieg und das Engagement verständlich machen konnten?

Ich möchte nun all jenen danken, die zur Entstehung der Arbeit beigetragen haben. Die Untersuchung basiert auf einem Projekt „Karrierefrauen und Karrieremänner", das vom Fonds zur Förderung der wissenschaftlichen Forschung gefördert wurde. Raoul Kneucker danke ich für seine Ermutigung und Beratung. Ich hatte das seltene Glück, Frau Jutta Menschik als wissenschaftliche Beraterin zu gewinnen, die mir seit dem Entstehen des ersten Grundgedankens in allen Phasen der Arbeit beratend beigestanden ist. Frau Menschiks fachliche und menschliche Anteilnahme waren eine wichtige Stütze.

Durch die Förderung durch den FWF war es möglich, das aufwendige Transkriptionsverfahren durchzuführen und Konsulentinnen beizuziehen. Das Interesse am Material sowie zahlreiche Hinweise auf relevante Zusammenhänge der Daten von Frau Elisabeth Brainin als psychoanalytische Supervisorin halfen mir, eigene Unsicherheiten zu überwinden sowie Übertragungs- und Gegenübertragungsphänomene zu erkennen. Für die Allround-Hilfestellung als Vertraute, als Expertin des Wissenschaftsmanagements und als soziolinguistische Konsulentin bin ich Ruth Wodak zutiefst verbunden. Meinem Lehrer, Peter Heintel, verdanke ich zahlreiche Anregungen sowie die Unterstützung bei meiner wissenschaftlichen Karriere.

Eine wichtige emotionale Stütze waren mir Kurt Rudolf Fischer sowie meine beiden inzwischen erwachsenen Töchter Katharina und Johanna. Meine Eltern Leopoldine und Heinrich Wille haben mir Ausdauer und Wissensdurst vorgelebt und mitgegeben. Undurchführbar wäre das Forschungsvorhaben allerdings ohne die tagtägliche, jahrelange Unterstützung von Christiane Siegl gewesen. Sie gab als erste Leserin ihre kritische Einschätzung der Texte ab, korrigierte das Manuskript, entlastete mich von viel Routine- und Verwaltungsarbeit an der Universität.

Allen 30 Personen, die mir ihre Lebensgeschichte anvertraut haben, danke ich für ihren Mut und ihre Offenheit. Ihr Interesse an den Ergebnissen hat eine Designmodifikation, nämlich das Einbeziehen der Feedbacks der Betroffenen über die Deutungen ergeben. Ich war erfreut, daß sie den Interpretationen zugestimmt und dadurch zum Teil vorhandene Vorurteile gegen die Psychoanalyse abzubauen begonnen haben.

Inhaltsverzeichnis

1. **Teil: Problemstellung der Untersuchung** 11
   1. Untersuchungsleitende Fragestellung 11
   2. Design und Methode der Untersuchung 17
      2.1. Narratives Interview 17
      2.2. Projektiver Zeichentest „Die verzauberte Familie" . . . 20
      2.3. Projektiver Persönlichkeitstest „Rorschachtest" 22
   3. Auswahl der Stichprobe 22
   4. Auswertung der Daten 24

2. **Teil: Auswertung der empirischen Daten** 26
   1. Falldarstellungen 26
      1.1. Falldarstellung: Gudula W., Managerin 26
         1.1.1. Äußere Biographie 27
            1.1.1.1. Karriereverlauf 27
            1.1.1.2. Familiensituation 30
         1.1.2. Innere Realität 31
            1.1.2.1. „Durchtrennen der Nabelschnur" – Bewältigung der ödipalen Konflikte 32
            1.1.2.2. Stolz der Eltern auf ihre Leistungen 36
            1.1.2.3. Eltern als Modell des sozialen Aufstiegs: „Butterbrot – nie Wurstbrot" 37
            1.1.2.4. Rebellion durch voreheliche Schwangerschaft . 38
      1.2. Falldarstellung: Hermann T., Manager 39
         1.2.1. Äußere Biographie 39
            1.2.1.1. Karriereverlauf 39
            1.2.1.2. Familiensituation 42
         1.2.2. Innere Realität 44
            1.2.2.1. Am Thron sitzend – Anhängsel der Mutter . . 44
            1.2.2.2. „Das Kind hat sich wohlgefühlt" – Verlust des Vaters 47

1.2.2.3. Vorbildwirkung der selbständigen Frauen: Modell
der Lebensbewältigung 50
1.2.2.4. „Autoritätsgläubig und problemlos" 52
1.3. Falldarstellung: Simone O., Universitätsprofessorin . . 53
 1.3.1. Äußere Biographie 53
  1.3.1.1. Karriereverlauf 53
  1.3.1.2. Familiensituation 58
 1.3.2. Innere Realität 58
  1.3.2.1. Vater als Spielgefährte 59
  1.3.2.2. Wohlbehütetes Einzelkind 62
  1.3.2.3. Drei Generationen von berufstätigen Frauen . . 63
  1.3.2.4. „Vorlaut und nicht eingeschüchtert" 65
1.4. Falldarstellung: Fritz T., Universitätsprofessor 66
 1.4.1. Äußere Biographie 66
  1.4.1.1. Karriereverlauf 66
  1.4.1.2. Familiensituation 70
 1.4.2. Innere Realität 70
  1.4.2.1. Chaotische Mutter – „karger Vater" 71
  1.4.2.2. Von beiden Eltern gefördert 76
  1.4.2.3. Stilisierung der „kleinbürgerlichen" Eltern . . 77
  1.4.2.4. Provokanter Umgang mit Autoritäten 79

2. Einflußfaktoren der beruflichen Karriere, bezogen auf die
innere Realität 80
 2.1. Strukturelement: Rivalitätskonflikte in der Entwicklung
der Geschlechtsidentität 84
 2.2. Strukturelement: Die Akzeptanz durch die Eltern und
Leistungsorientierung 94
 2.3. Strukturelement: Modellwirkung der Eltern 99
 2.4. Strukturelement: Umgang mit Autorität 101

3. Lebenssituation der Untersuchten (äußere Realität) 103
 3.1. Demographische Daten 103
 3.2. Zur historischen Situation in Österreich zur Zeit der Eltern
der Befragten 106
 3.3. Äußere Biographie der untersuchten Frauen und Männer 109
  3.3.1. Erster äußerer Eindruck 109
  3.3.2. Zum Aufstieg in Spitzenpositionen 110

4. Ergebnisse der Untersuchung: Muster der inneren Dynamik
der Karriere 117

4.1. Entwicklung der Geschlechtsidentität 118
4.1.1. Entwicklung der Identität als Frau 118
4.1.2. Entwicklung der Identität als Mann 134
4.2. Akzeptanz durch die Eltern 144
4.3. Vorbildwirkung der Eltern 148
4.4. Umgang mit Autorität: Anpassung versus Rebellion . . 158

3. Teil: Vergleich der Karrieremuster nach Geschlecht und Beruf 162

1. Ebene: Daten der äußeren Realität 165
   1.1. Historischer Exkurs 166
   1.2. Soziale Herkunft 178
   1.3. Vereinbarkeit von Familie und Beruf 180
   1.4. Kontaktaufnahme zu den interviewten Personen im System Wirtschaft und Universität 182

2. Faktoren der Persönlichkeit und der Einstellungen (äußere Realität) 187
   2.1. Vergleich der Aussagen über weibliche Sozialisation mit den Daten der interviewten Frauen 187
   2.2. Vergleich der Subgruppen 192
   2.3. Spezifische Phänomene innerhalb der Berufsgruppen . 196

3. Innere Dynamik der Karriere 198
   3.1. Dimension: Unbewußte Rivalitätskonflikte mit Vater oder Mutter (ödipale Konflikte) 199
   3.2. Dimension: Akzeptanz durch die Eltern 201
   3.3. Dimension: Modellwirkung der Eltern 202
   3.4. Dimension: Umgang mit Autorität: Anpassung versus Rebellion 202

4. Teil: Selbstreflexion als konstitutives Merkmal einer psychoanalytisch orientierten empirischen Forschung 204

1. Prinzipien der Forschung. 206
   1.1. Durchführung der Interviews durch die Forscherin . . . 206
   1.2. Falldarstellung als Abbildung individueller Bildungsprozesse 207
   1.3. Beiziehung einer Supervision 208

1.4. Reflexion des Interventionscharakters der psycho-
     analytisch-biographischen Methode 208
2. Phasen des Forschungsprozesses 209
   2.1. Phase der Durchführung der narrativen Interviews . . . 209
   2.2. Phase der Transkription 213
   2.3. Phase der Interpretation und Auswertung 213
   2.4. Phase der Supervision 215
   2.5. Phase der Beiziehung der Soziolinguistik   219

Literaturverzeichnis 221

1. Teil: Problemstellung der Untersuchung

1. Untersuchungsleitende Fragestellung

Die Untersuchung will berufliche Karriere, verstanden als Aufstieg in einer Institution, als sozialen Prozeß anhand biographischen Materials zugänglich und analysierbar machen. Es geht vorrangig um das Erforschen individueller Lebensgeschichten. Es handelt sich um eine explorative Studie, die jeweils eine Lebensgeschichte pro Subgruppe genau nachzeichnet und so methodisch der Einmaligkeit von Lebensgeschichten gerecht zu werden versucht.

Das Nachzeichnen der Lebensgeschichten von gesellschaftlich relevanten Personen, die in führenden Positionen in Wirtschaft und Wissenschaft tätig sind, soll Zusammenhänge zwischen beruflichen Aufstiegslinien und biographisch frühen Konstellationen in der Familie aufzeigen.

Erfolg im Leben sowie das Erreichen von gesellschaftlichen Spitzenpositionen stellen für die Sozialforschung schon sehr lange einen faszinierenden Forschungsgegenstand dar. Untersuchungen über die Elite, die Mechanismen der Leistungsgesellschaft, den Zusammenhang von Führung und Organisationsstruktur erlauben Aussagen über die soziale Dynamik in modernen Organisationen. Die Persönlichkeitsstruktur der Erfolgreichen, ihre Erfolgsmotivation, Selbstbehauptung, Aufstiegsorientierung, ihre Einstellung zur Macht, ihr Führungsstil, ihre Arbeitszufriedenheit, die geschlechtsspezifische Berufswahl von Hochschulabsolventen werden in theoretischen und empirischen Studien analysiert[1]. Es wird in diesen Untersuchungen des gegenwärtigen Verhaltens jedoch nie nach dem Warum, das in der individuellen Lebensgeschichte liegt, gefragt. Warum verläuft ein bestimmtes Leben so? Wie hat sich diese Person als Kind verhalten, wie war das Erziehungsverhalten der Eltern? Wie hat diese Person gelernt, mit

---
[1] Argyris 1975, Bosetzky u. a. 1985, Claessens 1974, Dreitzel 1980.

Konflikten umzugehen? Welche Normen haben in der Herkunftsfamilie geherrscht? Hat sie diese Normen übernommen oder hat sie sich davon distanziert? Gab es Rivalität zwischen den Geschwistern? Dient der berufliche Erfolg dazu, innere Probleme zu überdecken? Ist das Engagement im Beruf ein Ersatz für menschliche Kontakte? Steckt hinter einer erfolgreichen Berufslaufbahn eine Deprivation, eine Suche nach Anerkennung oder ist sie Ausdruck einer kreativen Form der Selbstverwirklichung? Was bedeutet die Berufskarriere für die verschiedenen Personen? Mit allen diesen Fragen im Kopf wirken die sozialwissenschaftlichen Untersuchungen unbefriedigend, da sie sich nicht auf die innere Realität der untersuchten Personen einlassen.

Die Psychoanalyse wendet sich der psychischen Realität der Menschen zu sowie den Schwierigkeiten, mit inneren und äußeren Problemen fertig zu werden. Die menschliche Erfahrung von Schmerz, Liebe, Enttäuschung, Suche nach Geborgenheit, Frustration, Neid und Angst vor dem Verlassensein und der Einsamkeit machen die Individualität der Person aus, deren berufliche Karriere nur die äußere Fassade einer komplexen inneren Welt darstellt. Die äußere Sicht eines Menschen richtet sich auf seine Erscheinung, Beruf und beobachtbare Handlungen. In dieser psychonalytisch orientierten Untersuchung geht es darum, hinter den Fassaden des Berufserfolges die dahinter verborgenen liebevollen und leidvollen menschlichen Gefühle und Beziehungen nachzuzeichnen, die die Identität der Untersuchten geformt und beeinflußt haben. Ich gehe von der Prämisse der Psychoanalyse aus, daß das Individuum nicht am Anfang steht, sondern die sozialen Beziehungen in der frühen Kindheit das Primäre sind, aus dem sich erst Schritt für Schritt die Persönlichkeit entwickelt. Die menschliche Destruktivität und Liebesfähigkeit beruht auf diesen frühen Erfahrungen. Die menschliche Kapazität für intensive Gefühle wie Neid und Omnipotenz, Gier und Liebe, Haß und Wiedergutmachung lassen die Bildungsgeschichte jedes Menschen zu einem spannenden Abenteuer werden. Ich möchte zeigen, daß und wie die Familiengeschichte der einzelnen Personen deren Persönlichkeitsentwicklung bewußt und unbewußt beeinflußt haben. Die beiden Berufsgruppen, nämlich Managerinnen und Manager einerseits und Wissenschafterinnen und Wissenschafter andererseits, deren Lebensgeschichten und Familiendynamik in diesem Projekt nachgegangen werden soll, werden auch von der soziologischen, empirisch-pädagogischen Forschung untersucht. Die universitäre Laufbahn in ihrer geschlechtsspezifischen Ausprägung, die universitären Anforderungen und Kommunikationsstrukturen, die Besonderheit der wissenschaftlichen Laufbahn stellen ein bereits gut dokumentiertes Forschungsfeld dar[2]. Ebenso vielfältig ist die Literatur über die Situation und das Eigenbild des Managers, seine Führungsqualitäten, Werthaltungen und Motivation zu Macht und Erfolg[3]. Die besondere Situation der Frauen in Spitzenpositionen, ihr Aspirationsniveau, die Doppelbelastung in Beruf und Familie, ihr Rollenbild wird beschrieben[4].

Die genannten sozialwissenschaftlichen Fragestellungen und Untersuchungen unterscheiden sich von der hier zugrundeliegenden psychoanalytisch-biographischen Methode, die die Besonderheit des jeweiligen Lebens in den Mittelpunkt stellt. Die sozialwissenschaftliche Perspektive richtet sich auf die Stabilität bzw. den Wandel sozialer Systeme und Teilzusammenhänge, in denen das Einzelschicksal als Moment verstanden wird. Es wird nach Ursache-Wirkung-Zusammenhängen gefragt, wobei der Mensch als Produkt gesellschaftlicher Bedingungen aufgefaßt wird. In der sozialwissenschaftlichen Forschung ist es üblich, Weiblichkeit und Männlichkeit als Pole auf einer Ebene zu erfassen, d. h. in einer eindimensionalen Methode. Es werden Persönlichkeitseigenschaften, die bei Männern in hoher Ausprägung angetroffen wurden, als männlich definiert und das Gegenteil davon als weiblich.

Das psychoanalytische Persönlichkeitsmodell geht dagegen von der Prämisse der Bisexualität des Menschen aus, d. h. jeder Mensch hat weibliche und männliche Anteile. Eine weitere Prämisse besteht darin, die psychische Realität für ebenso wichtig zu halten wie äußere Bedingungen. Aus psychoanalytischen Fallgeschichten wissen wir, daß förderliche Bedingungen der Umwelt, Zugang zu Bildungsinstitutionen sowie Fähigkeiten der Persönlichkeit und günstige Chancen keine Gewähr sind, daß eine Person diese Gelegenheiten auch nützen kann. Es werden uns in diesen psychoanalytischen Fallberichten Personen nahegebracht, die aus guter, reicher Familie stammen, Universitätsbildung genossen haben, erfolgreiche Geschwister haben und dennoch im Leben scheitern. (Winnicott 1982, Stierlin 1982, Parker 1975) Wir kennen aber auch psychoanalytische Fall-

---

[2] Beck 1975, Bock 1983, Cole u. a. 1987, Fischer-Kowalski 1974, Habermas 1967, Metz-Göckel 1979, Rumpf 1978.
[3] Lieber 1980, McCleland et al. 1969, Maccoby 1977.
[4] Bock-Rosenthal u. a. 1978, Gallese 1986, Lieber 1980, Luukkonen-Gronow 1983, Metzler 1985, Veith 1986.

geschichten von narzißtisch gestörten Personen, die eine äußerst erfolgreiche berufliche Laufbahn einschlagen konnten, ihr Leidensdruck blieb auf unbefriedigende private und soziale Beziehungen beschränkt. (Argelander 1972, Kohut 1973)

Was geschieht in der Kindheit der Personen, die beruflich in eine Spitzenposition der Institution Universität und multinationaler Konzerne kommen, um die dazu notwendige innere Einstellung zu formen? In der feministischen Forschung werden die Ursachen für die Unterrepräsentanz der Frauen im öffentlichen Bereich untersucht. Es wurde in den letzten 40 Jahren versucht, eine Antwort auf die Frage zu finden, warum Frauen diese Spitzenpositionen nur selten erreichen. Wie ist es möglich, daß Frauen trotz aller gesellschaftlichen Barrieren Spitzenpositionen erreichen? Unterscheidet sich ihre Erziehung und ihre Position in der Familie von der „typisch" weiblichen Form? Wäre es nicht für andere Frauen ermutigend, die Lebens- und Bildungsgeschichte dieser Frauen zu verfolgen und deren Antriebsmotivation zu verstehen? Bei der Suche nach einem möglichen Vergleich mit beruflich erfolgreichen Männern zeigte sich, daß es dazu keine biographischen und psychonalytischen Untersuchungen gibt. Will man aussagekräftige Daten über die Besonderheit weiblicher Karrieremuster und deren innere Antriebskräfte gewinnen, so müßte es relevante Vergleichsdaten derselben Gruppe von Männern geben. In der vorliegenden Untersuchung erfolgt ein Vergleich in zwei Dimensionen. Es werden Frauen und Männer in denselben Betrieben in ähnlichen Positionen untersucht, um zu sehen, ob es geschlechtsspezifische Karrieremuster oder -verläufe gibt. Ist das Geschlecht eine relevante Unterscheidungsgröße oder ist die berufliche Sozialisation für den Karriereverlauf wichtiger? Um mögliche berufsspezifische Unterschiede sichtbar zu machen, wurden zwei möglichst unterschiedliche Berufsbereiche, nämlich Wissenschaft und Management gewählt. Top-Managementpositionen in multinationalen Konzernen stellen eine Konzentration von Macht und Einfluß dar, die durch guten Verdienst gekennzeichnet ist. Was stellt in unserer Gesellschaft einen gegensätzlichen Pol dar? Ausgeschieden werden mußten Institutionen, die nur ein Geschlecht in der Hierarchie zulassen, wie die Kirche und das Heer. Die Wissenschaft in ihrer Institutionalisierung in Form der Universitäten kann wohl als Gegenpol zum Management verstanden werden. In der Wissenschaft spielt nicht das hohe Einkommen eine Rolle, sondern das Interesse an der Wahrheit, der Forschungsdrang und die intellektuelle Auseinandersetzung.

Die Grundannahme, mit der diese Fragestellung hier untersucht wird, lautet, daß die Persönlichkeitsbildung nicht vorrangig durch soziale Schichtzugehörigkeit, Zugang zu Bildungschancen und der intentionalen Erziehung der Eltern geformt wird, sondern daß die Art der Beziehung, die das Kind in den ersten Lebensjahren und als Jugendlicher zu seinen primären Bezugspersonen und relevanten Personen entwickelt, das Muster bestimmt, im dem Welt erlebt und interpretiert wird. Die Art und Weise, wie das Kind und später die Jugendliche auf der bewußten und unbewußten Wahrnehmung und Phantasie diese Beziehung verinnerlicht, beeinflußt ihre oder seine Persönlichkeit, seine sozialen Beziehungen und seine Sicht der Welt, seine Ausdauer und Motivation. Um dieser Frage nach der Entstehung der Persönlichkeitsmuster nachgehen zu können, greift die Untersuchung auf die elaborierte psychoanalytische Persönlichkeitstheorie, wie sie von Freud und seinen Nachfolgern entwickelt wurde, zurück.

Die Berufsmotivation läßt sich nicht erforschen, indem nur der dem Bewußtsein zugängliche Bereich erfragt wird, da menschliches Verhalten wesentlich von unbewußtem Antrieb und Konflikten beeinflußt wird. Dabei stellt der bewußte Bereich – bildlich gesprochen – die Spitze des Eisberges dar, während der größere Teil des Eisberges unter Wasser dem Unbewußten entspricht. Auch Gefühle gegenüber anderen Personen sind im psychoanalytischen Verständnis nicht eindimensional, sondern ambivalent. Besonders engen Bezugspersonen gegenüber gibt es gleichzeitig Liebe und Haß, Bewunderung und Ablehnung, Rivalität und Neid. Ein weiterer wichtiger Beitrag von Freud ist sein Hinweis, daß in jedem Erwachsenen kindliche Teile bestehen bleiben, die die Handlungen bestimmen oder Antrieb für Handlungen darstellen. Ich verstehe die Karrierefrauen und Karrieremänner als „Produkte der Erziehung", deren „innere Realität" (Vogt 1988, 660) ich nachzeichnen will. Da sich die Psychoanalyse vorrangig mit Klienten, d. h. mit Personen, die Persönlichkeitsstörungen haben und unter Leidensdruck stehen, beschäftigt (Neurotiker, Hysteriker, Asoziale und Delinquenten), will ich Daten über die Persönlichkeitsstruktur jener Personen untersuchen, deren Entwicklung ein solches Maß von „Arbeits- und Liebesfähigkeit" erreicht haben, daß sie beruflichen Erfolg haben können. D. h. sie sind in der Lage, ihre inneren Konflikte und Triebansprüche soweit mit den Anforderungen der Realität in Einklang zu bringen, daß sie einen Beruf ausüben können und darin besonders erfolgreich sind. Ich nehme jedoch nicht an, daß es sich dabei um eine besonders „erfolgreiche Erziehung" handelt, sondern ich gehe lediglich von der Annahme eines „funktionsfähigen Ichs" aus, das im beruflichen Kontext realitätsgerecht handeln kann. Die Frage lautet also: Was geschieht in der Erziehung und Entwicklung derjenigen Frauen und Männer, denen es gelingt, an die Spitze der Hierarchie zu gelangen? Welche Vorbilder, Modelle und Formen der Konfliktbewältigung haben sie im Laufe ihrer Erziehung gewählt? Oder anders ausgedrückt: Welche Psychostruktur haben Personen, die an die Spitze der Hierarchie in multinationalen Konzernen und an Universitäten gelangen?

Die Erweiterung der Aufmerksamkeit von der „äußeren" zur „inneren Realität" soll nicht heißen, daß ich damit die äußeren Faktoren für eine berufliche Karriere für gering erachte. Ganz im Gegenteil. Sicherlich sind die Gründe für beruflichen Aufstieg vielfältig: das Wirtschaftswachstum in einer bestimmten Phase, die dadurch notwendige Expansion einer Firma oder Abteilung sind wichtige Faktoren. Im Wissenschaftsbereich stellte die Explosion des Bildungsbedarfes in den sechziger Jahren und der damit verbundene rasche Ausbau der universitären Planstellen eine Lebenschance dar, die in der nächsten Generation, etwa 10–20 Jahre später, trotz ähnlicher oder besserer Qualifikationen der Bewerber nicht mehr gegeben war. Nachgezeichnet werden soll hier, wie die inneren Bilder und Vorstellungen der relevanten Personen in der Herkunftsfamilie die Identitätsfindung und die Karrieremotivation bestimmt haben. Nicht die objektiven Eigenschaften eines Vaters sind daher für die Beziehung des Kindes wichtig, sondern welches Vaterbild das Kind von ihm entwickelt. Mitscherlich führt diesen Punkt an, wenn sie sagt: „Bahnbrechend war Freuds Entdeckung, daß nicht nur die äußeren Erscheinungen und Erlebnisse sich in der Psyche niederschlagen, sondern daß durch Phantasie äußere Ereignisse umgedeutet werden und so eine neue psychische Wirklichkeit geschaffen werden kann, die ihrerseits wieder auf die äußere Wirklichkeit einwirkt und sie verändert". (Mitscherlich 1985, 87)

Einem weiteren möglichen Mißverständnis soll noch vorgebeugt werden. Wenn von beruflich erfolgreichen Frauen und Männern gesprochen wird, so ist damit keine Bewertung verbunden. Berufliche Karriere wird weder mit einer positiven, reifen Persönlichkeit noch mit psychischer Stabilität oder mit einer geglückten Erziehung gleichgesetzt. Es soll ja gerade gezeigt werden, welche unterschiedliche Bedeutung dasselbe Verhalten, nämlich eine obere Position in der Hierarchie einzunehmen, haben kann. Bei einigen untersuchten Personen ist ihr Engagement im Beruf im Sinn einer Hyperaktivität zu verstehen, die hilft, eine drohende Depression abzuwehren. Andere untersuchte „Karrierefrauen" und „Karrieremänner" sind auf einer kindlichen, unreifen Entwicklungsstufe stehen geblieben und können nur in einem Teilbereich, nämlich dem Beruf, ihre intellektuellen und emotionalen Fähigkeiten einsetzen. Es gibt in beiden Berufsgruppen und bei beiden Geschlechtern auch emotional reife Personen, die in der Lage sind, ihre Spannungen und Aggressionen zu sublimieren und ihre Fähigkeiten zu nützen.

2. Design und Methode der Untersuchung

Mit welchen Erhebungsmethoden lassen sich Daten über die äußere und innere Realität von beruflich Erfolgreichen gewinnen? Quantifizierende Erhebungsmethoden wie Fragebogen und Einstellungsmessungen (Fragen und Skalen) können nur jene Bereiche einer Person beleuchten, die dem Bewußtsein dieser Person zugänglich sind. Es ist daher notwendig, auch solche Methoden anzuwenden, die selbstreflexive Prozesse in Gang setzen können. Es gilt, ein Forschungsdesign zu entwickeln, das Prinzipien der Psychoanalyse anwendet und modifiziert. Zur Datengewinnung wurden daher folgende Methoden herangezogen:
1. ein ein- bis zweistündiges narratives Interview, das in Analogie zum psychoanalytischen Erstgespräch konzipiert ist,
2. ein projektiver Zeichentest „Die verzauberte Familie" und
3. ein projektiver Test zur Persönlichkeitsdiagnostik, „Rorschach-Test".

2.1. Narratives Interview

Im narrativen Interview soll die untersuchte Person die Möglichkeit haben, möglichst frei über ihre Lebensgeschichte zu sprechen. Freud hat mit Hilfe seiner Patientinnen herausgefunden, daß Erinnerungen assoziativ miteinander verknüpft sind, das heißt, daß scheinbar unzusammenhängende Szenen durch Gefühle miteinander verbunden sind. Die „Logik der Gefühle" ist eine andere als die rationale. Im primärprozeßhaften Denken bestehen Widersprüche nebeneinander, ohne einander aufzuheben, es existiert keine Anerkennung der Zeit, keine Moral, kein gut und böse. Heftige Gefühle, die mit einer Situation verbunden sind, rufen auch beim Erinnern dieselben Affekte hervor. Auch im Interview mit den Personen im Management und an der Universität kam es zu starken Gefühlsäußerungen wie Trauer, Wut,

Freude, Triumph, Schadenfreude etc. Im Prozeß des Erzählens werden neue inhaltliche Verknüpfungen vorgenommen. So wurde bei der Beantwortung der Frage nach dem beruflichen Werdegang bei fast allen Interviewten der Einfluß der Eltern genannt. Es wurde erwähnt, daß sie wollten, daß das Kind studiert, oder daß sie einer vorehelichen Schwangerschaft ablehnend gegenüberstanden. So eine Verknüpfung von Familiensituation und Berufssituation wurde von allen Interviewten vorgenommen. Durch das freie Erzählen können innere Konflikte und psychische Probleme dargestellt werden. Freud hat, das ist vielleicht sein Hauptverdienst, die Grenze zwischen normal und pathologisch, zwischen Alltag und Außergewöhnlichem beseitigt. Die psychoanalytische Trieb-, Affekt- und Charakterlehre macht verständlich, daß der Mensch nur teilweise von seiner Vernunft bestimmt ist, das Ängstigende und Verbotene wird ins Unbewußte verlagert. Die Untersuchung von Personen, die nicht als Patienten in die Praxis eines Psychoanalytikers kommen, ermöglicht es, die Erklärungsmuster der Psychoanalyse für die Sozialforschung fruchtbar zu machen. Es soll damit eine Erweiterung und eine Vertiefung des Verständnisses ermöglicht werden, wenn nicht nur die „Karriere" von Delinquenten, Verwahrlosten, Kriminellen oder schwer psychotisch Gestörten erforscht wird, sondern auch die inneren Konflikte und die Antriebskraft von sogenannten „Normalen". Es wird zu zeigen sein, daß sie ebenso Entbehrungen, Frustrationen, Neid, Eifersuchtsprobleme haben wie die sozial Auffälligen, aber vielleicht andere Lösungsmuster gefunden haben. Obwohl die kleine Stichprobe eine Verallgemeinerung der Ergebnisse nicht gestattet, bietet die qualitative Studie einer psychoanalytischen Interpretation die Sprengkraft, die „glatten" Fassaden der Bilderbuchkarrieren, wie sie in sozialwissenschaftlichen Untersuchungen dargestellt werden, aufzubrechen. Die Lebensgeschichten sollen zeigen, daß auch die untersuchten Personen innere Konflikte und Spannungen haben, die sie besser oder schlechter lösen.

Bei der Durchführung eines narrativen Interviews soll der Erzählprozeß der untersuchten Person unterstützt und möglichst wenig unterbrochen, aber doch soweit gesteuert werden, daß die relevanten Fragestellungen behandelt werden. Es gilt Offenheit und gleichschwebende Aufmerksamkeit mit Eingrenzung der Inhalte in Einklang zu bringen. Dabei geht es um das Verstehen latenter Inhalte, die sich in Mimik und Gestik oder in Versprechern, Regelverletzungen der Sprache, Widersprüchen, Abbrüchen, Auslassungen etc. äußern. Im Interviewprozeß werden durch Fragen und Konfrontationen diese latenten Sinngehalte sichtbar gemacht. Von der Interviewführung ist abhängig, wieviel Raum zur Darstellung die interviewte Person erhält. Ähnlich wie im analytischen Prozeß gibt es neben der Bereitschaft, sich zu öffnen, auch die unbewußte Angst davor, die sich in Widerständen äußert. Es erfordert Erfahrung im Umgang mit Widerständen, um sensibel auf diese Elemente eingehen zu können. So kann es sinnvoll sein, die konflikthafte Beziehung zum Vater nicht zu dem Zeitpunkt anzusprechen, wo sie hinter einem Abbruch im Satz und einer heftigen Gemütsbewegung vermutlich latent auftaucht, sondern erst zu einem späteren Zeitpunkt, wo eine sichere Vertrauensbasis entstanden ist. Das Timing des Nachfragens ist hier ebenso wichtig wie beim Deuten im analytischen Prozeß. Diese Haltung vergleicht Freud mit dem Vorgehen eines Archäologen. Er schreibt: „Seine Arbeit ... zeigt eine weitgehende Übereinstimmung mit der des Archäologen, der eine zerstörte und verschüttete Wohnstätte oder ein Bauwerk der Vergangenheit ausgräbt. Sie ist eigentlich damit identisch, nur daß der Analytiker unter besseren Bedingungen arbeitet, über mehr Hilfsmaterial verfügt, weil er sich um etwas noch Lebendes bemüht, nicht um ein zerstörtes Objekt ... Aber wie der Archäologe aus stehengebliebenen Mauerresten die Wandungen des Gebäudes aufbaut, aus Vertiefungen im Boden die Anzahl und Stellungen von Säulen bestimmt, aus den im Schutt gefundenen Resten die einstigen Wandverzierungen und Wandgemälde wiederherstellt, genauso geht der Analytiker vor, wenn er seine Schlüsse aus Erinnerungsbrocken, Assoziationen und aktiven Äußerungen des Analysierten zieht. Beiden bleibt des Recht zur Rekonstruktion durch Ergänzung und Zusammenfügung der erhaltenen Reste unbestritten." (Freud 1937, 396 f.) Ähnlich wie der Archäologe, der während der Ausgrabung Vermutungen über die Funde und deren Funktion anstellt, entwickelt auch die Interviewerin während des Interviews Hypothesen, die im Laufe der Erzählung bestätigt, modifiziert und verworfen werden.

Während des Interviews werden Informationen auf verschiedenen Ebenen aufgenommen. (Vgl. Argelander 1983, 13 f.)

a) Es geht um objektive Informationen, die sich auf die biographischen Daten, den Karriereverlauf, Normen, die in der Herkunftsfamilie herrschten, Gestaltung der Freizeit und des privaten Bereichs beziehen.

b) die subjektiven Informationen, die in der Übereinstimmung oder Diskrepanz zwischen der Information und dem Geschehen in der Situation liegen. Wenn etwa eine Interviewte über heftige Konflikte mit dem Vater berichtet und zugleich lächelt, so als ob sie die Geschichte einer anderen

Person erzählen würde, vermittelt sie widersprüchliche Botschaften. Das Wie des Sprechens, die Betonung, die Sprechweise sowie der nonverbale Ausdruck stehen im Mittelpunkt der subjektiven Mitteilung. Auch die Kleidung, die Art und Weise, wie das Gespräch vereinbart wurde, das Begrüßungszeremoniell sowie die Gestaltung des Gesprächs vermitteln Informationen über die Persönlichkeit der interviewten Person.

c) Die Ebene der szenischen und situativen Information bezieht sich auf das Erleben der Gesprächssituation. Jede Gesprächssituation ist einmalig, wobei das Instrument der Wahrnehmung einzig und alleine die Person der Interviewerin ist. Um diese Eindrücke festzuhalten, habe ich jeweils unmittelbar nach einem Interview meine Eindrücke in einem Gedächtnisprotokoll festgehalten.

Zur Sicherung der Daten wurde das gesamte Interview auf Tonband aufgenommen und wörtlich transkribiert. Durch wörtliche Transkription wird eine vollständige Texterfassung verbal erhobenen Materials hergestellt, was die Basis für eine ausführliche interpretative Auswertung bietet. Eine Übertragung ins normale Schriftdeutsch wurde nicht durchgeführt, da dabei wesentliche Charakteristika der gesprochenen Sprache wie Dialektfärbung, Konstruktion der Sätze, Satzabbrüche, Wiederholungen und Partikeln verlorengehen. Auf eine kommentierte Transkription mit zusätzlichen Informationen über Sprechpausen, Betonungen, Sprachbesonderheiten und Kommentaren neben dem Text wurde verzichtet.

2.2. Projektiver Zeichentest „Die verzauberte Familie"

Bei diesem projektiven Zeichentest geht es um das Sichtbarmachen der familiendynamischen Konstellation. (Kos/Biermann 1973) Die interviewte Person wird aufgefordert, ihre Herkunftsfamilie in symbolischer Form zu zeichnen. Durch die Aufforderung zu zeichnen wird das Medium der Darstellung verändert und so ein direkter Zugang zu kindlich affektiver Einschätzung der Familiensituation ermöglicht. Beim Zeichnen ist die Zensur weniger wirksam als beim Sprechen, sodaß leichter eine Verbindung zum Unbewußten hergestellt werden kann und intrapsychische Konflikte sichtbar werden.

Der Zeitpunkt, zu dem der Zeichentest durchgeführt wurde, war vom Gesprächsverlauf abhängig. Wenn die interviewte Person ihre Position in der Herkunftsfamilie beschrieben und die Grundstimmung sowie den Umgang mit Konflikten und das Erziehungsverhalten der Eltern charakterisiert hatte, wurde der Test mit etwa folgender Anweisung eingeführt: „Sie haben ihre Familiensituation sprachlich beschrieben. Ich möchte sie jetzt bitten, sie in einem anderen Medium, nämlich zeichnerisch, darzustellen." Dabei legte ich ein DIN-A4-Blatt in Querformat und einen weichen Bleistift vor sie hin. „Stellen sie sich vor, es kommt ein Zauberer und verzaubert ihre Familie. Zeichnen sie auf, was da geschehen ist." Danach wurde die untersuchte Person gebeten, die Zeichnung zu erläutern und die gezeichneten Symbole den Familienmitgliedern zuzuordnen. Zum Abschluß sollte die Geschichte der Verzauberung auf die Rückseite des Blattes geschrieben werden. Die interviewten Personen gingen ganz unterschiedlich mit dem projektiven Zeichentest um. Einige zeichneten rasch und mit sichtlicher Freude. Andere zögerten und waren unsicher, ob sie gut genug zeichnen könnten. Ich ermutigte sie, indem ich versicherte, daß es nicht auf das Zeichentalent ankomme. Waren die Widerstände gegen das Zeichnen in Symbolen zu groß, ersuchte ich sie, die Beziehungen in der Familie graphisch (in Form eines Soziogrammes) darzustellen. So begann ein Manager, der bis dahin seine Familie idyllisch und konfliktarm beschrieben hatte, nach einer kurzen Nachdenkphase zu zeichnen. Die Mutter stellte er als bellenden Hund dar, begleitet von dem Kommentar: „Meine Mutter ist ein kläffender Hund. Sie hatte immer an allem etwas auszusetzen und zu nörgeln". Die Erläuterung der Zeichnung wirkte durchgängig stimulierend.

Ausgewertet wird bei der Zeichnung die Raumordnung, die Reihenfolge beim Zeichnen, die Symbolwahl und die verbale Symbolbeschreibung. So bedeutet die zuerst gezeichnete Person die dominante Position in der Familie. Wird z. B. die Mutter als erste Person und die Großmutter als zweite Person gezeichnet, so deutet das darauf hin, daß die Frauen eine zentrale Machtposition einnehmen. Die Größe der Person zeigt deren emotionale Bedeutung. Wie die Personen oder Tiersymbole zu einander stehen, verweist auf deren Beziehung zu einander. So ist ein am äußersten Blattrand eingezeichneter Bruder als kleiner, bellender Hund ein Hinweis auf dessen Außenseiterposition. Nahe beisammen gezeichnete Personen, die einander zugewandt sind, zeigen Nähe an. Die Position der zeichnenden Person spiegelt deren Selbsteinschätzung wider. Eine Stellung im Mittelpunkt, etwa auf einem Thron sitzend, macht die zentrale Position deutlich. Die Symbolwahl gibt Aufschluß über wichtig oder unwichtig, z. B. sich als Löwe oder als Maus zu zeichnen. Die Komposition der Zeichnung gibt

Aufschluß über Harmonie. Starre Formen verweisen auf eine rigide Person, deren Phantasie eingeengt ist, deren Seelenleben eintönig und leer ist.
Der Einwand gegen projektive Tests, hinter dem Rücken der Versuchsperson Daten zu erheben, die sie nicht geben möchte, trifft auf das Zeichnen der „Verzauberten Familie" nicht zu, da die Interpretation gleich nach dem Zeichnen von der interviewten Person gegeben wurde und später bei der Auswertung die meisten meinen Interpretationsvorschlägen zustimmten.

2.3. Projektiver Persönlichkeitstest „Rorschachtest"

Hierbei handelt es sich um einen erprobten projektiven Test zur Psychodiagnostik, der vom Schweizer Psychiater Hermann Rorschach 1920 entwickelt wurde. (Bohm 1951 und 1975) In einem wahrnehmungsdiagnostischen Experiment werden dem Probanden 10 standardisierte Tafeln vorgelegt. Die Deutungen der symmetrischen Tintenkleckse geben Auskunft über die Erwartungseinstellungen und Wahrnehmungsverarbeitung der Versuchsperson. Die stark auf Erfahrung und Intuition beruhende Auswertung des Aufbaus, der Sequenz und der Deutungsantworten gestattet es, tiefenpsychologisch bedeutsame Strukturananlysen der Persönlichkeit nachzuzeichnen. In dieser Untersuchung diente der Rorschachtest zur Abstützung der Interpretation der narrativen Interviews, die auf Übereinstimmung oder Widersprüchlichkeit geprüft wurden. Der Rorschachtest wurde nach Abschluß des Interviews durchgeführt.

3. Auswahl der Stichprobe

Die Stichprobe umfaßt 30 Personen, jeweils 7–8 Personen der vier Subgruppen der Managerinnern, Manager, Universitätsprofessorinnen und Universitätsprofessoren. Die Auswahl der Managerinnen und Manager, der Universitätsprofessoren und Universitätsprofessorinnen erfolgte nach dem Kriterium des Alters. Es wurden Geburtsjahrgänge zwischen 1950 und 1932 herangezogen, wobei sie möglichst im Alter zwischen 40 und 50 Jahre sein sollten, um die äußeren Bedingungen möglichst homogen zu halten. Bei den Frauen war es notwendig, die Altersgrenze auszuweiten, was an ihrer geringen Zahl in Führungspositionen lag.
  Die Kontaktaufnahme zu Managerinnen und Managern in internationalen Konzernen der Elektronik-Branche erfolgte entweder über die Vermitt-

lung des Personalchefs oder innerhalb meines privaten Bekanntenkreises. Ich setzte mich telefonisch mit dem Personalchef in Verbindung, erzählte ihm von der Untersuchung und vereinbarte einen Gesprächstermin. Nachdem ich das Anliegen der Untersuchung vorgetragen hatte, bat ich ihn, drei Managerinnen und drei Manager möglichst an der Spitze der Hierarchie zu fragen, ob sie mir für ein Interview zur Verfügung stehen würden. Die Anonymität der Interviewten wurde zusätzlich zu der mündlichen Vereinbarung auch schriftlich zugesichert. Die Interviewten von der Universität waren Bekannte oder wurden aus dem Buch „Personalstand der Universitäten" ebenfalls nach dem Geburtsjahrgang zufällig ausgewählt, wobei die medizinische, naturwissenschaftliche und juridische Fakultät ausgeklammert wurden, um eine Ähnlichkeit des Berufsfeldes zu gewährleisten. Nach einer telefonischen Terminvereinbaung wurden die Interviews meist in den Arbeitsräumen durchgeführt.

Bei der Terminvereinbarung wurde die Dauer der Befragung mit 1,5–2 Stunden festgelegt. Diese Rahmenbedingungen wurden von den Interviewten eingehalten. In zwei Fällen dauerte das Interview länger, sodaß ein zusätzlicher Termin folgte.

Auch diejenigen Interviewten, die am Beginn des Interviews große Skepsis gegenüber der psychoanalytischen Fragestellung geäußert hatten, waren vom Interview stark beeindruckt. Da alle Interviewten den Wunsch äußerten, über die Ergebnisse informiert zu werden, wurde folgendes Vorgehen gewählt: Alle Personen einer Subgruppe wurden informiert, sobald dieser Teil der Auswertung abgeschlossen war. Wer an dem Ergebnis interessiert war, wurde gebeten, mir das mitzuteilen. Diesen Personen wurde ein Exemplar mit den Auswertungsergebnissen der Subgruppe übermittelt. 28 von 30 Interviewten wollten die Auswertung zugeschickt bekommen. Im Begleitschreiben wies ich auf die Möglichkeit hin, über die Ergebnisse ein Einzelgespräch oder ein Gruppengespräch zu führen. Etwa die Hälfte trat mit mir in Kontakt, um über die Interpretation zu sprechen. Die Interpretation fand durchwegs Zustimmung. Auch wenn über einzelne Deutungen wie z. B. einer ambivalenten Mutterbeziehung zunächst Überraschung geäußert wurde, da sie dem Selbstkonzept einer ausschließlich positiven Mutterbeziehung widersprach, erzählte die Interviewte dann im Einzelgespräch noch ein paar Szenen über Konflikte mit der Mutter, die ihr erst nach dem Lesen der Auswertung eingefallen waren. Änderungswünsche betrafen lediglich Zitate mit aggressiven oder abwertenden Bemerkungen über die Eltern, die dann paraphrasiert wurden. Drei Personen fürchteten, wiedererkannt zu werden, sodaß deren szenische Darstellungen ausgelassen wurden.

Manchmal wurden durch das Erzählen auch tiefere Probleme aufgewühlt, die beim Nachgespräch noch besprochen wurden, aber in die Datenerhebung nicht eingingen.

4. Auswertung der Daten

Die Interpretation der Daten erfolgt nach der tiefenhermeneutischen Methode in Analogie zur analytischen Situation, in der das Verstehen der „inneren Welt" im Mittelpunkt steht. Die transkribierten Interviewtexte werden einer psychoanalytischen Textinterpretation unterzogen. Da beim psychoanalytischen Prozeß das emotionale Erleben und Wiedererleben vor allem in der Übertragungsbeziehung zum Analytiker im Zentrum steht, ist die Technik nicht formalisierbar. Parin schreibt in dem Aufsatz über „die Dialektik der psychoanalytischen Praxis", daß es erwünscht sei, auf „feste Regelsysteme" zu verzichten. „Feste Regeln würden die Emotionalität blockieren. Als Analytiker muß man auf der eigenen Beziehungsfähigkeit gegenüber dem Analysanden aufbauen." (Parin u. a. 1986, 11)

Identische sprachliche Äußerungen können auf eine ganz verschiedene intrapsychische Dynamik zurückzuführen sein. Die Relevanz und die Bedeutung ist aus dem Kontext ersichtlich. Das Konfrontieren, Deuten und Durcharbeiten in der Analyse ist ein dialektischer Prozeß zwischen Analytiker und Analysanden. Das Kriterium, ob eine Deutung stimmt, ist kommunikativ festzulegen. Da die Interviewten in dieser Untersuchung im Gegensatz zum therapeutischen Prozeß die Auswertung erst anschließend kommentierten, konnten die Interpretationen nicht kommunikativ erstellt werden, sondern wurden in Analogie zu klinischen Erfahrungen behandelt.

Um die Gefahr einer selektiven Interpretation zu verringern, wurde bei der Auswertung das Modell der Supervision gewählt. In einem unabhängigen Verfahren wurden die Texte durch eine Lehranalytikerin gelesen und die Interpretationen besprochen. Sehr hilfreich war hier vor allem das Eingehen auf Übertragungs- und Gegenübertragungsphänomene, die in einer Reflexion der Untersuchungsmethoden am Ende ausgeführt werden. Der Rückgriff auf klinische Erfahrungen und das Wissen um die „Logik der Gefühle" (Primärprozeßhaftes Denken) erlaubt das Verstehen des Textes auf einer unbewußten Ebene. Die Soziolinguistik wurde als Hilfsdisziplin bei der Interpretation herangezogen. Eine Soziolinguistin las die transkribierten Texte. Interessant war, daß in allen drei Interpretationsverfahren dieselben Sequenzen als bedeutungsvoll erkannt und interpretiert wurden.

Die Ergebnisse der Untersuchung werden im zweiten Teil in vier unterschiedlichen Formen präsentiert.

a) Zuerst sollen die vier Subgruppen anhand einer Fallgeschichte dargestellt werden, die die Breite des Spektrums verdeutlicht. Ich nehme von einer Typisierung bewußt Abstand, weil diese leicht irreführend ist. So sinnvoll bei verschiedenen Fragestellungen die Konstruktion von „Idealtypen" ist, verwehrt sie bei der Frage der individuellen Motivation zur beruflichen Karriere eher den Zugang. Bei Typisierungen werden theoretische, künstliche Unterscheidungen getroffen, die so in der Wirklichkeit nie anzutreffen sind, da Menschen nie einem Typus entsprechen, sondern „Mischtypen" repräsentieren. Unterscheidungen in die „schizoide, depressive, zwanghafte und hysterische Persönlichkeit", wie sie etwa Riemann (1972) vornimmt, bergen die Gefahr einer neuen Schablonenbildung. Sie verstellen eher den Zugang zum Verständnis individueller Lebensgeschichten und zu deren inneren Zusammenhängen. Maccoby (1977) versucht neue Führungstypen im Management zu entwicklen. Er nennt den Fachmann, den Dschungelkämpfer, den Firmenmenschen und den Spieler. Die von mir gewählte Form der Darstellung von Fallgeschichten erlaubt es, die Besonderheit der untersuchten Person zu erhalten und so verschiedene Lebensgeschichten kennenzulernen.

b) Dann werden die inneren Einflußfaktoren für die berufliche Karriere allgemein diskutiert. Es geht dabei um jene Einflüsse auf die Formung der Persönlichkeit, die die untersuchten Personen veranlaßt haben, soviel Energie in den Beruf zu investieren, daß ihnen ein Aufstieg an die Spitze der Hierarchie geglückt ist.

c) Im dritten Schritt werden die biographischen Beispiele der Faktoren anhand von konkreten Ausschnitten aus den Interviews und Tests dargestellt. Es geht dabei um die Beleuchtung unterschiedlicher Trends und Entwicklungsmuster und die Frage, wie diese Personen mit inneren Konflikten umgingen.

d) Im vierten Schritt wird ein Vergleich nach den Kriterien des Berufes und des Geschlechtes vorgenommen.

2. Teil: Auswertung der empirischen Daten

1. Falldarstellungen

Die Kurzbiographie der Interviewten soll der Leserin und dem Leser eine Orientierungshilfe für die nachfolgende Interpretation geben. Zusätzlich zu den objektiven Daten werden auch die visuellen und szenischen Informationen über die interviewte Person wiedergegeben. Diese Eindrücke sind subjektiv und geben die Erfahrung und Interaktion im Interview wieder. Ausgewählt wird jeweils eine Person pro Subgruppe: Eine Managerin, die Familie hat (1 Kind) und bei der es zu einer Unterbrechung der Karriere kam. Eine Universitätsprofessorin, die eine durchgängige Berufskarriere und keine Kinder hat. Ein verheirateter Top-Manager mit Kindern, dessen Berufskarriere ohne Unterbrechung verlief. Und ein Universitätsprofessor, der keine Kinder hat und auch außerhalb der Universität Berufserfahrungen sammelte. Diese Auswahl repräsentiert nicht typische Fälle, sondern will die Bandbreite „verheiratet mit Kindern" und „unverheiratet" einerseits, beziehungsweise „Berufskarriere mit oder ohne Unterbrechung" andererseits beleuchten. Bei den Falldarstellungen will ich zunächst die äußere Lebensgeschichte, und zwar im beruflichen wie im privaten Bereich, darstellen und in einem zweiten Schritt fragen, welche Bedeutung diese für die innere, psychische Realität gewonnen hat.

1.1. Falldarstellung: Gudula W., Managerin

Diese Managerin, die ich Gudula nannte, war 45 Jahre alt und zur Zeit des Interviews Leiterin einer Abteilung eines multinationalen Konzerns mit 80 Mitarbeitern. Sie ist eine attraktive Frau. Sie trug eine dunkle, karierte Hose, dazu ein T-Shirt mit einer grünen Weste und flache Schuhe. Sie hatte kurze Haare, war schlank und sportlich. Sie war ungeschminkt und wirkte jünger als 45. Sie empfing mich im Vorzimmer. Da in ihrem Raum noch Montagen vorgenommen wurden – ihre Abteilung war den ersten Tag in einem neuen

Gebäude – und dabei laute Geräusche entstanden, suchte sie einen Raum, in dem das Interview stattfinden konnte. Wir setzen uns in das Zimmer eines ihrer Mitarbeiter. Als dieser während des Interviews hereinkamm, bat sie ihn, sich inzwischen woanders hinzusetzen. Sie wählte dazu einen freundschaftlichen, eher kollegialen Ton. Während des Interviews schaute sie mir in die Augen. Die Beschäftigung mit ihrer Kindheit fiel ihr nicht leicht, aber sie versuchte, nicht zu flüchten oder auszuweichen. Sie zeigte ihre starke Betroffenheit während des Interviews.

1.1.1. Äußere Biographie

1.1.1.1. Karriereverlauf

Die Berufstätigkeit begann Gudula als Sekretärin, nach einem Jahr wurde sie Sachbearbeiterin in einer Planungsfunktion. Nach sechs Jahren wurde sie Managerin, da sie zu diesem Zeitpunkt die Einführung eines EDV-Projektes leitete. Seither war sie in der Verwaltung und der EDV tätig und erweiterte den Bereich kontinuierlich. Sie war seit 1980 Leiterin dieser Gruppe, die sich vorwiegend mit internationalen Aufgaben beschäftigte und über 80 Mitarbeiter hatte. Diese Abteilung hat die Aufgabe, nach der Installierung diverser EDV-Systeme für Schwestergesellschaften Serviceaufgaben zu übernehmen, d. h. Schulungen durchzuführen und die Grundidee, warum dieses System eingeführt wurde, zu vermitteln. Die gesamte, zwanzigjährige Berufskarriere fand also in demselben Betrieb statt. Nach Abschluß der Untersuchung machte sie einen weiteren Karrieresprung, indem sie eine Leitungsfunktion im Ausland übernahm. Wie ist dieser ungewöhnliche Karriereverlauf zu verstehen? In der ersten Antwort erfahren wir ganz komprimiert die Konfliktlinien. Die Art und Weise, wie Gudula antwortete, zeigte Bruchlinien und veranlaßte mich, erste Vermutungen über Zusammenhänge anzustellen. Auf die Frage nach ihrem beruflichen Werdegang antwortete sie:

> „Ah, ich hab' – ah – Welthandel studiert und bin auf den Diplomkaufmann – oder noch bevor ich den Diplomkaufmann geschafft hab', schwanger geworden – (Störung von außen) – hab' also dann – ah – war dann mit meinem Sohn schwanger und hab' daher auch das Doktorat nicht gemacht, und hab' dann so nach etwa drei Jahren – meine Ehe auch in die Brüche ging – ah – zu arbeiten begonnen, und hab' mir daher gesucht einen Job, wo ich – a, schwer zu sagen; zum einen einmal, wo ich – wo ich aufgrund meiner Studienkollegen wußte, daß das etwas halbwegs Vernünftiges is' und auch Zukunftsträchtiges is', aber in erster Linie eigentlich

nicht, um – ah – um jetzt da großartig Karriere zu machen, sondern um einen Job zu haben, um mein Kind ernähren zu können und mich auch."
Die geradlinige berufliche Ausbildung, die zu einer Berufstätigkeit geführt hätte, wurde radikal unterbrochen. Gudula konnte das Studium bis zur Geburt ihres Sohnes noch abschließen, mußte aber das Doktoratstudium aufgeben. Die Berufsausübung wurde erst nach der Ehekrise notwendig. Die Erzählung zeigt ihre starke emotionale Betroffenheit. Die Satzbrüche verweisen auf Brüche im Leben, auf konflikthafte Situationen und belastende Krisen. Gudula begann auf Wunsch der Eltern das Studium als Ausbildung und damit Voraussetzung für ihre berufliche Tätigkeit. Ebenso abrupt wie der Satz „Hab ich Welthandel studiert und bin auf den Diplomkaufmann ..." unterbrochen wird, bevor das Verbum gesagt werden konnte, unterbrach die Schwangerschaft das Studium. Eingeschoben wurde die Information über die zerbrochene Ehe nach drei Jahren. Ich vermutete hier bereits, daß diese überraschende Schwangerschaft auf einen Konflikt mit den Eltern hinweisen könnte. Da Gudula arbeitete, „um sich und das Kind ernähren zu können", wurde sie vermutlich nicht von den Eltern unterstützt. Einen Beruf zu ergreifen war eine Überlebensfrage. Ihre erste Tätigkeit lag unterhalb ihrer akademischen Qualifikation. In der Erzählung übersprang Gudula rasch diese ersten sechs Jahre und sprach dann ausführlich über die leitende Position, obwohl die ersten sechs Jahre recht wichtig und schwierig gewesen sein dürften.

Der Wunsch, von diesen ersten Jahren nichts zu erzählen, zeigte sich im Interviewverlauf als Widerstand. Bei meinem ersten Versuch, auf diese schwierige Anfangsphase zurückzukommen, antwortete sie einsilbig mit ja, das sei schwierig gewesen. Dann folgte eine nachdenkliche Pause. Eine weitere Nachfrage, wie es möglich gewesen sei, diesen Status zu verändern, wies Gudula W. zurück, indem sie sagte: „Es war nicht schwer, den Status zu ändern, das möchte ich amal sagen." Gudula führte aus, daß sie ihre Karriere nicht geplant hatte. Das wäre nur das Produkt von Zufall und Glück. Indirekt zeigt sich aber, wie zielbewußt sie handelte. Schon bei der Auswahl der Firma achtete sie darauf, daß diese „zukunftsträchtig" sei. Die Tatsache, daß Gudula W. die einzige Frau in der dritten Hierarchiestufe dieses Konzerns war, versuchte sie zu verleugnen. Sie beschrieb ihre Einstellung, die ihr zur Karriere verhalf, folgendermaßen: „Wenn man halbwegs interessiert ist an dem, was man arbeitet, dann hat man an gewissen Einsatz und möcht etwas tun, was eben Spaß macht". Die Sprecherin stellt ihre Arbeitshaltung nicht aktiv dar, wie z. B. mit „ich war sehr interessiert und hatte Spaß an der Arbeit", sondern sie wählt eine passive Konstruktion, die sie eher zum Objekt der Umstände macht. Es wird so dargestellt, daß das eben die Umstände sind, in denen man, d. h. jede oder jeder andere genauso, Karriere macht. Erst bei der zweiten Nachfrage zeigte Gudula W. die besondere Konstellation auf, die ja bei Männerkarrieren ein übliches Muster darstellt: sie wurde von einem männlichen Vorgesetzten, dem damaligen Planungschef, gefördert: „Er (der Planungschef) hat sich für mich interessiert und is' da irgendwie auf mich gestoßen, und so hab'ich dann – also ich hab' aufgrund eines Angebots gewechselt in dem Fall, nicht amal aktiv ...". Wieder betonte sie, daß sie „nicht amal aktiv" war, und läßt die genauere Aufstiegsmodalität im Unklaren. Durch die Unterstützung des Planungschefs war Gudula Führungskraft geworden. Über ihre Gefühle, als Akademikerin als Sekretärin tätig gewesen zu sein, sprach sie nicht. Die Erzählung wird von dem Gefühl, was das für sie bedeutet hat, getrennt.

Situation in der Arbeitswelt

Gudulas Berufssituation wurde erst plastisch, als sie auf die besondere Situation als weibliche Führungskraft, nämlich eine von 6 Frauen in dieser Position unter 250 Männern zu sein, angesprochen wurde. Sie reagierte zunächst nachdenklich, indem sie den Minderheitenstatus von Frauen bestätigte: „Ja ja, es sind nicht sehr viele", begleitet von einer nachdenklichen Pause. Ihre Karriere betrachtete sie als „ziemlich geschlechtsneutral". Gudula bewältigt die unterschiedlichen männlichen Normen durch Aufgabe ihrer spezifisch weiblichen Attribute, „coping through integration", wie Kvanda 1985 diese Strategie nennt. Sie nahm lange bestehende Ungleichheit nicht wahr, indem sie unbewußt vorgegebene männliche Standards annahm, sagte sie. Diese Strategie war erfolgreich und wurde erst in den letzten zwei Jahren obsolet. Gudula beschrieb ihre Kleidung als Symptom dieser Veränderung: „Und ich bin also früher auch sehr, sehr – also an sich ausschließlich in Kostümen herumgelaufen, die – die – vom – vom Set up sehr ähnlich der Männerkleidung, nicht; um den Geschlechtsunterschied nicht so stark hervorzuheben." Erst als sie nicht mehr im Kostüm ins Büro ging, merkte sie, daß sie als Frau stärker auffiel. Diese Neueinschätzung ihrer Position entstand durch Kontakt zur feministischen Bewegung nach einer Krise. Danach fielen ihr einige Dinge auf, die sie früher gar nicht bemerkt hatte.

Die unterschiedliche soziale Behandlung der Frauen wurde von Gudula W. an den Höflichkeitsritualen festgemacht. Ein Thema, für das sie vermutlich durch die Diskussion in der Frauenbewegung sensibilisiert wurde. Die exponierte Stellung als einzige Frau wurde von Gudula W. zuerst in der positiven Bedeutung „ein bunter Vogel zu sein" aufgegriffen. Einschüchternd wirkte die direkte Anrede mit dem Namen bei der Begrüßung „Frau W., meine Herrn," oder es heißt „meine Herrn, Frau W." Gudula bezeichnete das als Nachteil.

Als Vorteile zählte Gudula auf: Das Phänomen, „etwas Besonderes zu sein", und Privilegien zu haben. „Männer sind viel unterwürfiger untereinander" als Frauen; „ich erlebe meine männliche Umwelt viel hierarchiebewußter als ich es selbst bin". Es gibt manche Dinge, die man „einer Frau schwerer abschlägt als einem Mann", eine Bitte bei einem Vorgesetzten hat größere Chance, erfüllt zu werden, wenn sie von ihr als Frau vorgetragen wird.

Ihren *Führungsstil* bezeichnete sie als „kollegialer", sie bildete mit ihren Mitarbeitern ein „gutes Arbeitsteam". Die Männer führten, so meinte Gudula, viel stärker ausschließlich auf der intellektuellen Ebene, ihnen sei die menschliche Dimension nicht so wichtig. Die Reaktion der 80 männlichen Mitarbeiter auf sie als weibliche Chefin war unterschiedlich.

„Es gibt Männer, die sehr starke Probleme haben, mich als Frau als Vorgesetzte zu haben, vor allem die – die eher konservativ erzogen sind oder sehr konservativ leben. Diejenigen, die in ihrer Lebenshaltung eher flexibel sind, tun sich leichter mit mir … Also wenn – wenn die Leute älter sind oder sehr konservativ, fallt's ihnen schwer." Den älteren, konservativen Mitarbeitern fiel es schwer, von einer Frau Kritik anzunehmen. Die starke Betonung der Probleme mit „konservativen Mitarbeitern" läßt auf ungelöste Konflikte mit Konservativität schließen, die sich vermutlich auf ihre Eltern beziehen. Sie kann aber ihre Anteile an den Problemen mit konservativen Mitarbeitern sehen. Bei dieser Sequenz stimmen der Inhalt und der Sprachstil überein. Sie ist reflexiv, denkt über sich nach.

1.1.1.2. Familiensituation

Zunächst soll die bewußte Ebene der Darstellung beschrieben werden. Gudula W. war das älteste von drei Kindern einer erfolgreichen Unternehmerfamilie. „Na, ich bin ein erstgeborenes Kind und hätte ein Bub sein sollen – war meinen Eltern auch gar nicht recht, daß ich ein Mädchen war", sagte sie. Den „Mangel", ein Mädchen zu sein, versuchte sie durch verstärkte Leistung,

Verläßlichkeit und Selbständigkeit wettzumachen. Gudula kam sich isoliert vor, hatte den Eindruck, zu wenig Zuwendung bekommen zu haben.

Ihre Beziehung zur Mutter beschrieb sie als distanziert. Da sie als Mädchen von der Mutter nicht akzeptiert wurde, mußte sie schon als Kind ein „guter Bub sein", meinte sie. Sie orientierte sich stark an Männern, vor allem am Vater. Zu ihm hatte sie die stärkste Bindung. Auch zum um 9 Jahre jüngeren Bruder hatte sie eine enge, herzliche Beziehung. Zur Schwester bestanden Spannungen und Konflikte, weil die Schwester sie beneidete und auf ihren Erfolg und ihre Leistungen eifersüchtig war. Die Herkunftsfamilie wurde von Gudula W. als konservativ bezeichnet. Die Erziehung war korrekt und klar. Die Kinder wußten, was gestattet und was verboten war. Bürgerliche Tugenden wie Anständigkeit, Ehrlichkeit und Bescheidenheit wurden vermittelt. Die Kinder sollten nicht verzogen werden. Wichtig waren soziale Anerkennung und die Anpassung an gesellschaftliche Normen. „Das Erziehungsverhalten war korrekt, wir hab'n g'wußt, woran wir sind, wir wußten, was wir durften, was wir nicht durften; also so gesehen berechenbar und ziemlich eindeutig, nicht besonders nahe; sicherlich zwar auch nicht gelernt, mit Gefühlen umzugehen; leistungsorientiert". Gudula vermißte Wärme und Geborgenheit in der Familie. Korrektsein war wichtiger als Geliebtwerden. Gudula war verheiratet, hat einen Sohn, der ihr sehr viel bedeutet. Nach der Scheidung ging sie eine eheähnliche Beziehung zu einem Mann ein, die 15 Jahre hielt. Seit zwei Jahren lebt sie alleine mit ihrem Sohn.

Um zu verstehen, wie die kindlichen Erfahrungen ihre innere Welt prägten und wie diese Erfahrungen mit ihrem Ehrgeiz und der erfolgreichen Berufskarriere zusammenhängen, will ich die unbewußte Bedeutung ihrer Aussagen und die Daten der projektiven Tests heranziehen.

1.1.2. Innere Realität

Betrachten wir die bis jetzt beschriebenen Aussagen, so scheint sich ein geradliniger Karriereweg abzuzeichnen, der allerdings erst nach einer kurzen Ehe begonnen wurde. Wie aber sieht die Dynamik in der Herkunftsfamilie hinter der scheinbar glatten Fassade einer erfolgreichen Unternehmerfamilie aus? Welche Konfliktlinien können wir erkennen, die Energie binden? Beginnen möchte ich mit der Entwicklung der Geschlechtsidentität als Frau, die sich in der Auseinandersetzung mit den Eltern vollzieht. In der Psychoanalyse sprechen wir von der Bewältigung der ödipalen Konflikte, die mit heftigen Gefühlen des Begehrens, der Schuld, Neid und Konkurrenz zu tun haben und daher immer verdrängt werden.

1.1.2.1. „Durchtrennen der Nabelschnur" – Bewältigung der ödipalen Konflikte

Gudula beschrieb die Beziehung zur Mutter als distanziert und die zum Vater als besonders intensiv. Diese Konstellation entspricht den Wünschen des kleinen Mädchens, die Mutter als Konkurrentin um die Liebe des Vaters auszustechen. Gudula sprach auch davon, daß es zwischen den Eltern eine „Haßbeziehung" gab und die Mutter bei kulturellen Veranstaltungen mit dem Vater nicht mitging. Die Mutter weigerte sich, in Konzerte und am Sonntag ins Restaurant essen mitzugehen. Ich vermute, daß Gudula den Eindruck hatte, ihre unbewußten Phantasien, die Mutter verdrängen zu können und für den Vater attraktiver zu sein, seien wahr geworden. Das Triumphgefühl, über die Mutter gesiegt zu haben, mußte jedoch verdrängt werden. Gudula ergriff im weiteren Partei für die Mutter, die aus „einfachen Verhältnissen" stammte und deshalb von der Familie des Vaters nie akzeptiert worden war. Da die Mutter aber trotz Streitereien und Spannungen die Frau des Vaters geblieben ist, dürfte Gudula die Mutter unbewußt beneidet haben. Diese Gefühle wurden auf die jüngere Schwester verschoben. Bewußt erlebte sie ein durchgängiges Zurückgewiesenwerden von der Mutter, weil sie nicht so wie ihre jüngere Schwester die Frauenrolle akzeptierte. Sie legte kein „Augenmerk auf schöne Kleider" und auf Schönheit.

„Hab' ich aber auch den Eindruck, daß meine Geschwister zumindest von meiner Mutter – ah – mehr Liebe, mehr Zuwendung bekommen haben als ich. Und da ich nie – nie – schwach sein wollte, glaube ich, war das auch eine Sache, die einfach in der Reaktion wieder einen gewissen Liebesentzug bewirkt hab'n … I: Hm … G: Des tuat ma aa weh, net."

Gudula verkehrte die Beziehung zur Schwester ins Gegenteil, wenn sie sagte „meine Schwester war eifersüchtig auf mich". Ihr Neid auf die Schwester und ihre Konkurrenz wurden ihr nicht bewußt. Die heftige Eifersucht auf die Schwester wurde bei der Zeichnung der „Verzauberten Familie" deutlich. Sie vergaß, sie zunächst zu zeichnen, was nach Kos/Biermann immer auf eine verdrängte Konkurrenzsituation hinweist. Hinter der Konkurrenz zur Schwester steht vermutlich die Konkurrenz zur Mutter. Gudula durfte sich nicht eingestehen, daß sie die Mutter verdrängen wollte. Um ihre eigene Macht und Machtbedürfnisse nicht zu sehen, wertete sie ihre berufliche Leistung ab, sie sei nur durch „Zufall" und Glück" in diese

Position gekommen, sagte sie. Damit drückt sie aus, daß die Karriere kein besonderer Erfolg sei, der sie über alle anderen Frauen – aber besonders über ihre Mutter – stellt. Ein weiterer Beleg für die These des unterdrückten Triumphes über die Mutter, ist ihr Umgang mit weiblichen Mitarbeiterinnen. Sie hatte 80 Mitarbeiter und keine einzige Frau. Sie förderte keine Frau, um so die einzige zu bleiben. Gleichzeitig darf sie sich diese Sonderstellung nicht eingestehen, sondern sie bezeichnet ihre Karriere als ,,geschlechtsneutral".

Ihren Wunsch, ,,nie – nie – nie schwach zu sein" verstehe ich als Schutzmechanismus, um ihre Kränkung nicht zeigen zu müssen, weniger Zuwendung als die Schwester von der Mutter bekommen zu haben. Die Identifizierung mit dem Weiblichen beschwört auf der bewußten Ebene Schwachsein, Isoliertsein, Unterdrücktsein herauf, die Gudula ablehnt. Unbewußt hat sie aber wesentliche Aspekte der Mutter in sich hineingenommen. Sie bekam ihren Sohn trotz großer Widerstände der Familie und hat ein sehr gutes Verhältnis zu ihm. Als Gudula über ihre Lieblingsliteratur sprach, fielen ihr eher Bücher ein, die sie mit dem Sohn gemeinsam gelesen hatte. Diese Spannung gegenüber der Frauenrolle zeigte sich auch in der Art, wie sie über ihre väterliche Großmutter sprach. Sie bezeichnete sie als ,,Dulderin, in einer Opferrolle". Die unbewußt positive Einschätzung zeigt sich wieder in der Zeichnung und in deren Interpretation. Sie begann die Zeichnung mit den Großeltern, die sie eng verbunden darstellte. Sie kommentierte die gezeichnete Verbundenheit, ,,weil sie haben schon immer eine Einheit dargestellt". Sie zitierte den Ausspruch der Großmutter ,,ja, mein Mann ist der Hammer und ich bin der Amboß". Bewußt wertet Gudula dieses Bild als Dulderin ab, gleichzeitig stellt das Bild von Hammer und Amboß ein tiefes und funktionales Aufeinanderbezogensein dar. Der Ausspruch der Großmutter vermittelt eine positive Identifikation mit ihrer Frauenrolle, die eine große Verbundenheit, Stärke und Harmonie ausdrückt. Die Beziehung zu ihrem Freund stellte Gudula als sehr glückliche Partnerschaft dar, ohne deren emotionale Sicherheit sie die beruflichen Fortschritte nie hätte machen können. ,,Ohne diese glückliche und harmonische Partnerschaft hätte ich, glaub ich, nie die Kraft gehabt, beruflich so weit zu kommen", sagte Gudula. Ob hier das Vorbild der Großeltern zum Tragen kommt? Ihre Liebesfähigkeit zeigt sich in der Beziehung zum Freund und zum Sohn. Die Brisanz der Familiendynamik wurde in der Beziehung zum Vater sichtbar. Die Trennung von ihm erforderte ein abruptes Loslösen durch ein „Durchtrennen der Nabelschnur". Die verdrängten Wünsche dem Vater gegenüber könnten die Ursache dafür sein, daß sie sich und die anderen Familienmitglieder als geschlechtslose Wesen in abstrakter Form zeichnete. So wird der Unterschied der Geschlechter nicht sichtbar.

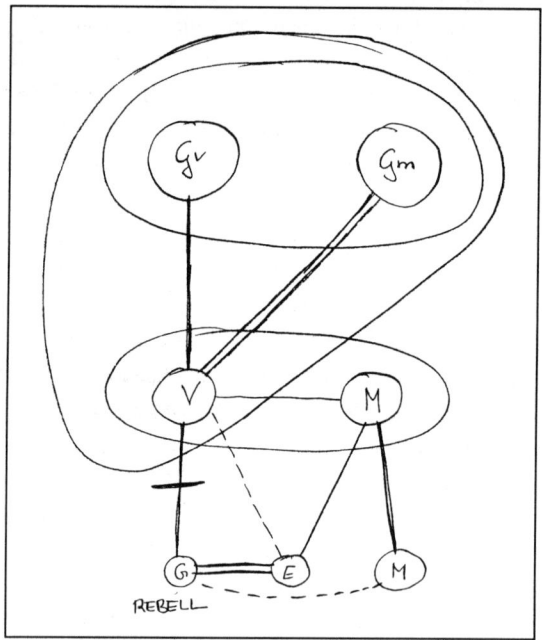

Zeichnung der „Verzauberten Familie" von Gudula

Interpretation:

Gudula zeichnete sich mit dem Vater durch eine doppelte intensive Linie verbunden, während sie den Vater zur Mutter nur mit einem dünnen Strich, allerdings in einem Kreis, verband. Sie kommentierte das, „daß bei den Eltern sicherlich die Sexualität nicht geklappt hat, aber in jungen Jahren – auf dem Hochzeitsfoto – da haben sie so ungeheuer glücklich ausgeschaut". Im Gegensatz dazu steht die doppelte Linie zwischen dem Vater und ihr, ein Zeichen für ihre wechselseitige Verbundenheit. Diese enge Beziehung wurde durch den Konflikt um die Schwangerschaft und die Ehe durchtrennt. „Vor allem dem Vater war es ungemein wichtig, daß ich das Studium abschließe", sagte sie. Der Vater hatte selbst nicht studieren dürfen, da er den Betrieb des Großvaters übernehmen sollte. Die Schwangerschaft verhinderte es, daß Gudula das Doktorat machte. „Und i hab' mi' dann an sich in die – die traditionelle Frauenrolle begeben, weil i war schwanger, hab' a Kind kriegt und bin amal – hab' einen Dichter geheiratet, bin also schon ein bissl aus dem – aus der konservativen Familie ausgebrochen, und – und hab' halt so bohemienmäßig dahingelebt mit wenig Geld."

Sie beschrieb ihre Schwangerschaft als Ausbruch aus der konservativen Familie – hier taucht die Ablehnung des konservativen Lebensstils direkt auf, der in der Beschreibung ihrer Führungsprobleme mit konservativen Mitarbeitern schon angeklungen ist. Sie lebte in der Ehe „bohemienhaft und mit wenig Geld". Beides unterschied sie von den Normen des Vaters, dem soziale Anerkennung ebenso wichtig war wie viel Geld zu verdienen. Aus der Aussage, daß Gudula in der Ehe mit wenig Geld leben mußte, können wir schließen, daß vom Vater keine finanzielle Unterstützung nach der überstürzten Eheschließung geleistet wurde.

Gudula nahm meine Deutung, daß ein Kind bekommen viel revolutionärer sein kann als Karriere zu machen, an: „Ja ja, das war es auch, das is' schon richtig. Na, das war ein Schock total für meine Eltern; und noch dazu einen Schriftsteller heiraten, na das – das is' schon recht ... Aber das war eben Widerstand gegen die Eltern und war eigentlich vom – so vom Regen in die Traufe kommen; im Grund genommen." Gudula sprach die Krise an, es war ein Schock für die Eltern. Nicht nur der Zeitpunkt der Schwangerschaft vor Abschluß des Studiums richtete sich gegen den Willen des Vaters, sondern auch der künstlerische Beruf des freien Schriftstellers. Gudula wertet unbewußt ihren ersten Mann ab; wenn sie „vom Regen in die Traufe gekommen ist", so kann sie auf den Vater als Liebesobjekt bezogen bleiben. Der Schriftsteller, den Gudula heiratete, war vermutlich jüdischer Herkunft, ein Dorn in den Augen des Vaters, der stark antisemitische Vorurteile hatte. Die Nachfrage, ob das Durchtrennen der Nabelschnur zum Vater die Schwangerschaft gewesen sei, bejahte sie und ließ die Dramatik der Auseinandersetzung deutlich werden:

„Ja. War schon früher natürlich, aber sicherlich manifestiert durch das, daß' ich – waaß i – g'sagt hab', okay – i man', mein Vater hat mich seinerzeit vor die Alternative gestellt, daß er sich umbringt oder ich das Kind krieg' oder das Kind halt – ah – abgetrieben wird. Und ich hatte damals scho' a Abtreibung hinter mir und hab' g'sagt: na, also das is' dein Problem."

Die Drohung des Vaters war so ernst ausgesprochen, daß Gudula nicht wußte, ob er sie ausführen würde.

„Es war zwar eine Riesendrohung; ich war mir auch nicht sicher, ob sich mein Vater umbringen wird oder nicht, nicht, das hab' i net g'wußt, aber es war halt auch – auch von meinem Vater irgendwie ein ungeheurer Versuch eben, das Gesicht zu wahren und die Gesellschaft – den gesellschaftlichen Ansprüchen gerecht zu werden, nicht. Ich mein', da is' halt dann eben die Frau nicht bei – bei edlen Herren die Frau, sondern eher der Hurenrolle zuzuordnen, und genauso hat's mei' Vater auch g'seh'n, net, und das war natierlich in seinem sozialen Umfeld a riesiges Problem."

Durch die Selbstmorddrohung sollte Gudula am Ausbruch gehindert werden, sollte emotional in der tief und anhaltend wirkenden Bindungsstruktur gefangen bleiben. Eine ähnlich verstrickte Beziehung, wie Gudula sie zum Vater gehabt haben dürfte, schien auch zwischen Mutter und jüngstem Bruder bestanden zu haben. Er wurde von der Mutter als Partnerersatz gebraucht, sagte Gudula. Der Bruder hatte sich vor drei Jahren das Leben genommen – was auf bedrohliche innere Konflikte hinweist. Gudula gelang es, sich immer wieder zu distanzieren. Sie dachte über sich viel nach und konnte dann Spannungen in Arbeitsenergie umsetzen. Besonders in Lebenskrisen konnte sie sich durch einen enormen Arbeitseinsatz ablenken. Die innere Zerrissenheit zeigte sich auch in der Sprache, durch Stilwechsel zwischen gefühlsbetontem Sprechen und einer Zustandsschilderung, Dialekt und Hochsprache. Wieso gelang es Gudula trotz dieser starken inneren Konflikte, Energie in Arbeitsfähigkeit umzusetzen statt in Depression oder Selbstbestrafung zu verfallen?

1.1.2.2. Stolz der Eltern auf ihre Leistungen

Gudula war sich sicher, daß sie von Mutter und Vater gewollt war, auch wenn sie sich in verschiedenen Bereichen zurückgesetzt fühlte. Beide hatten sich auf das Kind gefreut und waren später stolz auf ihre guten schulischen Leistungen. Die Mutter hatte sie nie um ihren schulischen und beruflichen Erfolg beneidet. Gudulas Karriere interpretiere ich als eine Art Kompromiß, auf der beruflichen Ebene die Mutter zu überflügeln. Nur wenn Erfolg haben in der Phantasie mit der Vernichtung der Rivalin gleichgesetzt wird, treten Hemmungen auf, die zu Mißerfolg in der Realität führen. Die teilweise Identifikation von Gudula mit der Frauenrolle gestattete es ihr, ihren Erfolg unbewußt auch als Wiedergutmachung der Demütigung der Mutter, die „hinauf geheiratet" hat, zu sehen.

Die klare, wenn auch strenge Erziehung zeigte Gudula, daß den Eltern wichtig war, was sie tat. Sie sprach vom Liebesentzug als Erziehungsmittel, Schläge jedoch hatte es nie gegeben. Die Forderungen der Eltern wurden begründet und waren so für die Kinder verständlich, auch wenn sie die Rücksicht auf die anderen Leute, die soziale Angst der Eltern später vehement kritisierte. Dieses Erziehungsverhalten bietet eine klare Orientierungshilfe für die Kinder. Es ist auch möglich, dagegen zu rebellieren, da die Forderungen eindeutig sind.

1.1.2.3. Eltern als Modell des sozialen Aufstiegs: ,,Butterbrot – nie Wurstbrot"

Gudulas Familie schaffte einen sozialen Aufstieg. Leitbild des erfolgreichen Geschäftsmannes war der Großvater. Er hatte den Betrieb von einem kleinen Handwerksunternehmen zu einem Kleinunternehmen mit 40 Beschäftigten aufgebaut. Gudula beschrieb den Großvater als ihr Vorbild, der durch ehrliche Arbeit und gute Leistung Erfolg hatte. Sie grenzte die Arbeitsethik des Großvaters vom ,,bloßen Geldverdienen" ab, da er starkes Verantwortungsgefühl gegenüber ,,seiner Mannschaft" hatte. Soziologisch hat Max Weber diese puritanische Grundhaltung, ehrlich und gewissenhaft zu arbeiten, um Geld zu verdienen und es wieder zu investieren, als den ,,Geist des Kapitalismus" bezeichnet. Fragen wir von einer psychologischen Position nach der Triebkraft dieses Verhaltens, so steht das Streben nach Macht dahinter und die damit verbundene Befriedigung, die jedoch nicht bewußt werden darf, sondern als moralisch hochstehendes Verhalten rationalisiert wird. Gudula, die in einer zukunftsträchtigen Firma begonnen und ihre beruflichen Chancen ergriffen hatte, war sich nicht bewußt, daß sie aktiv etwas zu ihrer Karriere beigetragen hatte. Gudula internalisierte diese Normen, d. h. sie wollte durch Fleiß und Tüchtigkeit Anerkennung erringen, ohne sich der dahinter verborgenen Machtimpulse bewußt werden zu müssen. Sie könnte sich nicht vorstellen, rasch, d. h. durch Spekulationen oder unehrliche Geschäfte zu Geld zu kommen.

Modellhaft für Gudula war die Einstellung der Eltern und Großeltern zur Arbeit und die Art und Weise, wie mit triebhaften Wünschen umgegangen wurde. Triebe und Ansprüche dürfen bei einer solchen Einstellung nicht zu Genuß und Befriedigung führen, sondern werden modifiziert und umgeformt. Die Machtwünsche, die Gier und die Bemächtigungsimpulse, die der Großvater als Seniorchef seinen Mitarbeitern und auch seinen Söhnen gegenüber wahrnehmen konnte, wurden als Verantwortungsgefühl überhöht und idealisiert. Die affektiven und triebhaften Bedürfnisse der Menschen, wie z. B. von Gudulas Vater oder auch von ihr selbst, wurden abgewertet. Gudula beschrieb, daß der Vater die Mitarbeiter, die in den Ferien ans Meer gefahren waren, kritisiert hatte. Sie und ihre Geschwister sollten bescheiden sein. Sie sagte: „Wir haben zum Beispiel immer Butterbrote in die Schule mitgekriegt, nie Wurstbrot, damit nicht deklariert wird, daß wir vielleicht mehr Geld haben".

Dahinter steht das narzißtische Selbstbild „etwas Besseres" zu sein, sie sollte daher bessere Leistungen erbringen. Das elitäre Selbstbewußtsein wurde hinter Bescheidenheit verdeckt, d. h. der Widerspruch wurde nicht bewußt. Der Zwiespalt dieser Ansprüche belastete Gudula sehr lang. Erst seit kurzem gestattete sie es sich, hervorzustechen, zu tun, was sie wollte, anders zu sein und es lustvoll zu erleben. „... etwas, was ich – ich mein' – um Gottes Willen nie gemacht hätte, mach' i jetzt, wenn ich Lust hab', auf irg'ndaner Balustrade halt an halben Meter höher als der Rest der Mannschaft, wäul's ma' halt Spaß macht auch, nur deshalb." Beim Höhergehen auf der Ballustrade wurde das Tabu der Bescheidenheit lustvoll überschritten. Die Befriedigung ihres Wunsches, höher zu stehen, wurde erst dann möglich, als sie flexibler mit der Triebunterdrückung umgehen konnte. Wie wichtig das Besitzen und das Geld in der Familie wirklich war, wurde in der Abwertung der Herkunft der Mutter aus bescheidenen Verhältnissen sichtbar. Die Großmutter mütterlicherseits war geschieden und in zweiter Ehe mit einem kleinen Handwerker verheiratet. Es war nie genug Geld da, sodaß die Mutter von den Geschwistern des Vaters als „Emporkömmling" bezeichnet wurde. Gudula begann diese Normen, nur für die Arbeit zu leben, erst seit kurzer Zeit zu problematisieren. Sie hatte wie ihr Großvater einen 12- bis 14stündigen Arbeitstag und investierte viel Energie und Interesse in ihren Beruf.

1.1.2.4. Rebellion durch voreheliche Schwangerschaft

Bei Gudula finden wir Elemente der Anpassung und der Rebellion. Sie beschrieb sich in der Schulzeit als „eher brav", ehrgeizig, anpassungsfähig im Umgang mit Autoritäten. Sie hatte sich „mit den Machthabern solidarisiert". Deshalb war sie bei den Klassenkolleginnen nicht sehr beliebt und wurde nie zur Klassensprecherin gewählt, was sie bedauerte. Sie wurde als „hinterfotzig" erlebt und konnte nie das Vertrauen der Mitschülerinnen erringen. Erst später änderte sich das. Der Bruch mit den Eltern erfolgte durch die Schwangerschaft. Unbewußt wählte sie den Körper und die Sexualität als Mittel der Auseinandersetzung und der Loslösung vom Vater. Sie traf ihn da an seiner sensiblen Stelle, nämlich bei seinen sozialen Ängsten. Obwohl sie schon schwanger war, durfte sie nicht bei ihrem späteren Mann übernachten. Gudula hatte sichtbar und provokant die bürgerlichen Normen der Enthaltsamkeit und der Keuschheit übertreten. Selbst gegen den massiven Druck des Vaters beugte sie sich nicht seiner Drohung, sondern traf die Entscheidung, das Kind zu bekommen und diesen Mann zu heiraten. Die Berufstätigkeit wurde notwendig, da sie und ihr Mann Schulden hatten und Gudula das Kind und sich ernähren mußte. Der Konflikt zwischen berufstätiger Frau oder Hausfrau, wird durch die Lebensnotwendigkeit, Geld verdienen zu müssen, pragmatisch entschieden.

Als zweite Fallgeschichte wird die eines Mannes in vergleichbarer Position in einem multinationalen Konzern vorgestellt.

1.2. Falldarstellung: Hermann T., Manager

Ein 45jähriger Topmanager, den ich Hermann T. nannte, war zum Zeitpunkt des Interviews Generaldirektorstellvertreter eines multinationalen Konzerns. Er war groß und schlank, trug einen dreiteiligen, grauen, dezent gemusterten Anzug. Seine Sekretärin holte mich vom Aufzug ab und begleitete mich bis zur Tür seines Chefzimmers. Er saß in einem geräumigen Eckzimmer, mit großem Schreibtisch und Ledersitzgruppe. Zur Begrüßung stand er vom Schreibtisch auf und kam mir entgegen. Hermann war höflich und zuvorkommend. Zunächst wirkte er korrekt und distanziert, im Laufe des Gesprächs wurde hinter der glatten, korrekten Fassade eine sensible, melancholisch gestimmte Persönlichkeit sichtbar. Die Fragen des Interviews interessierten Hermann. Er sprach zunehmend freier und offener. Da das Interview länger als eineinhalb Stunden dauerte, vereinbarten wir einen Zusatztermin zur Durchführung des Rorschachtests.

1.2.1. Äußere Biographie

1.2.1.1. Karriereverlauf

Hermann T. stand zum Zeitpunkt des Interviews an der Spitze eines internationalen Großkonzerns, in den er vor 21 Jahren unmittelbar nach Abschluß seines Studiums eingetreten war. Er beantwortete die Frage nach seinem beruflichen Werdegang zunächst ganz kurz: Er bekleidete in seinem

Leben eine ganze Fülle von verschiedenen Positionen eben bis zum Generaldirektorstellverteter in derselben Firma. Nach einer Rückfrage, ob er alle Stationen beschreiben sollte, ging er ausführlicher auf sie ein. Die Rückfrage verstehe ich als Abwehr und Schutz. Er möchte zunächst die soziale Situation abklären. Seine genaue, persönliche Schilderung der verschiedenen Stationen mit emotionalen Bewertungen entspricht einem „weiblichen Sprachstil". Hermann begann in der Verwaltung als Sachbearbeiter, wurde kurz darauf der Assistent des Leiters der Systemberatung und baute dann eine eigene Abteilung auf. Schon nach drei Jahren wurde ihm eine Managementposition im Planungsbereich angeboten, die er später leitete, wobei sie auch um Marketings- und Stabsaufgaben erweitert wurde. Nach 12 Jahren bekam Hermann eine führende Position im Ausland mit äußerst anspruchsvollen Aufgaben übertragen. Diese 2 Jahre im Ausland bezeichnete er als die interessanteste Zeit. Es galt, prinzipiell neue Entscheidungen zum Ausbau der Geschäftsbeziehungen mit Ländern der Dritten Welt zu treffen. Nach 2 Jahren wurde er wieder zurück nach Österreich in eine Direktionsposition berufen und kurz darauf anläßlich einer Reorganisation der Firma zum Bereichsleiter ernannt. Ein Jahr danach wurde er auch Stellvertreter des Generaldirektors. Er beschrieb den hohen Arbeitseinsatz und auch die Belastungen:

„Es war sicherlich eine meiner Hauptstärken, daß ich sicherlich sehr viel gearbeitet hab, sehr engagiert war, eigentlich in jeder Tätigkeit ... in diesen 21 Jahren ... habe ich eigentlich zwei große unterschiedliche Phasen erlebt; die Hälfte der 21 Jahr' ... waren Jahre eines ganz steilen Aufstiegs ... es wur – ich alle ein, eineinhalb Jahr' eine neue Position bekommen hab', wo ich immer wieder a neue Tätigkeit gehabt hab', was auch sehr interessant gewesen ist. Die andere Hälfte waren zwei Positionen, die ich ausgeübt habe".

Die Freude und die Genugtuung über den sehr steilen Aufstieg klingen an. Er nahm jedesmal die neue Herausforderung an, erfüllte risikoreiche, neue Aufgaben gut. Nur ganz verdeckt wird die Ambivalenz und das Getriebenwerden sichtbar. Nach der ersten Phase gibt es einen Bruch. Hermann begann den Satz mit „es wur-"; vermutlich wollte er eine passive Form konstruieren wie etwa: „Ich wurde alle ein-, eineinhalb Jahre weggeholt, mit neuen Aufgaben in einer höheren Position konfrontiert" oder ein „ich wurde weggerissen, ich mußte mich rasch umstellen, mich neu einarbeiten". Die Belastung des raschen Aufstiegs wird nur indirekt angesprochen, wenn er sagte: „Was *auch* sehr interessant gewesen ist", das heißt, außer interessant dürfte es auch belastend gewesen sein. Diese Schwierigkeiten klingen an, wenn Hermann meinte:

„Wenn ma sehr, sehr rasch umwechselt, ist das natürlich mit sehr – wahnsinnig viel Engagement verbunden, wo ich immer wieder neu lernen muß – dann gerade, bevor ma zu ernten beginnt, macht ma (Lachen) scho wieder was Neues".

Wieder zeigen die Brüche und Satzunterbrechungen die unterdrückten Gefühle. Die Phasen der Kontinuität können nicht beschrieben werden, weil Hermann die erste Phase als rasches Wechseln-Müssen erlebte. „Wenn man sehr, sehr rasch wechselt", ist das natürlich mit sehr – hier bricht der Satz wieder ab. Wir können ihn ergänzen „mit sehr viel Schwierigkeiten verbunden", die er mit viel Engagement und Arbeitseinsatz überwinden konnte. Die Angebote dürften Hermann auch unter starken Erfolgsdruck gesetzt haben. Er wollte sich in der neuen Funktion nicht blamieren. In gewisser Weise verhinderte der rasche Wechsel auch das Ernten der Erfolge. Das Bedauern darüber wird mit einem Lachen überdeckt. Gleichzeitig bedeuteten die rasch hintereinander erfolgten Jobangebote eine enorme Bestätigung und die Befriedigung, auch schwierige Aufgaben erfolgreich zu meistern.

Situation in der Arbeitswelt

Als Topmanager fielen sehr viele zeitintensive Ausarbeitungsarbeiten weg, die First Line Manager dann für ihn vorbereiteten. Doch die Last der Verantwortung wurde größer, „die geistige Beschäftigung wird intensiver, das heißt, das Abschalten wird noch schwerer". Auch heute dürfte ein Zehnstundentag die Norm, eine 60 Stundenwoche die Regel sein. Belastende Fragen beschäftigten Hermann bis ins Privatleben hinein, das Abschalten war noch schwieriger geworden.

Welche Eigenschaften befähigten ihn zu seiner Karriere? Seine Antwort auf diese Frage lautete:

„Ja, ich glaube, daß ma sicher geholfen hat – also ich glaube, daß – es gibt ja verschiedene Menschentypen. Man kann sich die Welt technisch erklären, man kann sie sich von der organisatorischen Seite her erklären, man kann sie sich auch als – von der künstlerischen Seite her erklären – die Juristen erklären die Welt auch aus rechtlicher Sicht – ich glaub, es gibt auch eine kaufmännische Sicht der Welt – ich glaube, daß ich ein Vollblutkaufmann eigentlich bin".

Die Thematik dürfte für Hermann eine emotionale Brisanz haben, die sich in der sprachlichen Form seiner Antwort zeigte. Hermann begann mit einer persönlichen Aussage, die aber zweifach gebrochen wurde. Er verwendete Partikel wie „ich glaube", „eigentlich", „es gibt ja", die die

Aussage abschwächen sollen. Diese Form der Distanzierung schien jedoch noch nicht genügend Schutz vor der unbewußten, gefühlsmäßigen Bedeutung der Aussage zu bieten. Er brach mitten im Satz ab und ging auf einer allgemeinen Ebene auf die verschiedenen Menschentypen ein, was von der persönlichen Ebene ablenken sollte. Erst nach diesem Exkurs konnte er die zentrale Aussage machen, nämlich daß er ein Vollblutkaufmann sei. Das sei ein „zweites Ich", er habe es anlagemäßig mitgebracht. Auffallend ist die starke Betonung, fast leidenschaftliche Ausführung seiner Vollblutveranlagung für wirtschaftliche Zusammenhänge. Diese sprachliche Konstruktion verweist auf innere Konflikte, die auf widersprüchliche Gefühle seiner Mutter oder seinem Vater gegenüber schließen lassen. Hermann ging auf weitere karrierefördernde Eigenschaften ein, nämlich daß er zuhören kann – wenigstens in den Anfangsjahren – und sich mit Leuten zusammensetzen kann, kombiniert mit Belastungsfähigkeit und Widerstandskraft.

Über seinen Führungsstil erzählte er nicht viel. Hermann sprach von seiner „Stärke im Sozialkontakt" und seiner Fähigkeit, die Mitarbeiter zu motivieren und die „Ausrichtung einer Organisation auf gemeinsame Ziele" zu fördern. Sein Führungsstil sei mitarbeiterorientiert, und er versuche, sie in Entscheidungen miteinzubeziehen und zur Mitarbeit zu motivieren.

1.2.1.2. Familiensituation

Zunächst möchte ich wieder die bewußte Ebene beschreiben.

Hermann war das einzige Kind. Seine Eltern wurden durch die politischen Umstände nach dem Zweiten Weltkrieg getrennt, als Hermann vier Jahre alt war. Ab diesem Zeitpunkt wurde er von seiner Mutter und der mütterlichen Großmutter aufgezogen. Er stand im Zentrum des Lebens der beiden Frauen. Den Vater hatte Hermann erst mit 21 Jahren besucht, als er schon studierte.

Der Erziehungsstil war von der Situation der alleinerziehenden Mutter und Großmutter geprägt. Es gab wenig Verbote für Hermann. Er bezeichnet sich als verwöhnt und verhätschelt, als sehr großen Egoisten: „Versorgt, bemuttert und von allen … Unbillen des Lebens möglichst ferngehalten".

Als Kind war er ruhig und zurückgezogen. Er las viel und war ein braves, in sich gekehrtes Kind. Hermann bezeichnete sich als isoliert und ernst. Gerne spielte er mit den Schulkollegen Fußball, sodaß sein Berufswunsch, Sportjournalist zu werden, von diesen Erlebnissen beinflußt worden sein dürfte. Entscheidend für seine Karriere war, daß in seiner geographischen Nähe eine Mittelschule gegründet wurde, sodaß er maturieren konnte. Die

Entscheidung, zum Studium nach Wien zu gehen, fiel ihm nicht leicht, da seine Mutter dagegen war. Das Studium war für die Mutter „eine große Belastung", sagte er. Die Belastung war finanziell und emotional. Es bedeutete eine Loslösung und Trennung von der Mutter. Hermann fügte hinzu: „Und ich hab auch dann einen Teil des Studiums, eigentlich nach dem Diplom, das Studium selbst finanziert, durch eigene Tätigkeit schon".

Wieder verweist die Schwierigkeit der Loslösung auf eine konflikthafte Beziehung zur Mutter. Die Mutter hatte einen Textilgroßhandel auf dem Land aufgebaut und wollte, daß er sie unterstützte. Zunächst wollte er Sportjournalist werden, änderte aber nach Beginnn des Studiums seine Meinung, da ihn Wirtschaftsfragen stark interessierten.

Nun zu seiner gegenwärtigen Familiensituation: Hermann ist seit 19 Jahren verheiratet. Seine Frau ist Hausfrau und entlastet ihn von allen Hausarbeiten. Sie studierte inzwischen und unterrichtete etliche Jahre an einer Handelsakademie, sagte er. Sie haben zwei Kinder, die ältere Tochter ist 18 Jahre und die jüngere 2 Jahre alt. Hermann kam von sich aus auf die Schwierigkeit der Kombination von privatem Bereich und Beruf zu sprechen.

Die ersten Jahre der steilen Karriere fielen mit der Eheschließung und der Geburt der ersten Tochter zusammen. Hermann sprach den Konflikt zwischen beruflichem Engagement und Zeit für die Familie an: „Ja, ich hab zu wenig Freizeit – meine Frau hat das immer schon behauptet ... man kann halt nicht alles haben, nicht".

Die Schwierigkeit wird mit der Feststellung zugedeckt, daß sie schon sehr, sehr lange verheiratet sind. Die Frau und die Tochter dürften sich auf ein Leben fast ohne ihn recht gut eingerichtet haben, was ihn entlastet, aber auch melancholisch macht. Die Stimme war traurig, als er von den Wünschen seiner 18jährigen Tochter nach mehr gemeinsamer Zeit sprach.

„Die 18jährige hat sich sicher daran gewöhnt und ... hat trotzdem eine sehr, sehr gute Beziehung zu mir. Redet sich halt ein – und ich rede ihr ein, daß man durch Qualität Quantität ersetzen kann (Lachen) ... Würd' sich sicher wünschen, daß ich oft mehr Zeit hab".

Die Trauer um die zuwenig genützte Beziehung zur Tochter scheint nicht ganz bewußt werden zu dürfen. Besonders nun, da die Tochter groß ist und bald das elterliche Haus verlassen wird. Als die älteste Tochter klein war, verbrachte Hermann die meiste Zeit im Büro, einschließlich der Wochenenden. „Ich hab ... in den Anfangsjahren ... sehr, sehr oft Wochenende, sehr sehr oft lang in die Nacht hinein gearbeitet", sagte er. Die Schilderung schwankt zwischen einer persönlichen Erzählung und einem Bericht. Die

Rechtfertigung des hohen Engagements und Arbeitseinsatzes durch den Aufstieg und den materiellen Erfolg überlagert das Bewußtwerden des hohen Preises des beruflichen Aufstiegs.

1.2.2. Innere Realität

Zunächst erschien die steile Karriere innerhalb eines Konzerns an die Spitze der Hierarchie wie programmiert. Der Hinweis auf die Vernachlässigung seiner Familie sowie auf die von der Mutter vererbte Anlage zum Vollblutkaufmann verweisen auf die Arbeit als Ventil einer inneren Spannung. Welche unbewußten inneren Konflikte wurden durch die Familienkonstellation geschaffen?

1.2.2.1. Am Thron sitzend – Anhängsel der Mutter: Bewältigung der ödipalen Konflikte

Die Familienposition von Hermann ist durch das Fehlen des Vaters gekennzeichnet. Er wuchs in einem Haushalt mit zwei Frauen auf und besuchte

Zeichnung der „Verzauberten Familie" von Hermann

den Vater in Deutschland erst als Erwachsener. Die Familiendynamik zeigt die Konstellation von Macht, Einfluß und Prestige. Betrachten wir zunächst, was Hermann in der Zeichnung über seine Beziehungen in der Familie ausdrückte.

Interpretation:

Bei der Zeichnung der Familie wird die zentrale Position von Hermann deutlich. Zuerst zeichnete Hermann einen Thron mit drei Stufen, auf dem er als kleines Kind sitzt, ohne Arme und Beine. Die Beine stecken in einem Schlafsack, der Mund ist mit einem Schnuller verschlossen. Der Thron ist mit einer Krone eindeutig als Machtposition gekennzeichnet. Bewußt bezeichnete er seine Stellung als Prinzenposition, in der Zeichnung drückt sich jedoch das unbewußte Gefühl aus, ohnmächtig, hilflos und kastriert zu sein. Er ist ein hilfloses Baby, das sich nicht bewegen kann, keine Beine hat, d. h. nichts tun kann. Die beiden Frauen stehen weit darunter, sind beide ihm zugewandt. Als zweite Person wird die Großmutter gezeichnet, die ihm Speise und Trank serviert, die Mutter trägt eine Hose. Bildlich stellt er dar, daß ,,die Mutter die Hosen anhat", d. h. die dominante Position des Mannes einnimmt. Und tatsächlich war sie die Alleinernährerin, sie war eine mächtige, männliche Frau. Die Großmutter nahm die Rolle der warmherzigen, ihn umsorgenden Mutter ein. Für beide Frauen stand er im Mittelpunkt, sie tanzten um ihn wie um das ,,goldene Kalb". Diese Position ist einerseits narzißtisch befriedigend, er der Phallus der Mutter, gleichzeitig wird er zum Kind gemacht und soll es bleiben. Die Wut und die Kränkung darüber, klein gehalten zu werden, darf nicht bewußt werden und zeigt sich als Hemmung. Um das Durchbrechen der Aggression ins Bewußtsein zu verhindern, wurde sie tief verdrängt und in gegensätzliches Verhalten verkehrt. Er war nicht nur nicht aggressiv, sondern besonders brav und sanft. In diesem Sinn verstehe ich seine Aussage, daß ,,er in der Pubertät kein Raufer war" – Raufen stellt ein altersadäquates Ventil für Aggression, Kampf und Rivalität dar; er dagegen war ein braves und stilles Kind. Seine Autoritätshörigkeit, über die er selbstkritisch und abwertend sprach, verstehe ich als Unterwerfungshaltung der Mutter gegenüber, die auf alle Autoritätspersonen übertragen wurde.

Die Beziehung zur Mutter ist vielfältig emotional verstrickt, da sie einerseits eine geliebte und konstante Bezugsperson war, andererseits fühlte er sich von ihr unterdrückt. Er sprach davon, ihr ,,Anhängsel zu sein", d. h.

er war wichtig für sie, zugleich gehörte er als „Anhängsel" zur Mutter und durfte nicht selbständig werden. „Anhängsel zu sein" bedeutet auch eine Entwertung, da er keine eigene Person war, sondern nur Teil von ihr. Gleichzeitig stellte sie das männliche, phallische Vorbild der Tüchtigkeit dar, dem er nacheiferte und zu dem er gleichzeitig in Konkurrenz stand, d. h. sie nahm die Position eines Vaters im Verhältnis zu ihm ein. Da sie für Hermann keine Alimente vom Vater annahm, verhinderte sie auch eine symbolische Beziehung zum Vater, indem sie Hermanns Vater die Möglichkeit nahm, über Geld und Unterstützung eine Vaterrolle zu bekleiden. Die Mutter vermittelte den Eindruck, daß sie alles alleine bewältigen konnte und alles für ihn sein wollte. Das ergab eine emotionale Mischung von Identifikation einerseits und Rivalität mit der männlichen, erfolgreichen Mutter andererseits. Der Besuch des Vaters fiel in die Zeit seiner Loslösung von der Mutter, als er bereits in Wien studierte. Ich interpretiere das als unbewußten Wunsch nach Hilfe vom Vater bei der Trennung von der Mutter. So wurde der Vater zum Retter vor der zu großen Nähe zur Mutter – dieselbe Position, die Väter bei der Loslösung der Mädchen von der Mutter in der ödipalen Phase haben. Den Vater zu besuchen, stellte zugleich einen unbewußten Protest gegen die Mutter, die ihn immer vom Vater ferngehalten hatte, dar. Die Sehnsucht nach dem Vater drückte sich in seinem Wunsch aus, Sportjournalist zu werden. Fußball ist ein Sport, der seine Männlichkeit betont und eine Abwehr des Weiblichen ausdrückt. Er spielte auch gerne Schach mit einem Wahlonkel, der eine männliche Bezugsperson darstellt und der in seiner Phantasie als Ersatzvater erschienen sein dürfte. Bei der Lieblingslektüre berichtete Hermann von dem Schiller-Drama „Wallenstein", bei dem er im Schultheater mitgespielt hatte. Im Stück geht es um die enge Beziehung von Max Piccolomini zu seinem Vater und um Loyalitätskonflikte. Hermann dürfte seinen Vater unbewußt den Vorwurf gemacht haben, daß er ihn – den Prinzen – verlassen und ihn der Mutter überlassen hatte. Der Loyalitätskonflikt hat vermutlich auch in Hermanns Beziehung zur Großmutter eine Rolle gespielt, die für ihn sehr wichtig war und damit auch die geforderte ausschließliche Zuwendung zur Mutter relativierte. Hier möchte ich noch einmal darauf hinweisen, daß ich von den Gedanken, Gefühlen und Phantasien von Hermann der „inneren Mutter" oder dem „inneren Vater" gegenüber spreche, die eine Mischung aus den phantasierten Beziehungen und dem realen Verhalten der Eltern darstellen. Die inneren Bilder, die „Objektbeziehungen" beeinflussen jedoch unser Verhalten und werden daher als „innere Realität" bezeichnet.

Der berufliche Erfolg dürfte bei Hermann somit ein Ventil und zugleich einen Kompromiß seines Konfliktes mit der Mutter darstellen. Einerseits konnte er sich mit ihr identifizieren, er sprach von der „ererbten Ader" als Vollblutkaufmann, den er von seiner Mutter hat. Zugleich konnte er sie übertreffen und in einem anderen Bereich als sie seinen Mann stellen. Die hohe Position, die Kontrolle über so viele Mitarbeiter sowie seine Fähigkeit, Neues zu entwickeln und aufzubauen, sollten seine inneren Zweifel – noch immer ohnmächtiges Kind und Anhängsel der Mutter zu sein – beruhigen. Die Schuldgefühle wegen seiner unbewußten Vorwürfe der Mutter gegenüber, ihn als Kind kleinhalten zu wollen, konnte er konstruktiv nützen, indem er aus Protest in eine Wohngemeinschaft einzog – gegen den Wunsch der Mutter.

1.2.2.2. „Das Kind hat sich wohlgefühlt" – Verlust des Vaters

Bei Hermann war das Angenommensein durch die Mutter und Großmutter so stark, daß es auch belastende Elemente der Überforderung einschloß. Um diese Belastung nicht bewußt werden zu lassen, idealisiert Hermann seine Beziehung zur Mutter. Bei der Aufforderung, die Familie zu zeichnen, fragte Hermann, wie das gemeint sei: „Die Situation idealisiert, oder wie ich mir wünschen würde, daß er (der Zauberer) sie verzaubert hätte?" Hermann lachte und fühlte sich recht wohl bei der Vorstellung, die Familie verzaubern zu dürfen, d. h. mächtig zu sein. Die beiden Perspektiven von ihm und die Wünsche der Mutter verschwammen immer wieder. Bei der Interpretation der Zeichnung wies er darauf hin, wie sehr sich das Kind wohlfühlte: „(Das Kind) hat sich sicher sehr wohl gefühlt (Lachen). Schaut ja nicht unzufrieden aus, nicht". Er verleugnete mit dieser Aussage die gezeichnete Ohnmacht des Säuglings. Die Verzauberung beschrieb Hermann folgendermaßen: „Der Zauberer verzaubert den geliebten Sohn in ein kleines Kind, das Mutter und Großmutter erhalten bleibt". Aus seinem Wunsch wurde eindeutig ein Wunsch der Mutter und Großmutter. Der große Sohn sollte klein und damit den Frauen erhalten bleiben. Die Ehe der Eltern wurde ebenso idealisiert wie ihre politische Einstellung zum Nationalsozialismus. Er entwarf einen „Familienroman", der lautete, die Eltern hatten einander heiß geliebt und wurden nur durch politische Umstände getrennt. Hermann erzählte, wie der Vater mit dem Baudienst nach Österreich kam, wo er die Mutter kennengelernt hatte. Aus großer Liebe heiraten sie. Er war ein Kind dieser Liebe. Nach 1945 sei „großes Unrecht" geschehen, meinte Hermann. Alle deutschen Staatsbürger, das war der Vater, aber auch seine Mutter, wurden des Landes verwiesen. Da der Vater, der Soldat gewesen war, in Deutschland weder Lohn noch Beschäftigung erwartete, wollte die Mutter mit Hermann in Österreich bleiben, dazu mußte eine Pro-forma-Scheidung inszeniert werden, aus Verschulden der Frau mit Verweigerung der Wohnsitzfolge. „Bis in die 50er Jahre hätte die Ehe ... jederzeit wieder aufgenommen werden können", sagte Hermann zweimal. Danach ist unklar, was passiert ist. Hermann führte aus: „Aber wie das halt is', man lebt sich dann auseinander und ... irgendwann. Seine Frau – meine Mutter wollte nicht hinausgehen, mein Vater hat da eine Frau gefunden, und hat in den 50er Jahren wieder geheiratet". In dieser Sequenz sehen wir gut die Zerrissenheit von Hermann. Es fällt ihm schwer, die Realität des Scheiterns der Ehe der Eltern zu sehen. Die erste Erklärung lautete, man habe sich auseinandergelebt, beide mußten mit der Lösung einverstanden sein. In der zweiten Erklärung gab er der Mutter die Schuld, sie wollte nicht nach Deutschland hinausgehen. Dabei identifizierte sich Hermann mit dem Vater und sprach von der Mutter als „seine Frau". Dieser Sachverhalt müßte eine Kränkung für den Vater darstellen. Die dritte Begründung lautete, daß der Vater eine andere Frau gefunden hatte. Das würde eine Kränkung der Mutter bedeuten. Ich verstehe die Aussage als Vermischung von Einschätzungen, die zu unterschiedlichen Zeiten stattgefunden haben dürften.

> „Er hat mir damals gesagt, daß das für ihn aber auch eine riesige Enttäuschung gewesen sei ... daß meine Mutter damals nicht nachgekommen sei, auch zu dem Zeitpunkt, wo das möglich gewesen wäre ... er hat noch gewartet eine Zeitlang, ob sie ... die Ehe ist nicht auseinandergegangen, weil irgendjemand eine Beziehung gehabt hätte, das ist ganz interessant ... und er hat mir gesagt, daß er also nach dem Scheitern seiner beruflichen Karriere, die auch völlig auf diesen Arbeitsdienst ausgerichtet war ... er hat praktisch Mitte der 30 erst wieder einen neuen Beruf lernen müssen, ... es ist seine Ehe gescheitert ... er hat das immer mit dem Ausland in Verbindung gebracht ... und daß er die Heimat verlassen hat, eben das nach Österreich gehen damals ihm Unglück gebracht hat. Und er hat mir g'sagt, er hat sich also 1950 geschworen, nie mehr ins Ausland zu fahren".

Die Sichtweise des Vaters wird sehr ausführlich und engagiert dargestellt. Hermann will ihn rehabilitieren, der Vater wollte, daß die Familie wieder zusammenkommt. Ich nehme an, daß Hermann seinen Wunsch, mit Vater und Mutter zu leben, dem Vater in den Mund legt. Die Eltern werden als Opfer der Umstände bezeichnet. Die Idealisierung wird mit allen Mitteln aufrechterhalten, um eine Entwertung und eine kritische Auseinandersetzung zu verhindern, obwohl Hermann selbst dem Nationalsozialismus kritisch gegenübersteht. Vom Nationalsozialismus waren die Eltern begeistert, weil „so eine Aufbruchstimmung" geherrscht hatte. Leicht klingt die Entwertung an, wenn er sagte, daß sein Vater mit 40 noch einmal heiratete. Der innere Konflikt zeigt sich sprachlich, er meinte „den Faden verloren zu haben". Hermann war „immer der einzige Mann in der Familie". Mutter und Großmutter waren stolz auf ihn. Auf ihn dürften libidinöse Wünsche der Mutter übertragen worden sein, die ja Zeit ihres Lebens ohne feste Beziehung geblieben war. So schmeichelhaft es für Hermann gewesen sein dürfte, Mittelpunkt im Leben seiner Mutter (und Großmutter) zu sein, mußte es doch auch belastend gewesen sein. Es ist für ein Kind überfordernd, als Partnerersatz gebraucht zu werden, da es früh reif werden muß. Hermann sagte:

„Ich war eigentlich so – immer der einzige Mann in der Familie, nicht. Meine Mutter hat schon sehr, sehr viel Bekannte gehabt, und das hat's – bekannte Familien gehabt, wo's überall einen Vater gegeben hat und so etwas Ähnliches – da war halt ich der Vater in der Familie, nicht und ich bin ... eigentlich viel früher reif geworden als viele Kinder kompletter Familien ... wo die Eltern beisammen g'wesen sind und die Kinder eine eigene Gruppe gebildet haben, während ich eigentlich immer ein Anhängsel meiner Mutter gewesen bin, weil hier nicht die Normalfamiliensituation gegeben war".

Deutlich wird Hermanns Sehnsucht nach der Normalfamilie, nach einem Vater, nach einer entlastenden Familiensituation in einer Geschwisterkonstellation. Die zentrale Position förderte Größenphantasien, die bei Hermann hinter Bescheidenheit verdeckt wurden, aber zugleich eine unbewußte Antriebskraft für seinen Erfolg darstellten, da er so seine Besonderheit unter Beweis zu stellen versuchte. Kinder, die als Partnerersatz dienen, werden dadurch sehr oft überfordert und stellen sich dann selbst unbewußt unter einen starken Leistungsdruck.

Warum konnte Hermann diese Konstellation konstruktiv nützen? Ich denke, daß zum einen die Existenz der warmen und fürsorglichen Großmutter eine Entlastung darstellte. Zum anderen konnte er selbst einen Schritt der Distanzierung durch sein Studium in Wien setzen und so eine gewisse Autonomie erreichen. Ich vermute, daß Hermann durch die überfordernde enge Beziehung zur Mutter Angst hatte, zu einer Frau wieder eine zu große Nähe herzustellen. Wir haben gehört, daß er besonders in den ersten Ehejahren die meiste Freizeit in der Firma verbrachte. Dadurch verwendete er die Arbeit unbewußt auch als Distanzierungsmittel gegen große Nähe in der Ehe. Bewußt litt er unter seinem Wegsein, unbewußt stellte dieses Verhalten eine Konfliktlösung zwischen seinem Wunsch nach Geborgenheit und seiner Angst vor überwältigender Nähe dar. Wenn er im Büro war, konnte er nicht so viel Zeit mit seiner Frau verbringen, sie hatten nicht soviel Zeit für intensive Gespräche und intimes Zusammensein. Seine Frau hatte sich das Leben mit dem Kind eingerichtet und ihr Wunsch nach einem neuen, kleinen Kind, als die ältere Tochter erwachsen wurde, verstehe ich als weiteren Hinweis auf das Kind als Ersatz für eine intensive Partnerbeziehung.

1.2.2.3. Vorbildwirkung der selbständigen Frauen: Modell der Lebensbewältigung

Bei Hermann sehen wir, daß nicht nur die Mutter, sondern auch die Großelterngeneration Vorbildwirkung hatte. Sowohl die Mutter als auch die Großmutter mußten alleine für ihr Kind sorgen. Beide waren unehelich geboren und mußten schon früh ihren Lebensunterhalt selbständig verdienen. Ich möchte diesen Teil in Hermanns eigenen Worten beschreiben, da die Art seiner Erzählung seine Bewunderung den beiden Frauen gegenüber zeigt.

„Also meine Großmutter war ein uneheliches Kind … mit vierzehn Jahren ist sie in die Lehre gekommen in einen Handelsbetrieb. Ihr Vater (der Mutter) war ein durchaus begüterter Gastwirt im Mühlviertel, der aber meine Großmutter nicht geheiratet hat, und sie (die Mutter) hat mit ihrem Vater eine ähnliche Beziehung g'habt als ich sie dann mit meinem Vater g'habt hab', aus anderen Gründen."

Für die Mutter dürfte es wichtig gewesen sein, einen Mann zu heiraten, gesellschaftlich anerkannt zu sein und einen ehelichen Sohn zu bekommen. Hermann war der einzige Mann in drei Generationen. Umso schmerzlicher und enttäuschender dürfte deshalb die Trennung für die Mutter gewesen sein. Sie wollte immer selbständig bleiben. Das Verhalten der Mutter stellte einen Schutz vor einer neuen Enttäuschung dar und führte jedoch gleichzeitig zu einer Wiederholung der gefürchteten Situation. Über den Aufstieg der Mutter berichtete Hermann stolz:

„Die Mutter hat einen Textilgroßhandel am Land betrieben … ein Berufsstand, den es heute kaum mehr gibt, ‚Landkrämer'. Damals haben die Bauern den Anzugstoff noch beim Krämer im Bord gekauft, und der ist dann geschneidert worden … das attraktivste G'schäft der Landkrämer war eben das Textilgeschäft, war – weil man mit einem Anzug viel, viel mehr verdienen konnte als mit einem Sack Zucker … und hat alle Landkrämer des Bezirks gekannt, sie war sogar zeitweise … wenn's amal kane Reisenden gegeben hat, dann war sie auch auf der

Reise ... sie hat auch eingekauft für den Betrieb ... ist in die großen Fabriken gefahren, das hat ihr alles Freude gemacht und das kann ich mir auch vorstellen."

Die ausführliche, persönliche Erzählung der beruflichen Bedeutung seiner Mutter erfolgte engagiert und fließend. Sobald er über seine Mutter sprach, wurde Hermann lebendig bzw. traurig. Die Mutter brachte es zu gesellschaftlicher Stellung und Anerkennung, sie war eine wichtige Person im Bezirk, war bekannt und geachtet. Die Kehrseite davon war, daß sie sehr viel reiste und Hermann sie gerne öfter zu Hause bei sich gesehen hätte. Eine gewisse Eifersucht auf den Beruf der Mutter wurde deutlich, wenn er sich fragte, ob er oder der Beruf das Zentrum ihres Lebens gewesen sei. Er dürfte sich oft zurückgesetzt gefühlt haben, wenn die Mutter so lange am Abend oder am Wochenende noch gearbeitet hat. So ganz sicher war er sich dann nicht mehr, ob er der Mittelpunkt ihres Lebens war oder ob sie total für den Beruf lebte. Die Unsicherheit drückte sich auch sprachlich aus. Hermann verwendete viele Partikel – „glaub ich", „weiß ich auch", „trotzdem". Hermann dürfte sich als Kind ohnmächtig gegenüber dem „Rivalen" Beruf gefühlt haben. Hermann identifizierte sich später selbst mit jener Verhaltensweise der Mutter, durch die er sich gekränkt und vernachlässigt gefühlt hatte. Die Verwandlung der eigenen Person in die abgelehnte Verhaltensweise eines Elternteils vermittelt ein Gefühl der Stärke – so wie er die Mutter damals als stark, mächtig und erfolgreich erlebt hatte, so fühlte er sich dann gegenüber seinen eigenen Kindern.

Die Tradition des Erringens von sozialer Anerkennung und Geld durch schwere Arbeit geht in der Familie bis zur Großmutter zurück. Hermann erzählte, daß auch die Großmutter mit 14 Jahren von zu Hause weg in die Lehre mußte. Sie war zuerst Köchin in Kaufhäusern und bei reichen Leuten und hat sich später selbständig gemacht:

„Sie hat sich selbständig gemacht, auch etwas, was heute völlig unvorstellbar ist, eine Wohnung gehabt (Lachen), die sie zum Teil untervermietet hat an Mittelschüler. Damals haben Mittelschüler so gewohnt wie heute Studenten ... und sie hat dann eine Fülle von Leuten gehabt, die zu ihr mittagessen gekommen sind. Weil sie sehr, sehr gut gekocht hat, sind halt Leute aus Betrieben gekommen – was faktisch ein Konkurrenzbetrieb zu einem Gasthaus war – aber das war so üblich, ja ... sie hat auch eine Hausierertätigkeit als Köchin und hat aus dieser Tätigkeit eine Pension gehabt."

Hermann erzählte sehr ausführlich über die Großmutter. Im Gegensatz zu anderen Interviewten, die nur sehr kurz über die Tätigkeit ihrer Eltern und Großeltern aus sehr einfachen Verhältnissen sprachen, war Hermann sichtlich stolz auf die Tüchtigkeit und den Einfallsreichtum der beiden Mutterfiguren, wie sie sich ohne fremde Hilfe eine Existenz aufbauen konnten. Der unbewußte Auftrag, den er übernommen hat, lautet, ebenso tüchtig zu sein, neue und ungewohnte Aufgaben anzupacken und erfolgreich zu Ende zu führen.

Hermann übernahm den enormen Arbeitswillen der Mutter und identifiziert sich damit ebenso wie mit ihrer Freude über Erfolg und Geld. Geld bedeutete Macht und Sicherheit sowie gesellschaftliche Anerkennung.

1.2.2.4. „Autoritätsgläubig und problemlos"

Wie ich schon oben angeführt habe, interpretiere ich das brave, angepaßte Verhalten von Hermann als Reaktionsbildung unbewußter aggressiver Impulse. Er bezeichnete sich als autoritätsgläubig. Er war meist zu Hause, las und verlor sich in die Traumwelt der Bücher. Er wagte sich nicht, gegen die sexuell repressiven Normen der Mutter zu rebellieren, ganz im Gegenteil. Er wollte mit 17 lieber Fußball spielen gehen als sich mit Mädchen zu treffen. Er bezeichnete sich einerseits als problemlos und sagte: „Aber wenn ich zum Beispiel mit 17 eine Freundin gehabt hätte, wäre das eine Katastrophe gewesen ... aber mich hat damals noch mehr Fußball spielen und solche Dinge interessiert". Antizipierend empfand er schon gar nicht solche Impulse, die die Mutter nicht wünschte. Erst während des Studiums ging er seine erste Beziehung zu einer Frau ein.

Die einzige Form der eigenständigen Entscheidung in der Jugend stellte sein Entschluß dar zu studieren, der vermutlich für seine emotionale Entwicklung enorm hilfreich gewesen war. Er sagte:

> „Bei mir war ein sehr, sehr wichtiger Schritt, glaube ich in meinem Leben, daß ich mit 18 nach Wien gekommen bin und von dem verhätschelten Einzelkind in eine ... Art Studentenwohnung gekommen bin. Und ich hab mit einmal mit 8 Gleichaltrigen zusammengelebt ... ich mußte mich dort einordnen ... wie andere Kinder, die in einer Großfamilie aufgewachsen sind ... ich hab dort etliche Jahre gewohnt und mich dort sehr wohl gefühlt und bin dadurch aus dieser durchaus komischen, isolationistischen, egoistischen Einzelkindsituation ... rausgekommen".

Hermann sprach lustvoll von diesem neuen Leben als Student. Die Gemeinschaftserfahrungen in Wien holten ihn auch aus der „Isolationssituation" des braven, in sich gekehrten Kindes und Jugendlichen heraus.

Bei Hermann treffen verschiedene Antriebsmotive zur Karriere zusammen: Beruflicher Erfolg stellt eine Form der unbewußten Konkurrenzaustragung mit der übermächtigen Mutter dar. Beruf und Studium waren zugleich eine Möglichkeit zur Loslösung, da er nicht in den mütterlichen Betrieb eintrat. Die konflikthafte, verstrickte Beziehung zur Mutter und die unbewußten Vorwürfe an den Vater mußten verdrängt werden und bilden den Boden für eine latent depressive Grundstimmung. Große berufliche Aktivität verhinderte bisher ein Aufsteigen der Depression, da Hermann immer aktiv – und damit abgelenkt war. Zugleich stellte die erfolgreiche Karriere ein legitimes Mittel dar, nicht soviel Nähe in seiner Beziehung zur eigenen Familie herstellen zu können. Die positiven Erwartungen der Mutter ihm gegenüber dürften zur Ausprägung eines „sozialen Optimismus" (Claessens 1962, 62) geführt haben, der die inneren großen Spannungen in Aktivität und Erfolg zu kanalisieren half.

1.3. Falldarstellung: Simone O., Universitätsprofessorin

Simone war eine schlanke, mittelgroße, zweiundvierzigjährige Universitätsprofessorin. Sie trug eine schwarze, sportliche Hose mit einem gemusterten schwarzen Pullover. Die kurzgeschnittenen Haare, das oftmalige spitzbübische Lächeln und die sprühenden Augen ließen sie trotz ihrer exakten Planung, präzisen Sprechweise und ihres bestimmten Auftretens mädchenhaft erscheinen. Das Interview fand in ihrer Wohnung statt, die mit schwarzen Möbeln, modernen Lampen, vielen Bildern und geschmackvollen Reisesouvenirs eine Mischung aus Exaktheit und kontrolliertem Abenteuer erkennen lassen.

Im Interview beantwortete Simone die Fragen exakt und prompt. Sie sprach klar, verwendet wenig Partikel. Sie schien zu wissen, was sie wollte. Wenn sie einen Gedanken noch weiterführen wollte, tat sie es auch, indem sie die neu gestellte Frage überhörte. Sie kam aber dann von selbst wieder auf diese überhörte Frage zurück. Das Erzählen, das sie szenisch und spannend gestaltete, schien ihr selbst Freude zu machen. Vor allem ihre lustigen Streiche und Kindheitserinnerungen erzählte sie mit Schalk in den Augen.

1.3.1. Äußere Biographie

1.3.1.1. Karriereverlauf

Aufgewachsen in einer Kleinstadt, besuchte Simone die in der Nähe befindliche Klosterschule, wo sie mit Auszeichnung maturierte. Sie studierte zunächst für das Lehramt an Höheren Schulen, entschied sich aber schon nach dem vierten Semester für die wissenschaftliche Laufbahn und begann mit der Dissertation. Aufgrund ihrer Sub-auspiciis-Promotion erhielt sie eine Ad-personam-Universitätsassistentenstelle, d. h. sie konnte das Institut, an dem sie arbeiten wollte, selbst wählen. Ihre Dissertation wurde als Buch veröffentlicht. Nach zweijähriger Tätigkeit als Universitätsassistentin begleitete sie ihren Mann für ein Jahr in die USA. Obwohl sie offiziell nur als Ehefrau mitfuhr, nutzte sie dieses Jahr für wissenschaftliche Forschung. Simone betonte, wie wichtig für sie die wissenschaftliche Anerkennung war, die sie dort erfuhr. „Sofort, wenn jemand gehört hat, daß ich auch ein PhD hab', hab'n sie gefragt, worüber ich da gearbeitet habe und was ich jetzt weiter arbeiten werde". Von einem Professor erhielt sie fachliche Anregungen und Hinweise auf neue Literatur, die ihre wissenschaftliche Arbeit später beeinflußten. Nach der Rückkehr nach Wien wurde sie von ihrem Doktorvater zu einer Publikation in einer Buchreihe eingeladen. Diese Förderung war für ihre Entwicklung hilfreich, auch wenn sie mit leichtem Druck verbunden war. Simone erinnerte sich noch an diese Szene und beschrieb sie: „Also der hat mich gleich empfangen mit den Worten: ‚Wenn ma a Jahr in Amerika gewesen ist, muß ma nachher was schreiben, weil das geht einfach nicht, daß man so ein Jahr ungenützt läßt.'" Die gesammelten Materialien konnte sie so für ihren ersten Aufsatz verwenden. Obwohl sie in einem anderen Institut Assistentin war, wurde sie regelmäßig zu Vorträgen und später zur Abhaltung eines Lehrauftrages eingeladen. An ihrem ‚Heimatinstitut' verschaffte ihr dieser externe Lehrauftrag die Anerkennung des Professors, dem sie zugeordnet war. Er war beeindruckt, daß sie ohne seine Hilfe einen Lehrauftrag – noch dazu für eine Pflichtveranstaltung – bekommen hatte können. Als Lektorin einen Lehrauftrag an der Universität abzuhalten bedeutet, über ein Teilgebiet eine „venia" zu erhalten d. h. selbständig eine Vorlesung oder ein Seminar anzukündigen. Die Erteilung ist an eine strenge Qualifikationsprüfung gebunden. Über die Vergabe von Lehraufträgen läuft Anerkennung und Prestige an der Universität. Traditionellerweise schlägt der Professor in der Lehrauftragskommission der Fakultät jemanden vor, der zum Lektor geeignet ist.

Simone erzählte, daß ihre Entscheidung für eine Universitätskarriere mit dieser Erteilung des Lehrauftrages verbunden war. Das Habilitationsthema entwickelte sich aus dem Thema der Lehraufträge, die jedes Jahr neu erteilt wurden.

Die Organisation der Arbeit an der Habilitation in Verbindung zu den Lehraufträgen zeigt die Fähigkeit von Simone, rationell zu planen. „Ich hab jedes Semester ein anderes Thema von meinem Habilgebiet angekündigt, i muß da also immer ... neu einsteigen, Exzerpte waren schon verhanden". Zu der Thematik der Lehrveranstaltung schrieb sie jeweils einen Aufsatz pro Semester, der dann die Grundlage eines Kapitels der Habilitation bildete. Die Habilitation erfolgte dann mit allgemeiner Zustimmung in der Kommission. Sie bewarb sich zweimal um ausgeschriebene Stellen für ein Ordinariat. Sie erhielt beim ersten Mal ein votum seperatum der Professoren. Das ist eine besondere Empfehlung einiger Kommissionsmitglieder, wenn zu wenig Stimmen für eine Reihung auf dem Listenplatz zur Besetzung eines Ordinariates vorhanden sind, die Qualifikation aber besonders gewürdigt werden soll. Bei der zweiten Bewerbung um eine außerordentliche Professur kam sie mit einem Kollegen ex aequo auf den ersten Platz. Aus fakultätsinternen, politischen Motiven stellte dann die Entscheidung, eine Frau zu nehmen, ein zusätzliches Argument dar. So wurde sie mit 41 Jahren außerordentliche Universitätsprofessorin.

War Simones Karriere geplant? Die Antwort müßte wohl lauten, zunächst eher nicht, später ja. Ursprünglich strebte Simone keine Universitätskarriere an, sondern wollte das Lehramt für Höhere Schulen machen. Die Entscheidung für ein Doktoratsstudium fiel in den ersten Semestern des Studiums: „Es hat sich aber dann irgendwie schnell herauskristallisiert, daß mir das wissenschaftliche Arbeiten eigentlich mehr liegt als das Unterrichten". Simone war sehr interessiert: In freien Arbeitsgruppen diskutierte sie mit Studienkollegen bis tief in die Nacht, und sie lasen gemeinsam philosophische Primärtexte. Sie war als weibliche Studentin genauso anerkannt wie ihre männlichen Kollegen.

Simones Zielstrebigkeit und Ehrgeiz, alles gut und gründlich zu verstehen, zeigte sich beim Antritt ihrer Assistentenstelle. „Nach der Promotion hab' i ma so ein Leseprogramm zusammengestellt", sagte sie, um die Literatur dieses Gebietes systematisch durchzuarbeiten und zu exzerpieren".

Gab es Förderer? Simone betonte die Unterstützung der Studienkollegen, das gemeinsame Lernen und Vorbereiten auf Prüfungen. Für die eigentliche Karriere war die kontinuierliche Förderung durch ihren Doktorvater und dessen Nachfolger wichtiger als die des Professors, dem sie zugeordnet war. Dieser war von ihren intellektuellen Fähigkeiten beeindruckt, sie war seine Studentin, die er zum wissenschaftlichen Arbeiten angeregt hat. Vermutlich dürfte auch eine menschliche Wertschätzung, ähnlich einer herzlichen Vater–Tochter-Beziehung bestanden haben.

Situation in der Arbeitswelt

Simone beschrieb ihre besondere Situation als Frau an der Universität differenziert. Bei den Studenten und Studentinnen war sie als Vortragende und Betreuerin von Diplomarbeiten und Dissertationen von Anfang an geschätzt und beliebt. Dieser Erfolg in der Lehre brachte ihr selbst am ‚Heimatinstitut' nach und nach den Respekt der Kollegen ein.

„Bei Studenten sind Frauen eher beliebt", meinte Simone. Für sie selbst war und ist die sorgfältige Vorbereitung der Lehrveranstaltungen ein wichtiger Teil ihrer Arbeit.

Bei den Ordinarien hatte es entweder Unterstützung gegeben – von ihrem Doktorvater – oder eine langsam wachsende Anerkennung. Der Professor, dem sie zugeordnet war, hatte zunächst nicht angenommen, daß sie lang an der Universität bleiben würde. Sie erzählte: „Immer, wenn ein männlicher Student fertig geworden ist, hat er mich gefragt, ob i net amal ein Kind kriegen will und den Posten räumen". Sie erhielt also zu Beginn keine Ermutigung von ihm. Erst später, als sie viel publiziert hatte, nahm er sie ernst, lud sie zu Vorträgen ein und bat sie, seine Vertretung zu übernehmen.

Als schwierig bezeichnete Simone die Beziehung zu ihren Assistenten-Kollegen. Sie hatte sich von den Kollegen nicht ernstgenommen gefühlt. Die nur ein paar Jahre älteren Kollegen sahen zu Beginn in ihr nur eine „Spielgefährtin zum Schäkern und Tändeln", sagte sie. Sie fühlte sich von den sexuellen und erotischen Anträgen der Assistentenkollegen zu Beginn ihrer Tätigkeit am Institut belästigt:

„(Es ging mir) – zuerst eigentlich insofern schlecht, als die sich – als die sich als Frau erwartet haben so einen Spielgefährten, so was zum Schäkern und Tändeln am Institut ... Und wenn man ein (wissenschaftliches) Buch gelesen hat, ist es dort befremdlich von den Kollegen aufgefaßt worden – man sollte eben so als eine Art Gesellschafterin zur Verfügung stehen".

Diese Verhaltensweise der Kollegen war wohl zuerst Ausdruck der erotischen Spannungen, die durch die Anwesenheit von verschiedengeschlechtlichen Universitätsassistenten entstehen. Simone fühlte sich verunsichert durch die Witze der Männer, gleichzeitig fühlte sie sich als Wissenschaftlerin abgewertet. Psychologisch verstehe ich das als Ausdruck ihrer Unsicherheit sexuellen Fragen gegenüber. Ihr Gefühl der Bedrohung läßt auf eine eher gehemmte Sexualität schließen, die durch die Klosterschulerziehung verstärkt worden sein kann. Wenn ich Simones Reaktion als Symptom ihrer sexuellen

Unsicherheit interpretiere, heißt das nicht, daß ich damit das Verhalten der Kollegen entschuldigen oder rechtfertigen will. Es soll hier zunächst auf ihren Anteil an der Entwicklung der Interaktion eingegangen werden. Unbewußt ist sie auf das Interaktionsangebot der männlichen Kollegen eingegangen, die sich nur solange stark fühlen, als sich eine Frau durch solche Anträge verwirren läßt. Ein souveräner Umgang hätte die Kollegen vermutlich irritiert und geängstigt. Durch ihre eigene Unsicherheit hat sie unbewußt das Spiel „mitgespielt" und so das Rollenbild des starken Mannes und der verwirrten Frau gefestigt. Es war für Simone zweifelsohne eine Belastung und Diskriminierung. Wie eine Frau aber mit diesen Situationen umgeht, sagt auch etwas über ihr eigenes Verhalten zur Sexualität aus. Simone konnte sich wehren, wurde davon aber doch verunsichert:

> „Ob man sich net am Schoß setzen möchte ... so ein bissel austatscheln und was halt so dazugehört ... und man hat es übel vermerkt, wenn man da nicht drauf eingegangen ist".

Auf der Interaktionsebene stellen diese eindeutig sexuell gefärbten Anträge der Männer den Wunsch dar, als dominant anerkannt werden. Gleichzeitig wurde ein wissenschaftliches Gespräch abgelehnt. Die schüchterne, verwirrte Reaktion von Simone könnte das Dominanzgehabe der Kollegen noch stimuliert haben. Besonders schmerzhaft dürfte die „Aufnahme" ihres ersten Buches gewesen sein. Eine Kollegin warf es den anderen mit den Worten zu: „Schau, die Simone hat ein Buch geschrieben" und lachte dazu: „Ja, sie haben es überhaupt nicht ernst genommen ... Es ist ihnen nie eingefallen, das zu lesen", erzählte sie. Die Tatsache, daß sie unter diesem Verhalten so stark gelitten hat, zeigt, wie wichtig ihr die wissenschaftliche Anerkennung der Kollegen gewesen wäre.

Über ihre Einstellung zur Arbeit sagte Simone, sie arbeitete eigentlich immer: „Dieses Nicht-abschalten-Können oder auch Nicht-abschalten-Wollen" war typisch. Sie fühlte sich für die Studenten verantwortlich, sodaß ihr auch in der Freizeit manche Fragen durch den Kopf gingen – genauso wie sie es beim Vater beschrieben hatte. Freizeit und Arbeitszeit gingen ineinander über „Es ist eher immer zu viel, sodaß ma ... sich also genau überlegen muß, wie die Termine nach der Reihe eintreffen und das Wichtige halt eben ah jetzt amal vorziehen muß, und manches bleibt dann liegen und das erzeugt irgendwie schon Druck". Wir werden bei der Beschreibung ihrer Beziehung zum Vater sehen, daß sie seine Einstellung zur Arbeit übernommen hat.

1.3.1.2. Familiensituation

Betrachten wir zunächst die dem Bewußtsein zugänglichen Bereiche der Familiendynamik. Simone war ein umsorgtes und gefördertes Einzelkind. Sehr liebevoll beschrieb sie den Vater, der ihr Vorbild und Spielgefährte war. Da er bei der Verbundgesellschaft häufig Nachtdienste absolvieren mußte, hatte er oft auch untertags Zeit, mit ihr zu spielen oder zu basteln. Sie betonte, wie verantwortungsvoll seine Tätigkeit als Lastverteiler war: „Er sitzt in der Verbundgesellschaft, d. h. er ist immer verantwortlich, daß das ganze Stromnetz versorgt ist, im ganzen Bundesland". Die Mutter war Hausfrau, nähte für sie Kleider und trug durch umsichtige Hausarbeit wie Einkochen, Gemüseanbau und Nähen zum Lebensunterhalt – vor allem in den schweren Jahren nach dem Krieg – wesentlich bei. Für beide Eltern war es wichtig, daß sie gut lernte.

Den Erziehungsstil bezeichnete Simone als konsequent. Verbote wurden immer begründet. Simone war ein lebhaftes, aufgewecktes Kind, dem das Lernen Spaß machte und die bei den Lehrerinnen und Schwestern beliebt war.

Nun zur gegenwärtigen Familiensituation. Simone heiratete mit 26 Jahren einen Mann, den sie schon einige Jahre kannte. Sie sprach von einer partnerschaftlichen Ehe. Ihr Mann war ein ehemaliger Studienkollege, der auch an der Universität als Dozent tätig ist. Sie betonte, wie wichtig die wechselseitigen wissenschaftlichen Anregungen und das Verständnis für sie war und ist. Sie fuhren gemeinsam auf Kongresse und Tagungen, planten gemeinsame Reisen sorgfältig – eben wie zwei Kollegen –, sagte Simone. Die Ehe war kinderlos geblieben, da sie die Entscheidung zunächst aus beruflichen Gründen hinausgeschoben und die Kinderlosigkeit dann als Entscheidung des Schicksals akzeptiert hatten.

1.3.2. Innere Realität

Betrachten wir die bis jetzt beschriebene Biographie von Simone, so scheint es eine konfliktfreie, positive Beziehung zu den Eltern zu geben. Vielleicht fragen wir uns, warum sie sich so wenig Freizeit und so wenig Vergnügen gönnt? Was treibt sie zu ununterbrochen neuen Leistungen und Aufgaben? Ich möchte auf die Daten aus dem projektiven Zeichentest und deren Interpretationen eingehen, um die Antriebsdynamik zu rekonstruieren.

1.3.2.1. Vater als Spielgefährte

Simone beschrieb die Beziehung zum Vater nur liebevoll und eng: Er spielte mit ihr viel, weil er wegen häufiger Nachtdienste oft tagsüber zu Hause war. Der Vater war handwerklich interessiert, und er reparierte mit ihr gemeinsam alles und bastelte Spielsachen selber. Ganz stolz erzählte Simone von ihren technischen Erfindungen, die vom Vater sehr gefördert wurden:

„Bevor ich in die Schule gekommen bin, hab ich schon so Erfindungen gemacht wie Schistöcke mit – mit Taschenlampen, daß man auch in der Nacht schifahren kann ... Ich hab auch genau entwickelt, wie man ein Hutschpferd in eine Rodel umstrukturieren könnte, das hab ich richtig gezeichnet mit Plänen".

Die Nähe zum Vater, die häufigen gemeinsamen Spaziergänge werden liebevoll dargestellt. „Ich war sehr wichtig für ihn", meinte sie. Daraus schöpfte sie ihre Selbstsicherheit. Vor allem seine Überzeugung, daß sie als Mädchen genauso Matador bauen oder mit Bubenspielzeug spielen konnte, förderten ihre vielfältigen Begabungen. Die Art und Weise, wie sie seinen „interessanten und sehr verantwortungsvollen Beruf" schilderte, „wo es um Leben und Tod geht, wenn die Stromversorgung nicht klappt", zeigt ein Stück der kindlichen Idealisierung des Vaters, seiner Größe und Bedeutung.

Zeichnung der „Verzauberten Familie" von Simone

In der Zeichnung „die verzauberten Familie" treten diese beiden Tendenzen des Vaters als kindlicher Spielgefährte (bewußte Ebene) und als mächtiger, attraktiver, großer Mann (unbewußte Ebene) gemeinsam auf. Simone zeichnete einen mächtigen, fast angsteinflößenden, überdimensionalen Vater und kommentierte lachend, daß sie und der Vater wie zwei Kinder gewesen waren:

„Insofern ist die Zeichnung auch – also völlig blödsinnig ... weil wir zwei (Lachen) waren eigentlich die Kinder ... Also da haben wir immer wieder rumgetollt und irgendeine Vase zerschlagen ... und dann haben wir halt wieder gewartet, was jetzt das Echo sein wird".

Der Widerspruch zwischen der bewußten Ebene, wo der Vater ein „harmloser" Spielgefährte war, und die zweite, erotische Dimension des Spielens mit einem erwachsenen Mann, ist das, was Simone als „blödsinnig" bezeichnete. Ihre eigenen unbewußten Wünsche, den Vater als Mann zu haben, dürften von seinem großen Interesse an ihr noch stimuliert worden sein. Durch das Spielen und Herumtollen könnte er verführerisch gewirkt haben, was ihr Angst macht, weil es ihren Wünschen entsprach. Um diese Angst vor dem verführerischen Vater zu verdrängen, machte sie ihn klein und harmlos. Sie spielten „wie zwei Kinder". Sie selbst zeichnete sich so winzig, daß niemand auf die Idee kommen könnte, der Vater und sie wären ein Paar. Die beiden Dimensionen des Spielgefährten und des Mannes verweisen auf die ödipale Attraktivität des Vaters. Beim Spielen und Basteln hatte Simone den Vater tatsächlich für sich alleine. Den Wunsch, dem Vater zu gefallen, kann Simone in ihren Erfindungen und intellektuellen Leistungen gut sublimieren. Wie hängt diese starke Vaterbindung mit ihrem beruflichen Erfolg zusammen? Triebfeder für ihre Karriere dürfte der Wunsch sein, dem Vater zu gefallen. Durch ihre gute Leistung im Beruf setzte sie gleichsam die gemeinsamen intellektuellen Spiele mit dem Vater fort. Er hatte sie immer gefördert. Er las ihr „stundenlang vor, wenn es dunkel wurde, bis er heiser war". Er ermutigte sie, sich etwas auszudenken, etwas zu konstruieren und zu entwickeln, was lustvoll für Simone war und ist. Intelligent zu sein und Erfolg zu haben, wurde so zu einer sublimierten Form der Werbung um den Vater, die wieder eine Gemeinsamkeit schaffte, ohne Schuldgefühle der Mutter gegenüber zu erregen. Der Erfolg ist aber auch als ein Geschenk an die Mutter zu verstehen, die Simone mit dem Vater spielen ließ, ohne sich einzumischen und von der sich Simone immer geliebt fühlte. Die Beziehung zu ihrem Mann beschrieb Simone analog zur Beziehung zum Vater als sehr positiv. Er arbeitete auch als Wissenschaftler. Sie unterstützten und förderten einander, die Hausarbeit wurde gemeinsam erledigt. Sie bezeichnete ihre Ehe als ,,kollegiale Beziehung", verdankte ihm ,,wesentliche Anregungen" und betonte die gemeinsamen Kongreßreisen und Vortragsbesuche. In Simones Erzählungen spielte auch die Mutter eine wichtige positive Rolle. Ich habe sie als ,,ausgewogene Mutterbeziehung" bezeichnet. Simone sprach von der Mutter als konsequenter Frau, die die ,,Erziehungslinien und Perspektiven vermittelt hat". Mit der Mutter konnte Simone nicht verhandeln, ein ,,Nein" blieb ein ,,Nein". Auch der Vater hielt sich an die Verbote und Grundregeln der Mutter: Die Mutter wurde folgerichtig als erste, d. h. dominante Person in der Familie gezeichnet. Die Mutter begründete jedoch die Verbote, so daß Simone es auch ,,meistens einsah". Die Über-Ich-Bildung geht bei Simone – im Unterschied zum psychoanalytischen Idealtypus – nicht auf den Vater, sondern auf die Mutterbeziehung zurück. Simone verinnerlichte ihre Normen und Erziehungsvorstellungen. Sie war konsequent, aber gerecht. Auf ein Schlimmsein reagierte die Mutter mit Vorwürfen oder manchmal auch mit einer Ohrfeige. Mit gewissem Vergnügen schildert Simone einen Streich:

,,An des kann ich mich eh noch erinnern – da hat sie also mühsamst einen Mantel für mich genäht samt Kapuze, und da war draußen die Wiese, und die haben da frisch die Jauche ausgeführt und ich hab Purzelbäume geschlagen und in der Wiese (Lachen) mit dem neuen Mantel. Ich hab des net gewußt, daß es dort so stinkt, aber der Mantel war also wirklich – den hat sie dann gewaschen und dabei ist er hingeworden ... Heute ist mir das einsichtig, damals habe ich das dramatisch ungerecht gefunden".

Die Gerechtigkeit und Besonnenheit der Mutter läßt sich in der Schilderung wiedererkennen. Gleichzeitig freute sich Simone während der Erzählung, daß sie der Mutter auch etwas antun konnte, indem sie den neu genähten Mantel ruinierte. Die latenten Aggressionen der Mutter gegenüber wurden in der Zeichnung deutlich. Die Mutter wurde in der verzauberten Familie als Blume gezeichnet. Sehr sorgfältig und mit sichtbarer Freude fügte Simone fünf kleine Stacheln an den Stamm der Blume. In der Beschreibung der Verzauberung kehrte Simone die Verhältnisse um. Die Mutter war nicht aufmerksam genug. Sie schrieb:

,,Aus dem Wald neben unserem Haus kam ein Mann, der sich als Hausierer vorstellte und mit meiner Mutter sprach. Zu spät merkten wir, daß er ein Zauberer war. Meine Mutter war bereits in eine Blume verwandelt. Mich aber schützte mein Vater, der den Zauberer dann auch vertrieb, aber erst nachdem er den Zauberspruch verraten hatte, mit dem meine Mutter wieder zurückverwandelt werden konnte."

In dieser Phantasie war die geschätzte, vorsichtige Mutter eigentlich die Dumme, die alle gefährdete. Der Zauberer als Stellvertreter der Wünsche der Zeichnerin verzauberte die Mutter, d. h. er machte die Mutter für kurze Zeit unschädlich. Simone war so endlich mit dem geliebten Vater alleine. Da dieser Gedanke in Konflikt mit der Liebe und Dankbarkeit zur Mutter stand, wurde sie in der Geschichte rasch wieder zurückverwandelt. Als Simone von der Schule erzählte, tauchte ein Motiv auf, das zur unbewußten Rivalität zur Mutter und zur erwünschten, aber bedrohlichen körperlichen Nähe zum Vater paßt. Sie erzählte, wie sie in der Schule zur Beschreibung ihres Vaters gesagt hatte: ,,Mein Vater ist sehr stark, er kann meine Mutter tragen", – dabei lachte sie. Wenig später fügte sie hinzu, daß er sie selbst ,,eigentlich viel öfter gehoben hat, damit sie wo raufschauen kann". Die reale und funktionierende Ehebeziehung der Eltern war einerseits ein Dorn in der heftigen ödipalen Liebe, stellte aber andererseits eine wichtige Entlastung dar, da deutlich wurde, daß sie den Vater der Mutter nicht wirklich wegnehmen konnte.

Auch die Auswertung des Rorschach-Tests, der Simone einen gut ausgebildeten affektiven Kontakt und intellektuelle Anpassung attestiert, kommt zu dem Schluß, daß die aggressiven Strebungen sowohl nach innen als auch nach außen (Eigensinn) abgeführt werden. Es ist auch zu fragen, ob die ,,kollegiale Ehe" und die Kinderlosigkeit in einem Zusammenhang mit der unbewußten und ungelösten Rivalität mit der Mutter stehen. So hat sie es vermieden, sich auf der Ebene der Mutterschaft mit ihr zu vergleichen. Die kollegiale Ehe mit ihrem Mann erweckt den Eindruck, als ob das Spiel mit dem Vater weiterginge und so die Mutter in ihrer Position bleiben könnte.

1.3.2.2. Wohlbehütetes Einzelkind

Simone war ein von beiden Eltern gefördertes Einzelkind. Sie sagte: ,,Ich hab' mich in der Familie sehr wohlgefühlt, also ich war ein wohlbehütetes, gut betreutes Einzelkind". Das Lernen fiel ihr leicht, es war spielerisch und ,,lustig". Simone wurde nicht auf die Mädchen- und Frauenrolle festgelegt, sondern auch intellektuell und technisch angeregt. Die Mutter erwähnte kürzlich wieder, führte sie aus,

> ,,daß i a Kind war, das zum Beispiel nie Puppen gespielt hat ... i hab' an technischen Zugang gehabt, i hab' den Puppenwagen ausgeräumt und ihn als Transportmittel für Steine und Holz usw. verwendet".

Wichtig für die Entwicklung des Selbstwertgefühls bei Simone war, daß sie für beide Eltern wichtig war. Sie hatten ihr immer zugetraut, daß sie viele Dinge gut machen konnte. Dieses Vertrauen erhöhte ihre Selbstsicherheit als Kind und ließ eine erfolgsorientierte Grundstimmung entstehen. Fehler und Mißerfolge wurden bei ihr nicht dramatisiert, sondern als Herausforderung hingestellt. Ihre körperliche und geistige Entwicklung stellte zugleich einen der Erfolge für die Mutter dar, die sich dadurch in ihren mütterlichen Qualitäten bestätigt fühlt. Simone beschrieb die Mutter als Frau, ,,für die das Kind wirklich der Hauptberuf ist und das eigentlich das Zentrum ihres Interesses ist". Sie sollte lernen und war ganz von der Mithilfe im Haushalt entlastet, ,,sie wollt', daß ich die Schule ernst nehm". Simone beschrieb, wie die Mutter immer Rücksicht darauf nahm, sie beim Aufgabenmachen nicht zu stören. ,,Sie hat sich also absolut dieser Schulaufgabe untergeordnet, und das hab' ich sicher so erlebt dadurch, daß des ganz was Wichtiges is', wenn ma' Schularbeiten macht". Auf die große Bedeutung, die sie für den Vater hatte, wurde schon oben hingewiesen.

Die Erziehungsrichtlinien gaben Simone Sicherheit und eine klare Orientierung. Die Mutter verkörperte die normative Instanz. Ihr oberstes Erziehungsprinzip hieß Konsequenz. Aber hinter den Verboten wurde immer sichtbar, wie wichtig Simone und ihre Sicherheit für die Mutter war. So erzählte sie zum Beispiel, wie sie mit anderen kleineren Kindern mit einem Boot auf den See hinausfahren wollte. Die Mutter hatte das strikt abgelehnt, weil sie Angst um die Sicherheit der Kinder hatte. Da war kein Verhandeln möglich. ,,Sie (die Mutter) hat immer versucht, solche Dinge nicht emotionell, sondern nach bestimmten Grundsätzen zu regeln, und an die hat sie sich dann selber gehalten und hat auch erwartet, daß mein Vater sich dran hält". Simone betonte, daß die Verbote nie aus Zorn gegeben wurden oder um ihr ,,ein's auszuwischen" und nie mit Szenen und Vorwürfen verbunden waren.

1.3.2.3. Drei Generationen von berufstätigen Frauen

Bei der Beschreibung der weiblichen Vorbilder für Berufstätigkeit und Erfolg nannte Simone ihre Mutter und ihre Großmutter. Die Mutter besuchte das Gymnasium und maturierte 1935. Sie arbeitete dann in einem Kinderheim und wurde Heimleiterin. Die Mutter bezeichnete ihre Berufstätigkeit als ,,sehr wichtige Zeit für sie". Sie war erfolgreich und hatte guten Kontakt zu den Zöglingen, die sie später oft noch besuchten und ihr bis heute schreiben. Sie hatte sich für ihren Beruf sehr engagiert und oft darüber gesprochen. Ihre Prinzipientreue stellte sie in der Zeit des Nationalsozialismus unter Beweis. Sie wurde unter Druck gesetzt, als Heimleiterin der NSDAP beizutreten. Da sie sich weigerte, versuchte man sie, über Geld zu erpressen, d. h. sie verdiente deshalb in diesen Jahren wesentlich weniger als ihre Mitarbeiterinnen, die der Partei beigetreten waren. Obwohl sie damals vor der Eheschließung und Wohnungsgründung stand und das Geld dringend benötigt hätte, hatte sie sich dem Druck nicht gebeugt. Simone sprach mit Hochachtung von diesen beiden weiblichen Leitbildern in der Familie. Die Urgroßmutter mütterlicherseits war schon eine berufstätige Frau, nämlich die Stadthebamme einer mittelgroßen Stadt. „Obwohl sie ein Schippel Kinder gehabt hat, hat sie das Hebammenamt bis zu ihrer Pensionierung durchgeführt". Die Großmutter hatte Schneiderei erlernt und übte neben vier Kindern die Schneiderei zu Hause aus. Nachdenklich stellte Simone während des Interviews fest, daß es eigentlich in drei Generationen eine Tradition der berufstätigen Frau gibt, obwohl sie zu Beginn des Interviews gesagt hatte, ihre Mutter sei nur Hausfrau gewesen, sie habe nie eine berufstätige Frau gesehen – außer der sehr unsympathischen Kinderärztin. Hier zeigt sich wieder ein Anklang der unbewußten Rivalität mit Frauen. Doch als Simone dieser Widerspruch auffiel, korrigierte sie sich lachend.

Die Eltern selbst hatten keine dramatischen Schicksalsschläge zu meistern, da der Vater durch seine Tätigkeit unabkömmlich war und die Mutter die Schwierigkeiten der Nahrungsbeschaffung während und nach dem Krieg relativ gut meistern konnte.

Auf der väterlichen Seite gab es jedoch eine heroische Familiengeschichte des Großvaters, der sich aus ganz einfachen Verhältnissen selbständig hinaufgearbeitet hatte. Der Großvater väterlicherseits war ein böhmischer Leinenweber. Es gab vier Kinder, sodaß sein ältester Bruder die florierende Leinenweberei übernahm und die drei anderen anderswo Arbeit suchen mußten. Er arbeitete dann in einer kleinen Stadt in Österreich in einer Weberei. Die Großmutter, die er dann heiratete, war eine Witwe aus höheren Kreisen in Wien. „Sie war was Besonderes für den Großvater, also irgendwie so ein Edelstein, den er sehr verehrt hat", erklärte Simone. Der soziale Abstieg des Vaters, der als Fabriksbesitzerkind aufgewuchs und dann als Weber – mit einer geringen finanziellen Abfindung – arbeiten mußte, wurde durch die Heirat psychologisch wiedergutgemacht. Seine Frau, meinte Simone, repräsentierte für ihn den familiären Status, den er als Kind gehabt hatte. Auf den Bildern sah sie sehr elegant aus. Da der Vater ein später Nachzügler war, starb die Großmutter, als der Vater noch sehr jung war. Sie war eine „Dame", die den Vater sogar Geigenspielen lernen ließ – etwas, was damals nur in gehobenen Kreisen üblich war. Dieses romantische Motiv der väterlichen Großmutter legt die Vermutung nahe, daß der Vater vielleicht die früh verstorbene Mutter in der Tochter wiederfand. Simone jedenfalls erzählte voll Stolz, daß der Vater ihr schöne Kleider kaufte, obwohl in diesen Jahren wenig Geld zur Verfügung stand. Simone kannte die Großeltern väterlich hauptsächlich aus den Erzählungen des Vaters. Die mütterlichen Verwandten waren stärker präsent, da sie diese auch noch persönlich kannte. Die Frauen spielten jedoch in beiden Linien eine große Rolle, wurden geachtet oder bewundert und waren selbständige, berufstätige Frauen.

1.3.2.4. „Vorlaut und nicht eingeschüchtert"

Simones Haltung zu Autoritäten stellt eine gelungene Integration von Anpassung und Autonomie dar. Ihr stand als Kind ein großer „psychischer Raum" der Entwicklung zur Verfügung, der von klaren, begründeten Verboten begrenzt wurde. Sie bezeichnete sich als „lebhaft", sodaß sie in der Schule von den Klosterschwestern immer in die letzte Reihe verbannt wurde. Sie war „nicht sehr ehrerbietig, sondern eher vorlaut, jetzt nicht richtig im Sinn von Frechheiten, sondern im Sinn von eben so meine Meinung herausrufen". Das wurde akzeptiert, weil Simone das auf eine lustige Art tat. Für die Mutter stellte jedoch das vorlaute Benehmen der Tochter ein Problem dar, da sie ein braves Kind wollte und sie deshalb Simone unter Druck setzte. „Aber es hat sich dann so entwickelt, daß die Lehrerinnen es sich ab der zweiten Klasse Volksschule das jeweils mit mir selber ausg'macht hab'n, und (sie) ihr nix mehr erzählt hab'n", sagte sie. Sie war „sicherlich nie eingeschüchtert von Lehrern". Wieder scheint der Vater diese Haltung unterstützt zu haben, da er mit ihr gemeinsam richtige Streiche durchführte. Der Vater hatte immer „Schabernack" im Kopf. So zerbrachen sie beim Herumtollen eine Vase oder spielten vorübergehenden Leuten Streiche, berichtete Simone mit Vergnügen. Der Vater war unkonventionell und nicht triebfeindlich. Schon früh fuhr er mit der Familie auf Urlaub nach Italien. Bleibende Erinnerungen sind mit dem Urlaub verbunden, wo sie „gut essen gegangen sind". Zur Illustration der Großzügigkeit des Vaters erzählte Simone, daß er die Mutter immer unterstützte, sich schöne Kleider zu kaufen – einmal überredete er sie sogar, gleich zwei zu kaufen, da sie sich zwischen zwei Kleidern nicht entscheiden konnte. Offensichtlich gestattete er sich und seiner Familie, Dinge zu genießen. Zusammenfassend erscheint als zentrales Motiv für die berufliche Karriere bei Simone der Wunsch, dem Vater zu gefallen. Die intellektuelle Leistung stellt eine sublimierte Form der Werbung um ihn dar. Wichtig dabei ist, daß Simone nicht den Neid der Mutter fürchten mußte, da die Mutter sie mit dem Vater spielen ließ und ihr die Entwicklung der Tochter ebenso wie dem Vater ein zentrales Anliegen war. Das Leitbild der selbständigen und berufstätigen Frau in drei Generationen erleichtert die untypische Frauenkarriere an der Universität als Fortsetzung der Familientradition.

1.4. Falldarstellung: Fritz T., Universitätsprofessor

Aus der Gruppe der interviewten Universitätsprofessoren möchte ich einen vorstellen, den ich Fritz nannte. Er war zum Zeitpunkt des Interviews 46 Jahre alt, sportlich modisch gekleidet. Da wir einander von früher gesellschaftlich kannten, war die Begrüßung herzlich. Bei der kurzen Einleitung versuchte Fritz, mich in methodische Fragen zu verwickeln, was meine Hypothesen seien, wie ich ,,Erfolg" definierte, warum ich keine Kontrollgruppe von gescheiterten Personen konzipiert hatte, etc. Die Fragen wurden massiv, fast aggressiv gestellt, so als ob er mich prüfen wollte. Meinen Vorschlag, die Diskussion nach der Durchführung des Interviews weiterzuführen, konnte Fritz annehmen. Danach war er aber an der psychoanalytischen Fragestellung mehr interessiert, sodaß ich sein Verhalten als kontraphobische Angstabwehr interpretiere. Seine Unsicherheit vor dem Interview wird durch aggressives Verhalten überlagert. Er sprach dann ausführlich über die Arbeitssituation an der Universität. Es war schwer, den Übergang zu seiner Herkunftsfamilie zu finden. Als er dann über seine Familie sprach, schien Fritz das Interview erst richtig Spaß zu machen. Er war einer der ganz wenigen Interviewten, der den Zeichentest ,,Verzauberte Familie" ohne Zögern und mit großer Freude durchführte.

1.4.1. Äußere Biographie

1.4.1.1. Karriereverlauf

Fritz betonte die Zufälligkeit und Unbestimmtheit seiner beruflichen Pläne nach der Matura. Sein Studium absolvierte er keinesfalls zielstrebig wie die meisten Interviewten. „I wollt' eigentlich den Status des Studenten unheimlich lange erhalten", sagte er. Zu Beginn des Studiums interessierte sich Fritz zunächst für naturwissenschaftliche Fächer.

Während seiner Studienzeit unternahm er interessante Reisen, ging Schifahren und belegte an der Akademie Stunden für Malerei. Mit Nebenjobs konnte er sich diese Aktivitäten gut finanzieren, ohne Sorge um die Zukunft haben zu müssen. Erst nach acht bis neun Jahren schloß Fritz das Studium ab. Die lange Studiendauer, die kein Ausdruck von Lernproblemen war, interpretiere ich als Hinweis auf ein Vermeiden des Erwachsenwerdens. Fritz verlängerte durch die lange Studienzeit die Phase der Ausbildung; er brauchte noch nicht in die Erwachsenenwelt eintreten, brauchte noch kein Mann zu sein, der Verantwortung übernahm. Im klinischen Material, d. h. in den Erzählungen in Therapien und Analysen, ist so eine Vermeidung typisch für ödipale Rivalitätskonflikte mit dem Vater. Als der Vater von Fritz ihm ein Ultimatum stellte, innerhalb von zwei Jahren fertig zu werden, absolvierte er einen zweijährigen Hochschullehrgang an der Wirtschaftsuniversität, um eine abgeschlossene Ausbildung vorweisen zu können. Erst nach seiner Heirat kurz darauf schloß er sein Studium rasch und ohne Probleme ab und bekam sofort „etliche Berufsangebote". Bei der Arbeit in einem Forschungsinstitut lernte er einen Universitätsprofessor kennen, der ihm später eine Universitätsassistentenstelle anbot. Fritz sprach ausführlich über die zehn Jahre als Assistent, wo er erst nach einigen Jahren die Notwendigkeit, sich zu habilitieren, erkannte: „I hab' gegen Ende mehr gearbeitet, ja, am Anfang eher weniger. I' hab' so mei Studentenleben a bissl fortgesetzt". Wie schwer es Fritz am Anfang gefallen sein mußte, die Verantwortung für seine berufliche Karriere selbst zu übernehmen, wurde deutlich, als er über seine Enttäuschungen sprach.

„F: Die Uni konfrontiert einem ja eher mit einer – mit einem geschützten Arbeitsplatz, würd' i' fast sagen, am Anfang, net, bis daß ma' dann den Ernst begreift, dauert's a Weile, net, daß ma' sieht, ma' kann si' eigentlich auf niemanden verlassen, net. Wenn ma' net selbst weiterkummt, net –, I: Mhm. F: Dann schmeißen's einen raus!".

Die Zwiespältigkeit in der Aussage fällt auf. Zuerst sprach Fritz von der Freiheit der Universität, wo er ein studentisches Leben weiterführen konnte. Der Ausdruck „geschützter Arbeitsplatz" ist in diesem Kontext stark abwertend zu verstehen; er bezeichnet einen vor dem Konkurrenzdruck der Gesellschaft geschützten Raum, wo Behinderte oder Mongoloide einen sicheren Arbeitsplatz finden. Durch diesen Vergleich setzt er sich auf dieselbe Stufe. Die für alle im Dienstrecht nachlesbare Verpflichtung, sich innerhalb von zehn Jahren zu habilitieren, wollte Fritz offenbar nicht erkennen. „Den Ernst begreifen" bezieht sich auf die legalen Rahmenbedingungen einer Assistentenstelle. Für seine Unkenntnis machte Fritz jedoch seinen Professor oder die Kollegen verantwortlich, wenn er sagte: „Man kann sich eigentlich auf niemanden verlassen". Er weigerte sich, Verantwortung zu übernehmen, und machte den anderen dann einen Vorwurf. Es müßte ihm eigentlich nach jeder zwei- oder vierjährigen Verlängerung klar geworden sein, daß die Verlängerung an Bedingungen gebunden war. Die Aufspaltung der Universität innerhalb einer Sequenz als „geschützter Arbeitsplatz" und andererseits als Arbeitsplatz mit strengen Sanktionen (wenn man keine Habilitation einreicht, nicht verlängert zu werden) dürfte auf eine innere Spaltung hinweisen. Seine Schwierigkeit, die realen Anforderungen zu erkennen, verstehe ich als weiteren Anhaltspunkt für meine Interpretation seiner Schwierigkeit, erwachsen zu sein.

Die weiteren Ausführungen im Interview dienten der Beschreibung seiner wissenschaftlichen Reputation, die darauf beruhte, ein Standardwerk in einem hochspezialisiertem Fachgebiet geschrieben und dadurch internationale Anerkennung erlangt zu haben. Nur hier, im eigenen Lande, wurde und wird er zu wenig in seinem Fachgebiet geschätzt und eingeladen, meinte er. Die Kränkung darüber wurde sichtbar, wobei er die Aggression in direkt geäußerter Kritik ausdrückte. Auf den Druck, sich durch Publikationen, wissenschaftliche Vorträge im In- und Ausland zu profilieren, ging Fritz explizit ein:

„Habil und daunn –, ja und daunn geht's halt –, daunn wird's halt wiederum hart, net, daunn muaß ma' si' entscheiden, geht ma' – strebt ma' Höheres an oder versucht ma' einfach, auf an pragmatisierten Assistentenposten zu bleiben."

Die Notwendigkeit, sich selbst zu managen und wissenschaftliche Reputation zu erreichen, erforderte Disziplin und Arbeitseinsatz. Wie Fritz später ausführte, fiel diese Phase auch in eine schwierige Ehesituation, wo er sich dann in sein Zimmer einsperrte und arbeitete. Seine Arbeit stellte in dieser Phase eine Form der Problemlösung in Spannungssituationen dar.

Einen Ruf nach Deutschland nahm er an, obwohl er sich in dieser deutschen Stadt nicht wohl fühlte. „Die Professur war interessant, aber natürlich wie Deutschland teutonisch grausig." Es „ödet ihn an", außer der Sprache gab es nicht viel Gemeinsamkeiten, meinte Fritz. Er bewarb sich danach um eine Professur in Österreich. Das Procedere der Besetzung seines Ordinariats in Österreich hinterließ tiefe Wunden. Es war „an der Grenze der Erträglichkeit", sagte Fritz. Es gab große Konflikte zwischen den Kurien der Fakultät, die zu unangenehmen Hearings führten. ,,Steherqualität muaß ma' do scho' hob'n", meinte Fritz bitter. Er verfügte über die psychische Stärke, diese Konflikte durchzustehen.

Plante Fritz seine Karriere an der Universität?

Fritz nannte den Zufall als wichtiges Element bei seinem beruflichen Werdegang. ,,Na zufällig, i wußte immer, was ich alles nicht machen wollte." Die Steuerung seiner Karriere erfolgte dadurch, daß er viele Angebote ausschlug. Er wußte, was er nicht wollte. Seine vielfältige Berufstätigkeit zeigt seine große Flexibilität und Vielschichtigkeit. Er hatte neben dem Studium einiges gelernt, womit er Geld verdienen konnte (Leitung von Seminaren, Werbetätigkeit). An eine akademische Karriere dachte Fritz erst, als er sich unter zeitlichem Druck habilitierte. Danach allerdings investierte er viel Energie, sich akademisch zu profilieren. Ganz bewußt plante er akademische prestigefördernde Tätigkeiten. Diese Strategie war erfolgreich. Er erhielt bald einen Ruf nach Deutschland, und die Bewerbung um ein Ordinariat gelang schließlich trotz großer Hindernisse. Dieses stabsplanmäßige Management der akademischen Karriere umschrieb er verniedlichend mit ,,a poar Schauferl zualeg'n."

Situation am Arbeitsplatz

Das Wichtigste in der Wissenschaft sind Ideen, sagte Fritz. Selbstkritisch bezeichnete er ,,achtzig Prozent der wissenschaftlichen Produktion als Makulatur", als Nebensächlichkeiten. Auch in der universitären Lehre war es ihm deshalb ein Anliegen, den Studenten ein kritisches Urteil, ein Verständnis der Grundpositionen und fundamentalen Fragen zu vermitteln. Wichtig sei es für die Studenten ,,rasch Kriterien zu entwickeln, die es ihnen ermöglichen, Spreu vom Weizen zu sondern ... und möglichst viel an altem K'lumpert in den Rundordner zu schmeißen". Wie Fritz mit seinen Anliegen bei den Studenten ankam, beschrieb er nicht. Ihn selbst interessierten die ungelösten, wichtigen Probleme, die neue, unkonventionelle Zugangsweisen erforderten. Er wandte sich vor allem gegen den Druck, erst nach jahrelanger Lektüre der Klassiker an ein Thema herantreten zu können.

1.4.1.2. Familiensituation

Fritz war der Ältere von zwei Brüdern. Der Vater war ein Gemeindebediensteter, die Mutter eine diplomierte Krankenschwester. Die Ehe und die Eheprobleme der Eltern bestimmten die Stimmung in der Familie. Fritz und sein Bruder wurden mit zehn Jahren ins Internat gegeben. Die konfliktreiche Ehe der Eltern wirkte sehr belastend: „Ma' hat eigentlich ka' Unterstützung g'habt von den Eltern in gar keiner Weise, ma' war immer auf sich allein gestellt." Zu seinem Bruder hatte Fritz eine distanzierte Beziehung, was er jedoch bedauerte. Der Bruder brach das Studium ab und wurde dann Sozialarbeiter. Fritz war immer der Ältere, Vernünftige, und diese Überlegenheit wurde durch seinen sozialen Aufstieg als Universitätsprofessor gegenüber dem Bruder noch stabilisiert. Trotzdem sprach Fritz mit großem Mitgefühl über das Abschieben des Bruders ins Internat.

Die Erziehungsnormen waren ihm immer unklar; die Mutter war seiner Meinung nach unkalkulierbar. Er hatte sich nicht ausgekannt und hatte sich oft ungerecht behandelt gefühlt. Es gab widersprüchliche Befehle und keine Unterstützung. Die Mutter wurde oft wütend und drehte dann durch. Sie haute ihm und dem Bruder „eine runter", ohne daß die Kinder wußten warum. Fritz sprach sehr kritisch über seine Eltern.

Nun zur gegenwärtigen Familiensituation. Fritz lebt alleine. Er war einige Jahre verheiratet, die Ehe war kinderlos geblieben. Als Unstimmigkeiten und Konflikte auftauchten, ließ er sich scheiden. Soweit zur Selbstbeschreibung der Familiensituation.

1.4.2. Innere Realität

Schon beim Vorgespräch hatte Fritz mich mit Fragen und Einwänden recht aggressiv bedrängt. Ich deutete das als Angst, die durch Flucht nach vorne, durch Angriff abgewehrt wird. Bei der Beschreibung der Familie wurde die Bedrohung und mangelhafte Geborgenheit sichtbar, die diese tief verdrängte Angst verständlich macht. Fritz sagte, er hatte sich bei den Eltern nicht ausgekannt, „hatte oft Nächte durchgeweint", und fügte hinzu „aus Wut". Die Mutter erschien ihm chaotisch, da es keine genaue Einteilung und keine Routine gegeben hatte. Ich wies darauf hin, daß Fritz tüchtig und flexibel bei der Ausübung verschiedener Berufe war. Gleichzeitig ist er in ängstigenden Situationen, wie z. B. am Beginn des Interviews, aggressiv. Ich vermute, daß er Spannungen und Angst durch Aktivität und Arbeit abwehren kann. Es wäre zunächst zu untersuchen, ob es in der Familie von Fritz tatsächlich ein hohes Maß an ängstigenden Konstellationen gab und wie er damit umging. Wie verlief bei ihm die ödipale Entwicklung?

1.4.2.1. Chaotische Mutter – ,,karger Vater"

Fritz beschrieb die Ehe der Eltern als konflikthaft, sie lebten immer ,,am Rand der Scheidung". Die beiden Söhne mußten ins Internat. Der Vater war ,,zwanghaft", sagte Fritz, und die Mutter ,,chaotisch", und so hatten sie immer gestritten.

Betrachten wir zunächst die Zeichnung.

Zeichnung der ,,Verzauberten Familie" von Fritz

Ohne zu zögern zeichnete Fritz den Vater als erste Person. Der karge Baum wirkt neben der massiven Mutter wie kahlgefressen. Beim Zeichnen kommentierte Fritz die Darstellung der Mutter mit: ,,Ein Zwischending zwischen Krokodil und Elefant". Tatsächlich zeichnete er ein massives, zwölf Zentimeter breites Mischtier aus Nilpferd und Kuh mit Krokodilszähnen. Auf der bewußten Ebene war die Mutter die dominante, chaotische, und der

Vater stellte all seine Bedürfnisse zurück. Wie ist es dann aber zu verstehen, daß Fritz den Vater als erste Person zeichnete und ihm so unbewußt die wichtigste Position in der Familie einräumte?

Zunächst möchte ich die widersprüchliche Darstellung des Vaters und der Mutter im Interview beschreiben.

Der Vater wurde erstmalig an der Stelle erwähnt, wo es um den Druck ging, das Studium abzuschließen. Es war zunächst nicht leicht, sich ein Bild von seiner Beziehung zum Vater zu machen. Fritz sagte: ,,Er war nicht da, weil er ins Büro gegangen ist". Aber er machte Ausflüge und ging mit den Kindern wandern. ,,Die Liebe zur Natur, also das, ham ma' schon von ihm mitbekommen." Auch Fritz sprach vom Wandern und Bergsteigen als wichtigem Ausgleich zum Arbeiten. Fritz zeichnete den Vater als ,,kargen Baum", beschrieb ihn aber im selben Satz als bedrohlich aggressiv:

,,Er war sehr kontrolliert, nur – nur Weihnachten hat er net woll'n –, des hat er –, da hat er meine Mutter amol vor den Kindern in den Christbaum g'worfen (Lachen) und is dann in's Wirtshaus gangen."

Als dieses gewalttätige, massive Auftreten des Vaters von mir angesprochen wurde, stimmte Fritz fast stolz zu und erzählte zur Bestätigung noch eine Szene:

,,F: Sie (die Tante) war das schwarze Schaf in der Familie ... und mein Vater hat sie dann eines Tages hinausgeworfen, net, weil ihm das zu bedrohlich für seine eigene Ehe vorgekommen ist. I: Ja. F: Kann mi' no' gut erinnern, do woar i a Kind, do hat er die Mutter mit ihrer Schwester –, hot er die Tür zugenagelt."

Unklar blieb, warum der Vater die Tante hinausgeworfen hatte. Die massive Art, wie Fritz diese Szenen der Familie schilderte, erschreckte mich und hinderte mich hier nachzufragen, warum er die Tante eingesperrt hatte oder worüber die Eltern gestritten hatten. Diese beiden Szenen stehen im Widerspruch zum kargen Baum, als den Fritz den Vater zeichnete. Ich interpretiere daher die Zeichnung des kargen Baumes als unbewußten Wunsch von Fritz, den Vater klein und kraftlos zu machen, d. h. ihn als Rivalen ungefährlich zu machen. Einen weiteren Hinweis auf diesen unbewußten Wunsch, den Vater als Rivalen zu verleugnen, stellt die Erzählung über das Kennenlernen der Eltern dar. Es war keine Liebesheirat, sagte Fritz, da die Mutter zuerst einen Arzt geliebt hatte. Da dieser aber eine reiche Frau heiraten wollte, stand sie aus ,,Selbstlosigkeit" zurück. Sie heiratete dann den Vater als ,,älteren, vernünftigen Mann, auf den sie sich mit den Kindern verlassen konnte", d. h. er entsexualisierte den Vater und betonte den Altersunterschied zwischen den Eltern (13 Jahre). Zum Teil konnte Fritz sich in der Pubertät mit dem Vater identifizieren, indem er ebenso wie der Vater nicht mehr in die Kirche ging.

Fritz beschrieb an verschiedenen Stellen die Rückzugshaltung des Vaters, zu Weihnachten krank zu werden, keine Geschenke bekommen zu wollen, alleine in den Wienerwald zu gehen etc. Von einer Koalition der Söhne mit dem Vater hören wir jedoch nichts. Erst später, als Fritz auf seine Schwierigkeiten in der Ehe einging, wurde deutlich, wie er sich unbewußt mit dem Vater identifizierte. Er wählte dieselben Rückzugsformen wie dieser: „Weil i hob' mi' sozuog'n –, hob' mi' eingsp'errt, um lieber schlechte Manuskripte allein zu schreiben, als mit ihr noch etwas zu diskutieren." Im Gegensatz zum Vater blieb er aber nicht in der zerrütteten Ehe, sondern ließ sich nach einigen Jahren scheiden.

Die ödipale Rivalität und Liebe zum Vater dürfte auch auf die Beziehung zum Bruder übertragen worden sein. Im Bild der „Verzauberten Familie" wurde der Bruder als kleiner kläffender Hund ins rechte untere Eck gezeichnet, kommentiert mit den Worten „Er wurde völlig ins Eck gedrängt". Der Bruder wurde „im zarten Alter" von zehn Jahren in ein weit entferntes Internat geschickt, von wo er nur drei bis viermal im Jahr heimkommen konnte:

„Das war eine Katastrophe für ihn, und seine ganze spätere Kälte und Härte, auch allen Familienmitgliedern gegenüber –, und i hab' a sehr gute Beziehung zu ihm g'habt bis dahin, ja –, is' eigentlich aus dem heraus zu verstehen, net, er wurde von der Familie getrennt."

Die frühe Trennung des Bruders von der Familie war anders als bei Fritz, der in ein Internat in derselben Stadt geschickt wurde und so jedes Wochenende zu Hause verbrachte. Die Trennung dürfte deshalb wie eine Katastrophe gewirkt haben, weil ja die Mutter so eine enge, zärtliche, wenn auch konflikthafte Beziehung zum Bruder hatte. Diese frühe Rivalität mit dem Bruder und die Entfernung des Bruders dürften teilweise wie ein Verlust, aber auch wie eine Wunscherfüllung gewirkt haben. Deutlich wird bei Fritz, daß die Rivalität zum Bruder wie auch zum Vater nicht bewußt werden durfte. Auch die Abwertung seines Berufes dient zum Teil der Vermeidung, über den Vater und Bruder zu triumphieren.

Wie charakterisierte Fritz seine Beziehung zur Mutter?

Die Erzählung über die Mutter beherrschte den mittleren Teil des Interviews. Die Mutter war diplomierte Krankenschwester, die ihm keine Arbeitshaltung vermitteln konnte, da sie selbst so unordentlich war:

„F: Ja, mei Mutter war völlig chaotisch, ja, die war völlig chaotisch, die hat uns net amol eine Ordnung beigebracht innerhalb des Haushalts, das war völlig unmöglich, net. I: Also war der Vater ordentlich oder? F: Der Vater war eher zwanghaft und die Mutter eher chaotisch."

Diese Polarisierung der Eltern, die Mutter als Chaotin, der Vater als „zwanghaft", wurde von Fritz noch öfter als Erklärung herangezogen. Diese stereotype Zuordnung wirkt klischeehaft und scheint eine differenzierte Sicht der Realität zu verdecken. Diese Polarität erklärte seiner Meinung nach die vielen Streitereien in der Ehe und das Abschieben der Kinder in ein Internat. Unerwähnt blieb die Tatsache der überlasteten Mutter, die als Krankenschwester auch Nachtdienste absolvieren mußte. Ich vermute, daß das Chaotische der Mutter mit dem familienfeindlichen Schichtdienst im Spital zu tun hatte. Sie war dadurch oft und zwar unregelmäßig nicht zu Hause. Es konnte sich daher keine Alltagsroutine entwickeln, da die Mutter unregelmäßig Dienst hatte. Unter dem Begriff des Chaotischen wurden verschiedene Dimensionen einbezogen. Dominant, manipulativ, unbeherrscht, unordentlich, widersprüchlich, aggressiv und eigensinnig. Die Zeichnung drückte die Vielschichtigkeit präzise aus. Die Mutter war immer unkalkulierbar, sagte Fritz. Er hatte sich nie ausgekannt. Er dürfte sich von der Mutter oft zurückgewiesen gefühlt haben. Meine Frage, wie das Chaotische der Mutter ausgeschaut hatte, illustrierte er mit verschiedenen Szenen. Die Schilderungen dieser Erlebnisse klangen routiniert. Er dürfte sie schon oft erzählt haben. Sie war ungerecht, „drehte oft durch" und gab ihnen dann eine Ohrfeige – ein Indiz ihrer Unbeherrschtheit. Dann hieß Chaos wieder unordentlich sein: ein Zwang der Mutter, in die Kirche zu gehen, aber die Kleider für die Kinder nicht hergerichtet zu haben. In den weißen Socken zu den Matrosenanzügen war der Gummi locker, sodaß sie hinunterrutschten, erzählte Fritz. Ein lockerer Gummi in Kniestrümpfen ist allerdings nicht ungewöhnlich. Daß es Fritz so störte, ist eher als Ausdruck seiner starren Ordnungsliebe zu verstehen und nicht so sehr als Problem der Mutter. Was aber wirklich hinter dem „Chaotischen" der Mutter steckte, wurde erst in der nächsten Episode deutlich:

„F: Sie hat oft komisch durchgedreht ... und eines Tages hab' i mi' eing'mischt, net, bei meinem Bruder, weil den hat sie grad wieder gemaßregelt und geohrfeigt ... hab' i g'sagt, ist denn das notwendig? I: Mhm. F: Daß du dauernd also –, wegen einem Taschentuch, das d' eam haust, i hob' mi' sozusagen für ihn starkg'macht. I: Mhm. F: Daraufhin hat sie meine Geige –, gedroht, meine Geige zu zertrümmern. I: Ah. F: I bin dann aus'm Haus gelaufen. I: Ja. F: Und sie hat ma aus'm Fenster gezeigt, sie würde sie sozusagen zusammenhau'n. I hob' natürlich g'wußt, sie macht's net, net, und des is' ihr aber a' tatsächlich passiert. Sie wollt' so tun als ob und weil sie so patschert woar, hot sie's wirklich z'sammeng'haut."

Hier ging es um die Gewalttätigkeit der Mutter, die für ihn beängstigend gewesen sein dürfte. Fritz schützte sich vor dem Erkennen der eruptiven Destruktivität der Mutter, indem er die Zertrümmerung seiner Geige auf ein Mißgeschick, auf ihr ungeschicktes „patschertes" Verhalten zurückführte. Wie bedrohlich der Ausbruch für ihn gewesen sein muß, zeigt auch sein Weglaufen. Ein Musikinstrument, besonders eine Geige, wird in der Phantasie als Fortsetzung des Körpers erlebt, dessen Zerstörung ihm Angst gemacht haben dürfte.

Hinter der bedrohlichen und abgelehnten Mutter wurde aber auch seine positive Einstellung zu ihr beschrieben, wenn er über die Gründe für die Eheschließung sprach:

„Des (die Vernunftehe) war eigentlich für ihr Temperament net des Wahre; sie hätt' eher jemanden gebraucht, wo starkes Engagement ... dahinter g'wesen wär, net. So gesehen is' sie eigentlich in ihrem Leben an –, an der Realisierung ihrer Emotionen ... a bissl vorbeigegangen, net, hat des natürlich stark auf uns übertragen."

In diesem Teil der Erzählung wurde die Mutter tragisch stilisiert, sie verzichtete aus Edelmut auf ihre große Liebe. Der Vater konnte die emotionale Mutter nicht befriedigen, sie mußte ihre Gefühle auf ihn und seinen Bruder übertragen. Die Mutter hätte jemanden anderen an ihrer Seite gebraucht – eine Phantasie, die für die ödipale Phase typisch ist. Und dann folgte die positive Beschreibung der Mutter: Sie hatte „viel eingebracht", hatte die Kinder vieles gelehrt, war sehr herzlich und reiste viel mit ihnen: „Mit vier Jahren kannte ich alle Vögel und die Geographie Österreichs", sagte Fritz. Im Prozeß der Erzählung wurde die Pubertät als Zeit genannt, wo es nicht mehr gut ging. Plötzlich war es der Vater, der „Spannungen hineingebracht hat", und dann folgte im Interview der eifersüchtige Bezug auf das „Verhätscheln und Verzärteln des Bruders" durch die Mutter. Als ich diese beiden Pole, das Verletzende der Mutter und die große Nähe ansprach, ging Fritz auf das Streiten ein:

„Sie schafft es auch heute noch, uns zu manipulieren net, mit gezielten falschen Benennungen ... und das hat sie eigentlich in der Familie dauernd betrieben, net, also meinen Vater hochgebracht und ... zwar wirklich miteinander ausgespielt, net. Wir reagieren nach wie vor darauf, wir san' net total immunisiert, net. D'rum is' es auch für uns beide net möglich, mit der Mutter irgendwie zusammenzuwohnen."

In dieser Ehestreiterei entluden sich vermutlich intensive Spannungen zwischen den Eltern, auf die Fritz mit unbewußter Eifersucht reagiert haben dürfte. Aus der Paartherapie ist bekannt, daß „Streitpaare" in den hitzigen Auseinandersetzungen einander ganz nahe kommen und gleichzeitig aggressiv Nähe verhindern. Kinder fühlen sich dabei ausgeschlossen und werden eifersüchtig. Besonders schwierig dürfte es in der Familie von Fritz immer dann gewesen sein, wenn es um die Rivalität der drei Männer um die Mutter ging. Als ich seine Nähe zur Mutter ansprach, bejahte Fritz das, um dann vom Streit und ihrer Manipulation zu sprechen. Nach der Sequenz, wie schrecklich und unerträglich sie war, tauchte die Idee auf, mit ihr zusammenzuwohnen, bzw. die Begründung, warum es nicht ginge. Deutlich ist auch in der Zeichnung, daß sich die Mutter dem Vater und nicht den beiden Söhnen zuwendet. Die Freude beim Erzählen dieser Szene, in der er Verborgenes herzeigt, bezieht sich auf mein offensichtliches Erschrecken. Er genoß es, diese Reaktion bei mir hervorzurufen.

Was bedeutet diese Familiendynamik für die Motivation, eine berufliche Karriere zu machen? Bei Fritz vermischte sich der ödipale Wunsch nach der Mutter mit der Angst vor ihr. Die unbewußte Rivalität zum Vater war gleichzeitig sehr stark. Sie zeigte sich in der bildlichen Darstellung des verstümmelten Vaters, d. h. er mußte ihn unbewußt gehaßt haben und wollte ihm so alle Potenz – im Bild alle Äste – abschneiden. Die gegensätzlichen Positionen der Eltern, der Streit und der Machtkampf um die Kinder z. B. wegen der religiösen Erziehung, verschärfte seine Loyalitätskonflikte. Wenn es nicht sicher ist, ob die Eltern einander mögen und zusammenbleiben, erlebt sich das Kind als Ursache der Zwistigkeiten. So belastend diese Situation für Fritz vermutlich war, hatte er dadurch andererseits gelernt, flexibel mit der Angst umzugehen und sie durch Aktivität zu bewältigen. Die Spannungen wirkten sich belastend auf die schulischen Leistungen aus. Fritz sagte, er und sein Bruder hatten immer Schulprobleme. Er ließ sich bei Schwierigkeiten und unverständlichen Gewalttätigkeiten nicht einschüchtern, sondern wurde trotzig im Sinn von „jetzt erst recht". Ich denke, daß das Durchstehen der schmerzlichen Konflikte bei seiner Berufung auf die Erfahrungen der Familie zurückgeht. Wieso konnte Fritz, trotz dieser enormen Spannungen, arbeitsfähig bleiben?

1.4.2.2. Von beiden Eltern gefördert

Fritz wurde als Kind von beiden Eltern gefördert. Die Mutter hatte ihm viel beigebracht, der Vater nahm ihn auf seine Wanderungen mit und brachte ihm die Liebe zur Natur nahe. Die Ehe wurde schon in Hinblick auf gemeinsame Kinder geschlossen, sodaß wir davon ausgehen können, daß Vater und Mutter über seine Geburt erfreut waren. Es gab in der Familie jedoch auch große Spannungen, die ich als Ursache für die schlechten schulischen Leistungen beider Söhne interpretiert habe. Fritz differenzierte dann zwischen seinen Erfahrungen im Internat und denen seines Bruders. Er durfte jedes Wochenende nach Hause, während der Bruder verstoßen wurde und nur 2mal pro Jahr zu Besuch kam. Danach zeigte sich eine Differenzierung von Erfolg und Mißerfolg bei den Brüdern, die besonders bei gleichgeschlechtlichen Geschwistern häufig vorkommt. Fritz studierte und beendete das Studium. Wenn er davon sprach, daß es selbstverständlich war, daß er studierte, drückte sich darin die Förderung der Eltern aus. Beide Elternteile hatten kein Universitätsstudium, wollten aber, daß ihre Kinder die Möglichkeit dazu bekamen. Es existierte kein Neid der Eltern gegenüber den Söhnen, sondern im Gegenteil eine positive Identifizierung: was sie nicht bekommen konnten, sollten ihre Söhne erreichen. Der Bruder jedoch brach das Studium ab und wurde Sozialarbeiter, d. h. er hat keine leitende Stelle. Der ältere Bruder übernahm unbewußt die positiven Aspekte und der jüngere die Mängel und Konflikte der Familie, im Sinn einer Aufspaltung in gut und böse. Fritz berichtete, daß er lange, nämlich bis 24 Jahre, zu Hause gewohnt hatte und erst auszog, als er heiratete. Arbeiten hatte für ihn eine doppelte Funktion, einmal als Rückzugsmöglichkeit und gleichzeitig als Angstabwehr, deren Produkt aber Anerkennung, Prestige und Geld brachte.

1.4.2.3. Stilisierung der ,,kleinbürgerlichen" Eltern

Die Familie ist vom Beruf der Eltern her als Mittelschicht zu bezeichnen; beide Eltern erwarben eine qualifizierte Berufsausbildung, der Vater war höherer Gemeindeangestellter, die Mutter diplomierte Krankenschwester, und sie blieb berufstätig. Trotzdem schienen die mittelschichtsorientierten Normen wenig Bedeutung gehabt zu haben. Die Familie war eine eigene Welt mit chaotischen, gewalttätigen Gesetzen. Im Kontakt zu anderen Familien sah Fritz andere Umgangformen. Vorbilder waren die Eltern der Freunde, die Fritz ,,einen Einblick in andere Lebenswelten" gaben und deren ,,großbürgerliches Auftreten" auf ihn sehr attraktiv wirkte. Wichtig zu sehen war, wie ,,die Leut' mit anderen umgehen", sagte Fritz. Das Anderssein seiner Familie stellt jedoch eine Form der Idealisierung dar: eine schreckliche Familie ist besser als eine durchschnittliche. Die kleinbürgerlichen Umgangsformen und die bescheidenen finanziellen Möglichkeiten wurden in seiner Erzählung heroisch stilisiert.

Das zeigt sich vor allem bei seiner Beschreibung des Umgangs der Eltern mit Geld. Tatsächlich hatten beide Eltern wohl ein kleines Einkommen, von dem sie die Familie gerade ernähren konnten. In Verleugnung dieser real beschränkten finanziellen Verhältnisse bezeichnete Fritz seine Eltern als nicht „geschäftstüchtig". Es war immer zu wenig Geld da, aber es wurde nicht viel darüber gesprochen. „Also wir waren eine Familie ohne Geld, in der Geld keine Bedeutung gehabt hat." Statt die real engen finanziellen Verhältnisse zu akzeptieren, wurde von Fritz eine Familienideologie entworfen, die lautete: Es war genug Geld da, aber die Mutter konnte nicht mit Geld umgehen. Sie kaufte im Dorotheum sinnlose Dinge und der Vater hatte als Antwort „seine Bedürfnisse auf Null reduziert ... hat gesagt, ich brauche nichts", kommentierte Fritz. Demonstrativ lebte der Vater bedürfnislos wie ein „Yogi". Die Kinder bekamen nie ein neues Gewand, sondern immer gebrauchte Sachen. Tatsächlich konnten jedoch die Eltern als kleiner Beamter und Krankenschwester nicht viel verdient haben, zumal sie das Geld für das Internat beider Söhne zahlen mußten. Fritz machte es dann anders. Er legte sein Geld vermögensbildend an, kauft Wertgegenstände und Immobilien auf Kredit und zahlt diesen dann zurück.

Wie sah das Modell der Großeltern aus?

Über die väterlichen Großeltern berichtete Fritz nicht viel. „Er war a Gastwirt und bei an Gastwirt gibt's kane Probleme, net." Fritz gab keine Begründung, warum es bei einer Gastwirtfamilie keine Probleme geben sollte, vielleich gab es keine finanziellen Probleme, wenn es ein gutgehender Gasthof war.

Die Familie der Mutter sei „viel farbiger". Es gebe „gut geratene Kinder" und ein „schwarzes Schaf". Alles an dieser Familie faszinierte Fritz. Da der Großvater Hoflieferant war, erhielt er eine kaiserliche Auszeichnung. Es war eine riesige Familie mit acht Kindern. Die Mädchen erhielten eine qualifizierte Berufsausbildung, ein Studium war aus finanziellen Gründen nicht möglich. Die Brüder blieben „in der niedrigen Qualifikationsstufe stehen". Ein Bruder der Mutter war Facharbeiter, einer lebte lange im Ausland, wurde dann Elektromonteur und spielte später „Bischof einer Sekte" und wurde ein „Bezirksheiliger". Eine der Schwestern trat im Zirkus auf, das „schwarze Schaf der Familie", das der Vater von Fritz einmal hinausgeworfen hatte. Fritz genoß das Dramatisieren beim

Erzählen. Es war nie ganz sicher, was Realität und was „Familienroman" war, um – zumindest dem Anschein nach – aus einer besonderen Familie zu kommen. Die Mutter hatte jedenfalls in ihrer Familie die bürgerliche Position übernommen, die Fritz weiterführte.

1.4.2.4. Provokanter Umgang mit Autoritäten

Die Umgangsweise von Fritz mit Autoritäten und gesellschaftlichem Anpassungsdruck ist ambivalent. Als Kind fiel er durch Schulschwierigkeiten auf; das ist eine Form des passiven Widerstandes. Vom Vater wurde er viel geschlagen. Er erzählte, wie er und sein Bruder sich später gewehrt hatten. Sie zerbrachen den Teppichklopfer und sagten, jetzt wird nicht mehr geschlagen. Der Bruder hatte den Vater bedroht, „wenn du mich noch einmal schlägst, haue ich zurück". Später, als Fritz studierte, luden sie Studienkollegen ein und sprachen dann gezielt zurückliegende Konfliktfälle an, z. B. wie einmal das Essen verbrannt gewesen ist, als der Vater heimkam. Es sei wie ein Psychodrama gewesen. Dem Vater sei es dann zu viel geworden; er sei aufgestanden und gegangen. Die Mutter fand auch, das gehe zu weit, das seien falsche Vorwürfe. Diese Form, sich zur Wehr zu setzen, zeigt, daß Fritz nicht gebrochen wurde, sondern zurückschlug. Die Schläge und die Gewalttätigkeit hinterließen aber Spuren, die bei der Frage nach seinem Umgang mit Autoritäten sichtbar wurden.

In Situationen mit Autoritäten, vor denen er Angst hatte, sich zu unterwerfen, griff er auf aggressive Formen der Kommunikation zurück. „Um nicht in den Interaktionsablauf eines Abhängigen" hineinzugeraten, wählte Fritz folgende Strategie:

F: „Ja, totaler Krieg, des kann i gut ... i kann aus der Situation rausgeh'n. I: Mhm. F: Also i kann sehr stark –, des hab' i g'lernt, wia ma' Bezugssysteme wechselt (Pause) i laß' eine Autorität –, wenn i net will, is' sie keine, ja, dann red'n ma' halt über seine Schuh' und über seine Unterhosen und daß er zu einer Zeit hereinkommt, die ma' net paßt, und überhaupt hab' i halt einen Tee getrunken, ja, der ma' seinen Geruch nicht gut vertragen läßt, nicht.
I: Mhm. F: Und da kann er Autorität sein was er will, er kann nicht darauf reagieren: er ist hilflos."

Aus Angst, selbst hilflos und abhängig zu sein, drehte er den Spieß um. Er stellte die Leute bloß und versuchte sie zu verwirren. Die Strategie lief darauf hinaus, den Erwartungen der Alltagskommunikation total entgegen zu handeln und die zur Unterwerfung einladende Autorität selbst hilflos zu machen. Die kindliche Form, sich die Autoritäten nackt vorzustellen, ist eine aggressive Form, mit seinen Ängsten umzugehen. Es ist eine Form der Entidealisierung, die kindliche Affekte aufgreift, sich Erwachsene nackt, d. h. bei der Stuhlentleerung oder beim Geschlechtsverkehr vorzustellen. Fritz war sich der Gefahr bewußt, selbst als verwirrt zu gelten, wenn er andere verwirren wollte. Er sagte: „Nur als sozial angepaßter Mensch sollte ma' des net allzu oft machen, net (Lachen)." Die Gewalttätigkeit, die in seiner Vorgangsweise liegt, erinnert an sein Mutterbild.

Auch in seiner Auseinandersetzung mit der Religion verwendete Fritz den Mechanismus der ironischen Imitation, indem er das priesterliche Verhalten persiflierte:

„F: I hab' dann wirklich auch die Absolution erteilt an meine Schulkollegen und hab' konsistent ab diesem Zeitpunkt konfessionsloser Priester gespielt. I: Mhm. F: Hab' a kane Hemmungen g'habt, mi' in an Beichtstuhl zu setzen und jemanden die Beichte abzuhören, wenn er unbedingt wollte."

Diese Bewältigungsform läßt auf einen großen inneren Druck schließen, den Fritz nur so aggressiv imitierend darstellen konnte. Tatsächlich sprach er von der Religion „als unerträglichem Druck", der im Internat zur Disziplinierung ausgenützt wurde. So wurde ein falsches Singen bei der Meßprobe als Blasphemie geahndet. Der Zwang im Internat stellte für Fritz eine Fortsetzung des Drucks der Mutter dar, gegen den er schließlich protestierte und sich auflehnte.

Wie Fritz Drucksituationen brauchte, um Leistung zu erbringen, beschrieb er anhand der Arbeitsorganisation: Er setzte sich durch „unrealistische Termine" zur Abgabe der Aufsätze unter Druck und organisierte sich parallel dazu körperliche Entspannung: Dreimal pro Woche Turnen und Wanderungen. Auch während der schweren Phasen der Ehe konnte Fritz sich auf die Arbeit zurückziehen und daraus eine gewisse Befriedigung ziehen. Die Arbeit diente vor allem in Krisenphasen der Angstabwehr und Stabilisierung.

2. Einflußfaktoren der beruflichen Karriere, bezogen auf die innere Realität

Nachdem anhand von vier Fallgeschichten individuelle Lebensläufe beruflich erfolgreicher Personen nachgezeichnet wurden, soll nun die Struktur der inneren Welt beschrieben werden, die erklärt, auf welche inneren Antriebe diese berufliche Leistung zurückgeht und welche Elemente der inneren Realität eine Disposition zur Karriere ergeben.

Bei der Darstellung der Ergebnisse werde ich zunächst die für die gesamte Stichprobe relevanten Muster der inneren Dynamik, die die Karriere begünstigt haben, darstellen. Gibt es spezifische Konstellationen in der Herkunftsfamilie, die verständlich machen, daß so viel Energie und Ausdauer in den Beruf investiert wird? Durch welche Erfahrungen oder innere Vorstellungen ist ein so enormer Leistungswille und Ehrgeiz entstanden? Bestätigt wurde zunächst die Vermutung, daß alle Untersuchten kein balanciertes und ausgewogenes Leben führten, sondern den Beruf überbetonten. Die Frauen und Männer der Stichprobe widmeten über viele Jahre hindurch den Großteil ihrer Zeit und ihrer Energie dem Beruf. Wenn in der Literatur von den Kosten oder dem Opfer des Privatlebens gesprochen wird, so trifft dies nicht das Selbstverständnis der Erfolgreichen dieser Stichprobe. Manche berichteten zwar, daß sie seit vielen Jahren fast jedes Wochenende im Büro oder hinter dem Schreibtisch verbrachten, sie bezeichneten das aber in den meisten Fällen nicht als „Opfer". Der Erfolg, den sie errungen hatten, stellte eine Gratifikation dar. Psychologisch gesehen, kann die Überbetonung des Berufes verschiedene innere Gründe haben. Sie kann eine geglückte Sublimierung darstellen, wenn andere private Befriedigungsformen nicht möglich sind. Sie kann Ausdruck eines inneren Konfliktes sein, einer unbewußten Rivalität, die in konstruktiver Form gelebt werden kann und Befriedigung verschafft. Sie kann eine Ablenkung von inneren Spannungszuständen oder depressiven Neigungen sein, die ein Nachdenken und ein Erkennen der Einsamkeit verhindern sollen.

Um zu verstehen, was ich unter innerer Antriebskraft meine, greife ich auf die Annahme der Psychoanalyse zurück, die besagt, daß Handlungen und Aktivitäten auf einen inneren Spannungszustand zurückgehen. Jede Triebäußerung richtet sich auf ein Ziel, das zur Befriedigung drängt. Solange ein Bedürfnis nicht befriedigt ist, wird durch die Unlust ein Spannungszustand im Körper erzeugt, der sich erst bei der Befriedigung in Lust verwandelt. Dadurch wird der Mensch, der ein Bedürfnis befriedigen will, zur Aktivität veranlaßt. Je weiter die Entwicklung des Kindes fortgeschritten ist, desto vielfältiger und differenzierter werden die Bedürfnisse und deren Befriedigung. Die Bedürfnisbefriedigung kann für einige Zeit aufgeschoben werden, bis die Lebensumstände eine Befriedigung in Übereinstimmung mit sozialen Normen und Erfordernissen ermöglichen, d. h. neben dem inneren Antrieb nimmt das reife, entwickelte Ich auf die Außenwelt Rücksicht und versucht, Handlungen so zu setzen, daß innere Impulse und äußere Gegebenheiten berücksichtigt werden können. Der Säugling will, wenn er hungrig ist, sofort gestillt werden. Durch sein herzerschütterndes Weinen drückt er nachdrücklich aus, daß er keine Verzögerung duldet. Ein größeres Kind oder ein Erwachsener kann die Befriedigung des Hungers vielfältig gestalten. Er kann etwa vorausblickend Lebensmittel einkaufen und zeitgerecht kochen, um die Erfordernisse für die Befriedigung seines Hungers bereit zu haben. Er kann auch planen, in ein Restaurant essen zu gehen, vielleicht auch noch mit lieben Freunden, um in netter Gesellschaft zu speisen. Ich gehe also von der Prämisse aus, daß Aktivitäten auf Spannungszuständen beruhen, die auf ein Ziel hin orientiert sind. Langdauernde, dominante Aktivitäten, wie sie die beruflich Erfolgreichen im Verfolgen beruflicher Ziele an den Tag legen, beruhen auf starken, dauerhaften Spannungszuständen. Es ist also als erstes zu fragen, wie diese starken Spannungszustände entstanden sind. Als zweites ist herauszuarbeiten, wodurch es gelungen ist, die starke Spannung als Antrieb nützlich zu verwenden, so daß sie in der Realität des Berufs konstruktiv eingesetzt werden kann?

Starke innere Spannungszustände bleiben meist unbewußt und können sich unterschiedlich manifestieren. Sie können sich in psychosomatischen Erscheinungen wie Kopfschmerzen, Migräne oder Magenschmerzen ausdrücken, sich als depressive Verstimmung zeigen oder nach außen projiziert werden, sodaß sie dann als äußerer Druck erlebt werden. Eine typische Form, sich von inneren Spannungen abzulenken, ist etwa nie genug Zeit zu haben. Die Person muß sich hetzen, um alle Termine wahrnehmen zu können, um rechtzeitig beim nächsten Vortrag oder der nächsten Geschäftsbesprechung zu sein. Durch Streß und Hektik ist alle Energie auf das Erfüllen der äußeren Termine gerichtet, und die Person braucht innere Spannungen nicht wahrzunehmen. Die innere Spannung erzeugt eine Art körperlicher Erregung, die die Hektik neben der Belastung zu einer heimlichen Lustquelle werden läßt. Typisch für diese Hyperaktivität ist, daß auch in der Freizeit konkurrenz- und leistungsbezogene Sportarten ausgeübt werden. So spielen Manager gerne in der Freizeit Tennis oder Golf und nehmen an Turnieren teil. Einige der Interviewten beschreiben ihre Strategie, sich zuviel vorzunehmen, die Termine so knapp zu setzen, daß sie immer unter Druck arbeiten. Diese Abwehr hat noch einen erwünschten Nebeneffekt, die gestreßte Person fühlt sich wichtig, sie soll zumindest an zwei Orten gleichzeitig sein, immer müssen die anderen auf sie warten –

ein narzißtisches Szenario. Überdeckt wird die narzißstische Größenphantasie bei Wissenschaftlern oft durch große Bescheidenheit als Reaktionsbildung. In Phasen der Ruhe und Entspannung, wie z. B. bei einer Kur oder Meditation steigen dann innere Konflikte, Wünsche, Träume hoch. Um dieses Aufsteigen der inneren Spannungszustände zu vermeiden, wählen die Untersuchten unbewußt eher aktive Formen des Urlaubs, weite Reisen etc.

Auch bei einer gestörten Entwicklung pathologischer Persönlichkeiten herrscht ein starker Spannungszustand, der jedoch nicht realitätsgerecht in Aktivität umgesetzt werden kann, sondern zu Fehlanpassungen, Destruktivität, Rastlosigkeit, Suizid oder Selbstzerstörung führt. Wieso können Verhaltensweisen, die zu gegensätzlichem sozialen Verhalten führen, auf eine gleiche Ursache, nämlich starke innere Spannung, zurückzuführen sein? Ist das nicht ein Widerspruch?

Es ist eine der großen Errungenschaften der Psychoanalyse, gezeigt zu haben, daß unterschiedliches Verhalten aus denselben Grundkonflikten stammen kann. So kann ein Konflikt aus der analen Phase, in der Dispositionen zum Umgang mit Hergeben und Behalten gelegt werden, zu extremer Sparsamkeit oder als Reaktionsbildung zu besonderer Großzügigkeit im Umgang mit Geld führen. (Vgl. Mentzos 1982) Das Konzept der ,,Spannungszustände" gestattet es, zu untersuchen, aus welchen spezifischen inneren Konflikten sie gespeist werden und wie die verschiedenen Personen mit dieser Antriebskraft umgehen, d. h. es geht um die Entwicklungsgeschichte und Modellierung der inneren Spannung. Ich unterscheide mich mit dieser Konzeption von anderen psychoanalytischen Theorien, die Mangel oder Deformation als Motor des Berufserfolges nennen. So nennt Erich Fromm (1974) den ,,analsadistischen Charakter", der sich selbst wie ein Ding erlebt, als vorherrschenden Charaktertyp von Führungspersonen in der Bürokratie. Die genannte Annahme von Fromm beruht nicht auf einer empirischen Untersuchung, sondern ist aus der Analyse der Anforderung der Bürokratie an Führungskräfte idealtypisch konstruiert. Auch Geissler geht in der ,,Psychologie der Karriere" von einem grundlegenden Mangel als Antrieb aus. Er meint, daß die ,,Ich-Schwäche" zu kompensatorischer Leistungsanstrengung mobilisiert. Geissler sagt: ,,Es sind gerade die Defizite unserer Persönlichkeit, die uns zu besonderen Leistungen und zu Tüchtigkeit und Erfolg im Beruf disponieren" (1977, 14). Eine berufliche Karriere ist m. E. jedoch nicht immer aus einem Mangel oder, wie Geissler weiter ausführt, aus einer Diskrepanz zwischen Selbstbild und Ich-Ideal zu erklären, das greift zu kurz. Es können innere Konflikte, die starke Spannungen erzeugen, Antrieb zu besonderer Leistung sein. Denn dieselben strukturellen Mängel können ebenso zu Verwahrlosung und Kriminalität führen. Es ist gerade interessant zu sehen, welche zusätzlichen Figurationen es den interviewten Personen gestatten, diese starken inneren Konflikte zumindest zum Teil auch konstruktiv zu nützen. Welche Erfahrungen befähigten sie zu kontinuierlicher Arbeit, zu Ausdauer trotz Hindernissen und Widerständen, zu Selbstbewußtsein und Kreativität? Und welche anderen Lebensbereiche kommen durch die Betonung der beruflichen Karriere zu kurz?

Aus der Auswertung der Daten ergeben sich vier relevante Strukturelemente der „inneren Realität" der interviewten Personen, die sie zu einer erfolgreichen Berufskarriere motivierten. Es sind dies:
1. Starke ödipale Konflikte in der Entwicklung der Geschlechtsidentität,
2. Akzeptanz durch die Eltern,
3. Modellwirkung der Eltern im Meistern von Lebensproblemen und
4. Umgang mit Autoritäten: Anpassung versus Rebellion.

2.1. Strukturelement: Rivalitätskonflikte in der Entwicklung der Geschlechtsidentität

Bei den verwendeten qualitativen Erhebungsmethoden lassen sich neben den Selbstbeschreibungen der Beziehung zu den Eltern der Interviewten auch Rückschlüsse auf unbewußte innere Konflikte ziehen, die sich vor allem auf die ödipale Phase beziehen. Obwohl heute den Konflikten aus der präödipalen Phase große Bedeutung beigemessen wird, können diese in der Untersuchung nicht berücksichtigt werden, da sie mit den verwendeten Erhebungsmethoden nicht zugänglich sind; sie stammen aus tieferen Schichten, die erst durch analytische Arbeit verständlich werden. Die ödipalen Konflikte sind durchwegs unbewußt und zeichnen sich durch intensive Gefühle von Konkurrenz, Haß und Kastrationsangst aus. (Freud 1923 und 1933) Freud hat dieser Entwicklungsphase eine zentrale Bedeutung beigemessen und sie die „Wurzel der Neurose" genannt. Das Kind tritt in dieser Phase aus der Zweierbeziehung mit der Mutter in eine Dreierbeziehung, eine „Triangulation" ein, die einen Wechsel in der libidinösen Besetzung notwendig macht. Die Bisexualität des Menschen zeigt sich in der ödipalen Phase, in der es bei beiden Geschlechtern zu einem Wechsel der leidenschaftlichen Zuwendung des Kindes vom gleichgeschlechtlichen zum gegengeschlechtlichen Elternteil kommt. Die Identitätsfindung schließt daher die emotionale Beziehung zu beiden Eltern ein. Die stürmische Zuwendung der Tochter zur Mutter und des Knaben zum Vater nennt Freud den ,,negativen Ödipuskonflikt". Dieser hat für die emotionale Entwicklung denselben wichtigen Stellenwert wie der ,,positive Ödipuskonflikt", bei dem jeweils der gegengeschlechtliche Elternteil begehrt wird. Die wichtigsten Figurationen sollen kurz angeführt werden. Bei der Beschreibung der wichtigsten ödipalen Konstellationen handelt es sich um Grundmuster, die immer von der individuellen Lebensgeschichte in besonderer Art geformt werden. Bei den vier angeführten Falldarstellungen zeigt jede von ihnen eine eigene Entwicklung, die sich von der ,,typischen" unterscheidet. So sehen wir bei Simone, daß die Mutter und nicht der Vater – wie Freud postuliert hat – die Person war, von der Über-Ich Forderungen übernommen wurden. Der Vater, der traditionell den Bezug zur Gesellschaft herstellt, war bei Simone ein ,,Spielkamerad", mit dem sie gemeinsam Streiche anstellte – d. h. einerseits kindliche, geschwisterliche Aspekte annahm und andererseits ein besonderes, fast bedrohlich enges und verführerisches männliches Verhalten zeigte. Bei Gudula gelang die Ablösung vom Vater erst sehr spät, indem sie schwanger wurde. Die enge Bindung führte bei ihrer Ablösung zu einem Bruch, die Rivalität mit der Mutter wurde teilweise auf die jüngere Schwester verschoben und war auch teilweise mit unbewußten Schuldgefühlen verbunden, da die Mutter sich weitgehend aus der Rolle der Ehefrau zurückgezogen hatte. Bei Fritz wirkte die begehrte Mutter zugleich auch durch ihre Gewalttätigkeit bedrohlich. Die Identifikation mit dem Vater gelang nur teilweise, es existierten starke, unbewußte Haß- und Rivalitätsgefühle. Bei Hermann zeigte sich, daß die ödipale Triangulation (Dreiecksbeziehung) nicht mit dem männlichen und weiblichen Geschlecht übereinstimmen muß, sondern daß die mächtige Mutter die väterliche Position und dessen Charakteristik übernahm. Die folgende Beschreibung ödipaler Konfigurationen kann daher lediglich als Grundorientierung dienen.

Die bekannteste Form ist sicherlich der positive Ödipuskomplex des Knaben. In dieser klassischen Dreiecksbeziehung, die nach der griechischen Sage benannt ist, liebt der Sohn die Mutter, haßt den Vater als seinen Rivalen wegen der Liebe zur Mutter und findet den Ausweg aus seinen inzestuösen Phantasien in der Masturbation. Er gibt seine sexuelle Aktivität und die Mutter als Liebesobjekt auf, nachdem der Vater oder die Mutter mit Kastration als Strafe gedroht haben. Entweder tatsächlich oder in der Phantasie des Knaben werden Äußerungen oder Gesten so interpretiert. Seine Gefühle der Mutter gegenüber bleiben relativ einfach: Liebe gemischt mit Verbitterung über ihre „Untreue", indem sie den Vater als Liebesobjekt vorzieht. Die Gefühle dem Vater gegenüber sind komplexer: Die dominanten Haßgefühle sind nie ohne Zugabe von Liebe und Bewunderung. Die Kastrationsangst spielt in allen Formen des ödipalen Dramas eine zentrale Rolle, in der weiblichen und männlichen Version. Die Entdeckung der weiblichen Genitalien, bzw. die Einsicht, daß Frauen keinen Penis haben, steigert die Angst vor Kastration beim Knaben. Beim negativen männlichen Ödipuskomplex wählt der Knabe den Vater und nicht die Mutter als Liebesobjekt. (Freud 1923, 33) Wenn der Knabe bemerkt, daß vom Vater geliebt werden nicht heißt, sich wie ein Mädchen zu benehmen, sondern in bedeutsamer Weise eines zu werden, d. h. homosexuell zu werden, läßt er vom väterlichen Liebesobjekt ab. Eine Fixierung auf das männliche Liebesobjekt, der Wunsch sich ihm zu unterwerfen und der Kastrationswunsch, vom Vater zum Mädchen gemacht zu werden, ist eine mögliche Ursache von Homosexualität.

Bei der Frage der weiblichen ödipalen Entwicklung spricht Freud vom „Rätsel der Weiblichkeit". Freud war überrascht, wie lange Mädchen an die Mutter gebunden bleiben. Die emotionale Bindung war keine Überraschung, da Freud die Mutter als erstes Liebesobjekt aller Kinder betrachtet. Es sei möglich, meint Freud, daß eine große Zahl von Frauen an die Mutter gebunden bleiben und nie die Hinwendung zum Mann erreichen. In der ersten, negativen ödipalen Phase betrachtet das Mädchen den Vater mehr oder weniger als Rivalen um die Liebe der Mutter. Freud meint, daß die Aggressionen des Mädchens gegenüber dem Vater nie die Stärke erreichen, die für den Knaben charakteristisch ist. Erst nachdem sie den Geschlechtsunterschied bemerkt hat, macht sie die Mutter für das Fehlen des Penis und in übertragener Form für die sozial schwächere Position verantwortlich. Das Mädchen erreicht die positive ödipale Phase erst, nachdem es das Fehlen des Penis akzeptiert hat und ihn durch den Wunsch nach einem Kind vom Vater ersetzt hat. Dadurch kann sie sich von der Mutter lösen und den Vater als Liebesobjekt wählen, von dem sie ein Kind will. Die Mutter wird zum Eifersuchtsobjekt. Das Mädchen bleibt lange oder immer in dieser Phase.

Exkurs zur Kritik an Freuds Konzeption der ödipalen Entwicklung

Freuds Theorie über die weibliche Sexualität gehört zu den am schärfsten kritisierten und widersprüchlich rezipierten Teil seines Werkes. Obwohl Freud meint, die Geschlechtsidentität werde erworben, wird er von manchen so verstanden, als ob er von einer „unausweichlichen Biologie als Schicksal" für Frauen und Männer spräche, andere hingegen betrachten ihn als Vertreter eines revolutionären Glaubens, daß wir, psychologisch gesprochen, nicht als Frauen und Männer geboren werden, sondern daß Weiblichkeit und Männlichkeit über eine lange Zeit konstruiert wurden und relativ unabhängig vom biologischen Geschlecht erworben werden. Dieses unterschiedliche Verständnis von Freud beruht nach Meinung von Dana Breen, die den aktuellen Stand der Diskussion innerhalb der Psychoanalyse über das „Geschlechterrätsel" (The Gender Conundrum, 1993) zusammenfaßt, auf der inhärenten Spannung im Gegenstand selbst und sei noch heute lebendig. Für Freud gab es nie eine „natürliche Sexualität", er verstand sie immer als Psychosexualität, die konstruiert wird. Es würde den Rahmen der Abhandlung sprengen, die divergierenden Konzepte dieser Kontroverse nachzuzeichnen, die bereits 1920 durch Horney (1977), Klein (1945) und Jones (1927) geführt wurde, dann 1960 in den USA (Chodorow 1985, J. B. Miller 1976 und Dinnerstein 1976) und in Frankreich (Lacan 1966, Chasseguet-Smirgel 1976 und McDougall 1964) fortgesetzt wurde, um in den letzten Jahren eine neuen Höhepunkt zu erreichen.

Die wesentlichen Schwerpunkte der Diskussion innerhalb der Psychoanalyse bestehen in der Kritik der Annahme, daß Mädchen nicht erst während der ödipalen Phase, sondern wesentlich früher über ihre Vagina bewußt und unbewußt Bescheid wissen. Der zweite zentrale Kritikpunkt entzündete sich am Konzept des Penisneides, der vor allem in den USA deterministisch verstanden wurde und Freud zugeschrieben wurde, als betrachte er Frauen als inferior und schreibe so die bestehenden sozialen Strukturen fest.

Innerhalb der Psychoanalyse wird das Konzept des Penisneides beibehalten, aber unterschiedlich verstanden. In einer kritischen Hinterfragung des „phallischen Monismus" versuchte Chasseguet-Smirgel (1981) die Bedeutung des Penisneides auf dessen Abwehrfunktion zurückzuführen, indem die Abhängigkeit in der frühen Kindheit von der Mutter durch das Bild einer passiv-abhängigen Frau ins Gegenteil verkehrt wurde, um so die narzißtisch schmerzliche Kleinheit nicht bewußt werden zu lassen. Auch von anderen Analytikerinnen wird der Penisneid in verschiedenen Abwehrfunktionen verstanden, nämlich als Verschleierung der Rivalität zwischen Frauen oder unerfüllter Sehnsucht nach der Mutter (McDougall).

In der Weiterentwicklung der Freudschen Konzeption betont Lacan (1966), den Aspekt, daß die Psychologie getrennt von der Biologie zu verstehen sei. Lacan geht davon aus, daß das Unbewußte wie eine Sprache konstruiert sei. „Phallus" sei dann nicht in bezug zu einem anatomischen Organ zu verstehen, sondern als Metapher, die die Trennung des Menschen vom Objekt seines Begehrens zum Ausdruck bringe, und bezeichne daher nicht einen Mangel. In gleicher Weise beziehe sich Kastration auf eine symbolische Repräsentanz von Mangel, da in der Realität keinem Geschlecht etwas fehle. Die Phallozentrik sei in der Westlichen Welt gesellschaftlich bedingt, und werde beim Spracherwerb vom Kind mit aufgenommen.

Auch Breen kommt zu dem Ergebnis, daß der Mangel darin bestehe, daß der spezifischen weiblichen Erfahrung zu wenig Beachtung geschenkt und sie in der Sprache zu wenig berücksichtigt werde.

In den USA wurde in der Diskussion über die weibliche Sexualität der Aspekt des Körpers, der weiblichen Sexualorgane und ihre Bedeutung in den Mittelpunkt gestellt. Obwohl an den Forschungen von Masters und Johnson wegen des Fehlens der inneren Bedeutung der körperlichen, sexuellen Stimulation Kritik geübt wurde, hat sie doch die Diskussion nachhaltig beeinflußt. So greift etwa Gillespie die Ergebnisse der Sexualforschung auf und fragt, ob die spezifisch weibliche klitorale Sensation statt mit Penisneid nicht besser mit „Penis-Sehnsucht" bezeichnet werden sollte, d. h. die Sehnsucht penetriert, um dadurch vaginal und klitoral erregt zu werden. (Gillespie 1969, 497). Die Kritik an Freuds Konzept der Verlagerung der Lust von der Klitoris zur Vagina, mit der Freud die reife weibliche Sexualität charakterisierte, veranlaßte Grunberger statt dessen von einer Transformation der Autoerotik zu Objektliebe zu sprechen.

Die hier kurz angeführten Konzepte zeigen, daß es innerhalb der psychoanalytischen Diskussion noch zu keiner einheitlichen Theoriebildung gekommen ist, sondern daß eine Vielzahl unterschiedlicher Zugänge und Verstehensversuche existieren, die das Besondere der weiblichen Entwicklung darzustellen versuchen.

Die Auseinandersetzung mit der weiblichen Sexualität hat jedoch auch zu einer, wie Breen sagt, „stillen Revolution" des psychologischen Verstehens der geschlechtlichen Identitätsentwicklung beim Mann geführt. Die Betonung der präödipalen Phase führte zu drei wesentlichen Entdeckungen: erstens, daß die frühen Beziehungen des Kindes zu seiner Mutter sehr aggressiv sein können, während Freud glaubte, daß die Mutter–Sohn-Beziehung die am wenigsten ambivalente Beziehung sei. Zweitens, daß der Knabe vor der schwierigen Aufgabe stehe, die passiven Wünsche im Verhältnis zu seiner Mutter zu bewältigen, und drittens, für einige Autoren, daß eine frühe feminine Phase mit sexuellen Wünschen dem Vater gegenüber existiere. Auch die Annahme, daß die männliche Geschlechtsidentität sicherer gegeben sei als die weibliche, wird von Greenson angezweifelt. Er vertritt die Auffassung, daß Männer auf einer tief unbewußten Ebene einen intensiven Neid auf die Frau, im Besonderen auf ihre Mütter hätten, die sie hinter der Fassade der Verachtung und Abwertung der Frau im allgemeinen verbergen, und daß Männer sich ihrer Geschlechtsidentität unsicherer seien als Frauen ihrer Weiblichkeit, was Greenson auf die frühe Identifikation mit der Mutter zurückführt. (Greenson 1968, 370)

Exkurs über den Zusammenhang zwischen der ödipalen Phase und der Entwicklung des Denkens

Die ödipale Phase ist nicht nur für die Entwicklung der Geschlechtsidentität und der Gefühle von großer Bedeutung, sondern auch für die Entwicklung des Realitätssinns und der Struktur des Denkens. Die Akzeptanz des elterlichen Paares, von der das Kind, Mädchen oder Knabe, ausgeschlossen ist, tritt an die Stelle der Phantasie, eine enge, ausschließliche Beziehung zur Mutter und zum Vater zu haben. Statt in dyadischen Beziehungen beginnt das Kind dann in triadischen zu denken. Das Kind lernt auf seine totalen Ansprüche der Mutter gegenüber zu verzichten, was einen schmerzlichen Verlust seiner Allmachtsphantasien darstellt. Es muß erkennen, daß seine Beziehung zur Mutter und zum Vater eine andere Qualität hat als die genitale und schöpferische elterliche Beziehung, die Kinder hervorbringen kann. Wenn dieser Unterschied erkannt wird, entsteht ein Gefühl des Verlustes und des Neides. Kann die Tatsache der elterlichen, genitalen Beziehung nicht toleriert werden, so entsteht ein Gefühl der Trauer und der Selbsterniedrigung. Das Kind fühlt sich dann minderwertig und als Versager.

Wichtig ist, daß mit der Art der Bewältigung der ödipalen Situation auch das Interesse am Lernen und Forschen verbunden ist. Das Bewußtsein von der elterlichen, sexuellen Beziehung bereichert seine psychische Welt, in der nun verschiedene Beziehungen existieren können. Indem das Kind sowohl seine Beziehung zur Mutter als auch seine Beziehung zum Vater und als dritte Dimension die von ihm unabhängige Beziehung der Eltern sieht, schließt sich, bildlich gesprochen, die Triangulation, das ödipale Dreieck. Ronald Britton nennt diesen psychischen Raum „triangular-space", einen Raum, der durch die drei Personen der ödipalen Situation und ihre potentiellen Beziehungen begrenzt ist. (Britton 1989, 86) Die Anerkennung der elterlichen Beziehung durch das Kind verbindet die psychische Welt des Kindes mit der der Eltern, in der verschiedene Objektbeziehungen möglich sind. Dieses Teilhaben an einer gemeinsamen realen Welt, in der sich das Kind eine gute elterliche Beziehung vorstellen kann, beeinflußt die Entwicklung einer äußeren Welt, über die nachgedacht werden kann, und schafft so die Basis für den Glauben an eine sichere und stabile Welt. Kann die „dritte Position", nämlich die des Beobachters der elterlichen Beziehung, aus der das Kind ausgeschlossen ist, nicht toleriert werden, so werden alle Beziehungen unmöglich, an denen das Kind nicht teilhat.

Bion entwicklet eine differenzierte psychoanalytische Theorie des Denkens und der Erfahrung, die auf der Fähigkeit beruht, Zusammenhänge herzustellen („linking"). Die Basis des Denkens wird bereits in der frühen Beziehung zwischen Mutter und Kind (im Entsprechen der Brustwarze zum Mund) und der geistigen Entsprechung dieses Bildes im Halten und Verstehen der Gefühle des Kindes durch die Mutter („container and contained") gelegt. Nur wenn das Kleinkind fühlt, daß seine Ängste, Wünsche und Gefühle von der Mutter aufgenommen und verstanden werden, als auch in Worten ausgedrückt und dann dem Kind in modifizierter Form zurückgegeben werden, kann es sich zu sich in Beziehung setzen. Dann erst kann es seine Körpersensationen als zu sich gehörig verstehen und nach und nach benennen. Die Mutter kann Hunger in Befriedigung, Schmerz in Annehmlichkeit und Einsamkeit in Gemeinsamkeit umwandeln. Mutter und Baby sind dann ein „glückliches Paar". Der Gedanke – als erste Vorform der Symbolisierung – entsteht nach Bion bei einer Frustration, nämlich zwischen dem Moment, in dem ein Bedürfnis gefühlt und es befriedigt wird. In einer achtstufigen Skala entwickelt Bion eine Stufenleiter von Denkleistungen. „Die Kapazität schmerzliche Frustration zu ertragen ... schafft die Basis der Entwicklung eines nicht-psychotischen Teiles der Persönlichkeit und daher die Entwicklung von Transformation in Gedanken und anderen

Elementen mit authentischen repräsentativer Qualität (Musik, Malerei, Mathematik usw.). Wenn wir Gedanken als ‚Feststellung von Problemen' verstehen, so führen diese Gedanken zu einer Suche nach passenden Aktionen, die, wenn die Persönlichkeit unfähig ist Frustration zu ertragen, sie veranlassen sich auf halluzinatorische Transformationen zurückzuziehen ..." (Grinsberg 1977, 88) Die Fähigkeit zu denken stellt daher eine Einschränkung der Wahnvorstellungen dar, durch die erst die Entwicklung von Symbolen, Werten, Träumen und anderen kreativen Repräsentationsformen möglich werden.

Bions Theorie über das Wissen und über das Lernen durch Erfahrung (1992) geht also von der Annahme aus, daß Wissen seinen Ursprung in primitiven emotionalen Erfahrungen hat, die mit der Anwesenheit eines Objektes zusammenhängen. Der Begriff „link", eine Verbindung herstellen, beschreibt die emotionale Erfahrung, die immer da ist, wenn zwei Personen oder zwei Teile einer Person miteinander in Beziehung treten. Bion unterscheidet drei große Gruppen von Emotionen, die er „Liebe", „Haß" und „Wissen" nennt. Schmerz und Frustration sind somit wesentliche Grundlage von Denken und Wissen.

Der ödipale Mythos ist ein Illuminierung der sexuellen Entwicklung, in der die Elemente der Probleme des Wissens, der Liebe und des Hasses verschränkt auftreten – ein Modell der geistigen Entwicklung durch eine Haltung der Neugierde. Stimulierte Neugierde sucht nach Wissen. Intoleranz gegenüber Schmerz und Angst vor dem Unbekannten stimuliert solche Handlungen, die die Suche zu vermeiden, zu vernichten oder zu neutralisieren fördern. (Bion 1992, 102)

Die Anerkennung der elterlichen Beziehung ist einerseits schmerzlich, andererseits stellt sie aber die Basis für Reflexion und Beobachtung dar. Dies ermöglicht somit nicht nur in einer Beziehung zu sein, sondern auch die Beobachterposition zu einer vom Beobachter unabhängigen Paarbeziehung einzunehmen sowie auch von einer dritten Person beobachtet zu werden. Britton meint, „die Fähigkeit, eine gute elterliche Beziehung zu sehen, beeinflußt die Entwicklung eines Raumes außerhalb des Selbst, der beobachtet werden kann und über den nachgedacht wird, was dann die Basis für den Glauben an eine sichere und stabile Welt ermöglicht". (Britton 1989, 87) Diese Distanzierungsmöglichkeit als Beobachter oder im Wissen von einer dritte Person in einer Beziehung beobachtet zu werden, stellt zugleich den Prototyp der Selbstreflexion dar. Indem wir diese Position des Beobachters eingenommen haben, können wir uns auch zu uns selbst in Distanz setzen, d. h. über uns selbst aus der Position eines Beobachters nachdenken. Die ödipale Triangulation stellt so ein Modell dar, uns selbst in Interaktion mit anderen zu erleben und gleichzeitig uns selbst aus einem anderen Blickwinkel, nämlich jenem des Beobachters, zu sehen, d. h. über uns selbst nachzudenken.

Ist die Vorstellung von der elterlichen Vereinigung jedoch nicht als Mischung von Liebe und Haß, sondern als eine bedrohliche Gefahr besetzt, so ist damit auch die Fähigkeit über sich nachzudenken beeinträchtigt. Es gibt dann nur entweder eine Beziehung, in der ich Teil bin, oder Feinde und Gegner, die mich verfolgen. Die Distanzierung eröffnet auch die Möglichkeit, von der subjektiven Befindlichkeit Abstand zu nehmen und die eigene Situation objektiv zu sehen. Erst so ist es möglich, eine Differenz des Erlebens und der objektiven Situation herzustellen, z. B. zu verstehen, ob die eigenen Gefühle realitätsgerecht oder verzerrt sind. Psychotische und gestörte Patienten können nicht über sich nachdenken und können es in der psychotischen Phase nicht tolerieren, wenn der Analytiker es kann.

Wenn eine gute Mutter-Objektbeziehung verinnerlicht wurde, ermöglicht diese dem Kind, das Ausgeschlossensein aus der elterlichen Beziehung zu tolerieren. Die Neugierde des Kindes richtet sich dann auf die Erforschung der ödipalen, elterlichen Beziehung. Die Art und Weise, wie in der kindlichen Vorstellung die elterliche Vereinigung besetzt wird, modelliert auch die Bedeutung des Denkens als Verbindung von Gedanken und Ideen. Wird die Verbindung harmonisch und kreativ gesehen, so wird das direkt mit der Vorstellung verbunden, seine eigenen Gedanken und Ideen könnten sich in einer gesunden Form verbinden und Neues entstehen lassen. Zusammenfassend läßt sich sagen, daß in der Weiterentwicklung psychoanalytischen Denkens nach wie vor der ödipalen Phase, die jedoch auf der ersten Objektbeziehung aufbaut, zentrale Bedeutung beigemessen wird. Es geht um die Erweiterung von einer idealisierten Zweierbeziehung zwischen Mutter und Kind zu einer differenzierten Interaktion in einer Triangulation. Die kulturellen Unterschiede zwischen den Geschlechtern werden in der Vorstellung des Kindes in symbolischer Form an den körperlichen Unterschieden festgemacht. Der Vorschlag, die spezifischen Erlebnisformen der Frau stärker in der psychonalytischen Theorie zu berücksichtigen, stößt auf ein sprachliches Problem. Es gibt kein Wort für die symbolische Darstellung der Vulva, die in Analogie zum Wort „Phallus" oder „phallisch" verwendet werden könnte, der ja in der Unterscheidung zu „Penis" die bildliche Darstellung des männlichen Organes bezeichnet. So definieren Laplanche und Pontalis „Phallus" folgendermaßen: „In der Psychoanalyse unterstreicht die Anwendung dieses Ausdrucks die symbolische Funktion des Penis in der intra- und intersubjektiven Dialektik, während der Ausdruck ‚Penis' vielmehr dazu dient, das Organ in seiner anatomischen Realität zu bezeichnen." (Laplanche/Pontalis 1982, 385) Unter dem Begriff „Vulva" oder „Vagina" gibt es keine Eintragung im „Vokabular der Psychoanalyse". Dieses sprachliche Dilemma drückt sich dann darin aus, daß die Demonstration der Macht von Frauen, auch wenn sie in ihrer Fähigkeit Kinder zu haben demonstriert wird, als „Phallus" der Frau bezeichnet wird. Es gilt dann jeweils mitzudenken, daß damit die gesellschaftlich dem Mann zugeschriebene Macht- und Prestigeattributierung gemeint ist.

Bei den interviewten Personen und den geschlechtshomogenen Subgruppen bildete sich nicht e i n typisches ödipales Konfliktmuster heraus. Trotz der Verschiedenartigkeit der Familiendynamik zeigte sich jedoch bei der Analyse der Daten eine Tendenz, nämlich eine große Spannung, die auf ungelöste ödipale Konflikte zurückgehen dürfte: es existierten starke Rivalitätskonflikte, der Wunsch die oder der Beste zu sein, um über Leistung Zuwendung zu erringen, sodaß ich diese Tendenz als erstes Strukturelement des Antriebs zur beruflichen Karriere bezeichnete.

Da die ödipalen Konflikte bei den Interviewten nur unzureichend gelöst wurden, blieben Unsicherheit, unerfüllte Wünsche oder Schuldgefühle zurück, die durch besondere Leistung beruhigt werden sollten. Es läßt sich jedoch nicht argumentieren, daß eine bestimmte Konstellation günstige und eine andere pathologische Entwicklungen bewirke, ohne die gesamte Lebens- und Erziehungssituation zu beleuchten. Die verschiedenen Muster sollen anhand der biographischen Daten im nächsten Teil darstellt werden. Zur Verdeutlichung der Differenzierung der Stichprobe der Karrierefrauen und -männer soll eine gegensätzliche Personengruppe, nämlich die sozialen Verhaltensweisen von Verwahrlosten, beleuchtet werden.

Verwahrloste fallen durch Arbeitsscheue, häufigen Wechsel des Arbeitsplatzes, Hemmunglosigkeit, einen gesteigerten Lusthunger, Heuchelei und Mißtrauen auf. Sie haben eine geringe Fähigkeit, Triebregungen zu unterdrücken und sie von primären Zielen abzulenken. Typische pathologische Reaktionen stellen selbstschädigendes Verhalten dar, das sich durch Mißerfolg, Aggressionshemmung, Außenseiterrollen, Delinquenz und andere Formen der Selbstbestrafung zeigten. Durch diese – von der Person unbewußt inszenierten – Formen des Scheiterns sollen innere Konflikte durch äußere Bestrafungen „gelöst" werden. Aichhorn beschreibt in seinem klassischen Buch über „Verwahrloste Jugend" (1951) verschiedene Ursachen der inneren Konflikte. Er stellt anhand von konkreten Fällen den „Verwahrlosten aus zuviel Liebe" dar, wobei meist der andere Elternteil durch übermäßige Strenge ein Wechseln von Verwöhnen und Verbieten bewirkt. Eine zu enge Bindung erzeugt beim zweiten Typ innere Konflikte, da die Liebesbeziehungen zugleich verboten sind. Der dritte Typ ist der Jugendliche, dessen Kindheit durch unbefriedigt gebliebene Liebesstrebungen gekennzeichnet ist und der deshalb in offenem Konflikt mit der gesamten Umwelt steht. Auch Aichhorn nennt eine Bandbreite von verschiedenen Grundmustern, die zu Verwahrlosung führen können. Im Unterschied zu den untersuchten Erfolgreichen haben die Verwahrlosten keine Hoffnung, in der Rivalität zu gewinnen, sie sind mißtrauisch und haben innerlich aufgegeben, sind aggressiv und enttäuscht. Es ist daher offensichtlich nicht determinierend, welche ödipale Konstellation ein Kind erlebt, sondern es kommt auch noch auf andere Merkmale an. Ich komme daher zur zweiten Dimension, die die Entwicklung der Erfolgreichen beeinflußt:

2.2. Strukturelement: Die Akzeptanz durch die Eltern und Leistungsorientierung

Wie hängen Leistungsorientierung und Akzeptanz durch die Eltern zusammen? Der Leistungsfähigkeit und Erfolgsorientierung liegt eine grundsätzlich positive Erwartung zugrunde, nämlich Erfolg zu haben. Die Erfolgreichen nehmen günstige Gelegenheiten wahr und ergreifen sie. Auch von Hindernissen lassen sie sich nicht gleich von ihrer Zielsetzung abhalten. Mißerfolgsorientierte Menschen dagegen nehmen günstige Situationen selten oder gar nicht wahr, da sie innerlich nicht daran glauben, daß ihnen etwas gelingen könnte. Sie geben sozusagen schon auf, bevor sie begonnen haben. Sie haben kein Selbstvertrauen, erwarten von sich selbst nicht, etwas zu können. Diese Grundhaltung überträgt sich auch auf neue Aufgaben, die sie sich nicht zutrauen. Neugierde und Aktivität sind gehemmt. Bei der untersuchten Gruppe jedoch finden wir Selbstsicherheit, Zuversicht und eine gewisse Frustrationstoleranz. In soziologischen Untersuchungen wird das „eindrucksvolle Image" einer Managerin oder eines Managers durch

"Selbstvertrauen, sicheres Auftreten und Zuversicht" (Morrison et al., 1987, 92) beschrieben. Selbstvertrauen ermöglicht es, Fehler einzugestehen, Feedback anzunehmen und auch eigene Schwächen zu sehen. Wie entsteht eine solche Grundhaltung, Zuversicht zu haben, Risken eingehen zu können und Frustration und Mißerfolge auszuhalten, ohne sich entmutigen zu lassen?

Die Psychoanalyse nimmt an, daß für die Entwicklung des Selbstvertrauens die Einstellung der Eltern zu ihrem Kind ausschlaggebend ist. Für die Entwicklung des Selbstbewußtseins eines Kindes ist die Reaktion der Eltern auf das Verhalten des Kindes von eminenter Bedeutung. Nur wenn das Kind spürt, daß die Eltern Freude an seiner Existenz haben, kann es zu sich selbst eine positive Haltung entwickeln. Winnicott spricht vom "Glanz in den Augen der Mutter", wenn die Mutter das Baby betrachtet. Je jünger das Kind ist, umso deutlicher muß es die positive Einstellung der Eltern spüren. Wenn das Kind die Erfahrung macht, daß es mit dem, was es tut, den Eltern Freude bereitet, vermittelt dies dem Kind das Gefühl der Wichtigkeit, Quelle für die Freude der Eltern zu sein. Erikson spricht vom "Urvertrauen", das das Kind durch die Zuwendung der Eltern enwickelt, oder vom "Urmißtrauen", wenn es sich abgelehnt fühlt. Psychologisch gesehen heißt das, daß die Eltern dem Kind die notwendige Erfahrung liefern, um seinen Narzißmus, d. h. seine Eigenliebe, zu entwickeln.

In einer Längsschnittuntersuchung von 21 Kleinkindern während ihrer ersten zwei Jahren über einen Zeitraum von 25–30 Jahren definierte E. V. Demos (1989) Variablen, um die psychische Organisation zu verstehen, die Ausdauer und Widerstandskraft "Unverwüstlichkeit" erfaßt. Unter "Unverwüstlichkeit" ("resiliance") versteht sie die Fähigkeit, sich von Enttäuschungen, Hindernissen und Rückschlägen zu erholen und nicht aufzugeben. Bei den Familiencharakteristika wurde als wichtiger Faktor das Eingehen der Pfegeperson auf die einmaligen und besonderen Charakteristika des Kleinkindes hervorgehoben. Aufbauend auf der Akzeptanz des Kindes kann dann eine optimal anregende Umgebung für das Kind geschaffen werden. Wenn das Zusammenpassen auf der Wahrnehmung und Wertschätzung des Babys als einem autonomen und einzigartigen Wesen, d. h. auf einem empathischen Verstehen und Unterstützung beruht, dann sind die Entwicklungschancen für Ausdauer und die Fähigkeit nicht aufzugeben sehr hoch. Ein gutes Zusammenpassen zwischen Eltern und Kind kann auch darauf beruhen, daß das Kind ähnliche Eigenschaften wie die Eltern hat, die sich dann eher mit dem Kind identifizieren als sich einfühlen können. In diesen Fällen wird nur die ähnliche Eigenschaft anerkannt und unterstützt, davon sich unterscheidende jedoch werden vernachlässigt. Manche Eltern verfügen über eine „selektive Empathie", abhängig von besonderen Umständen und dem Kontext. Wenn das Kind unterschiedliche Eigenschaften hat und die Eltern über kein Einfühlungsvermögen verfügen, gibt es verschiedene Ergebnisse; so kann eine überängstliche und vorsichtige Mutter ihr aktives und kräftiges Baby so behindern, daß es eher rastlos verschiedene Dinge nimmt, statt sie wirklich zu untersuchen und zu erforschen.

Die interviewten Personen fühlten sich von einem oder beiden Elternteilen erwünscht und geliebt. Die Eltern erwarten, daß sie etwas können und legten so den Grundstein für eine Erfolgsorientierung. Sie erlebten also als Kinder, daß sie den Eltern oder zumindest einem von ihnen, durch ihre guten Leistungen eine narzißtische Gratifikation verschaffen konnten. D. h., die Eltern waren im Grunde sehr stolz auf ihre Kinder und konnten am erreichten beruflichen Erfolg Anteil nehmen. In den Interviews wurde berichtet, daß die Eltern mit ihnen viel spielten, sie ermutigten und darauf vertrauten, daß sie Dinge gut machten, gute schulische Leistungen erbrachten. Psychologisch verstehe ich die Entwicklung so, daß sie das verinnerlichten und so ihre Selbstsicherheit als Erwachsene erhöht wurde. Bei der Erfolgsorientierung gibt es eine ähnliche Wechselwirkung wie beim Mißerfolg. Es gibt nichts, was Erfolg mehr fördert als Erfolgserlebnisse. Existiert eine grundsätzliche Erfolgserwartung, so werden auch Hindernisse und Schwierigkeiten nicht gleich als abschreckend erlebt, sondern sie können einen besonderen Ansporn darstellen, eine Aufgabe trotzdem zu bewältigen. Damit werden Kampfgeist, Risikobereitschaft und Ausdauer stimuliert, die bei den Interviewten beider Berufsgruppen sichtbar wurden. Das Erbringen von Leistung kann ein Ventil für innere Spannungen sein, wenn es gelingt, Triebansprüche zu sublimieren, d. h. sie in sozial hochgeachtete Tätigkeiten umzusetzen. Der Vorteil der Sublimierung besteht darin, daß durch die Modellierung die Spannung teilweise abgeführt und befriedigt werden kann und nicht nur verdrängt oder aufgeschoben wird. In der ödipalen Phase kann die Konkurrenz durch besondere Leistungen ausgelebt werden. So berichteten einige der Untersuchten, daß sie als Jugendliche an sehr vielen Sportwettkämpfen, z. B. Fußball, teilgenommen hatten. Bei sportlichen Wettkämpfen werden innere Konflikte projiziert und so in die Außenwelt verlagert. Im Wettkampf zu gewinnen bedeutet, den inneren Rivalen zu besiegen. Durch die Projektion nach außen und die Verschiebung auf einen Altersgefährten wird die neurotische innere Angst in eine bewußte Angst vor einer Niederlage verwandelt. Die Stärke der unbewußten Konflikte zeigt sich an der Erregung und Spannung, die Sportereignisse bei Zuschauern und Teilnehmern hervorrufen. Leistung ist andererseits auch ein Mittel, um die besondere Zuwendung des begehrten Elternteils zu erringen. Ist das Gewinnen und Erfolg-Haben unbewußt als Besiegen des gleichgeschlechtlichen Elternteils besetzt, so kann der Sieg und Erfolg mit unbewußten Schuldgefühlen verknüpft werden. Vor allem Frauen empfinden nach Chasseguet-Smirgel (1974) der Mutter gegenüber intensive Schuldgefühle, die sie an der Selbstentfaltung und dem Erringen öffentlicher Anerkennung hindern. Die Schuldgefühle der untersuchten beruflich Erfolgreichen, die aus dem Wunsch entstehen, ihre Eltern zu übertreffen, sind gemildert durch die Freude und die narzißtische Befriedigung, die sie ihren Eltern verschaffen. Verschärft werden ödipale Rivalitätskonflikte dann, wenn die Eltern die Kinder real beneiden und ihnen keine unabhängige Entwicklung gestatten.

Eine Subgruppe innerhalb der Stichprobe, die weniger Autonomie zu dem für sie emotional wichtigen Elternteil gewinnen konnte, erlebte ihren eigenen Erfolg als Stellvertreterinnen oder Stellvertreter dieses geliebten Elternteils. Was sie aber von pathologisch symbiotischen Verbindungen unterschied, waren ihre real existierenden Fähigkeiten und die Veranlagung, den von den Eltern gewünschten Studien- und Berufserfolg erringen zu können. Aus klinischem Material kennen wir Fehlentwicklungen, die aus der Diskrepanz der elterlichen Erwartungen und den nicht ausreichenden individuellen Anlagen und Fähigkeiten entstehen, wenn Eltern ihre Kinder zum Beispiel zu künstlerischen Betätigungen drängen, die diese überfordern.

Das Erziehungsverhalten der Eltern der Interviewten war durch Klarheit und Konstanz gekennzeichnet. Die Kinder wußten genau, was erlaubt und was verboten war. So unterschiedlich der Umgang mit Strafen und Geschlagenwerden war, so erfolgte die Strafe nicht willkürlich und im Affekt, sondern begründet. Die Kinder verstanden, daß sie eine Regel verletzt hatten. Sie konnten auch gegen rigide Normen und Vorschriften rebellieren, aber alle Interviewten stimmten darin überein, daß die Eltern die Erfüllung der Normen und Vorschriften wichtig genommen hatten und selbst den Normen entsprechend lebten. Die Normen von Ordnung und Regelmäßigkeit wurden von den Eltern in ihrer Kleidung und der Haushaltsführung selbstverständlich vorgelebt und von den Kindern ebenso erwartet.

In der Untersuchung von Demos über Ausdauer wird der Flexibilität der Eltern im Umgang mit Problemen besondere Bedeutung beigemessen. Die Art und Weise, wie mit unterschiedlichen Wünschen von Eltern und Kind umgegangen wird, stellt ein wichtiges Lernfeld für Kleinkinder dar, da das Kind an seinen eigenen Plänen und Initiativen emotional sehr interessiert ist und es wichtig ist, was passiert. Wie die Eltern mit den Aktivitäten des Kindes umgehen, gibt dem Kind Informationen darüber, ob die Initiativen geschätzt und respektiert werden. Es lernt dabei, „ob und wie solche Unstimmigkeiten und Unterschiede gelöst und verhandelt werden, sowie über den Stil der Verhandlungen und der Reichweite der möglichen Lösungen und Kompromisse". (Demos 1989, 11) Da solche Unstimmigkeiten im Alltag dauernd vorkommen, bringt ihre Wiederholung eine starke Verfestigung. Flexible Eltern, die sich nicht in Kämpfe mit dem Kind verstricken, sondern alternative Lösungen finden können, die eine Würdigung des ursprünglich vom Kind Gewollten als auch einen Kompromiß darstellen, vermitteln dem Kind, daß seine Wünsche ernst genommen und geschätzt werden, daß Probleme gelöst werden können und daß es verschiedene Formen gibt, ein Ziel zu erreichen. Eltern, die das Leben als Kampf betrachten, fassen jede Aktivität des Kindes als Anlaß auf, den Kampf zu gewinnen. Sie treten dem Kind als eine gemeinsame Front entgegen, treten mit großer Vehemenz auf und beschämen oder demütigen das Kind, um die Oberhand zu bekommen. Ein Kind in der genannten Untersuchung gab bei solch unflexiblen Eltern eigene Aktivitäten bald ganz auf, wurde lustlos und ein schlechter Esser und schlief unruhig. Ein anderes Kind, dessen Eltern ebenso unflexibel waren, es schlugen und anschrien, es isolierten und mit Liebesentzug betrohten – also ein Verhalten anwandten, das nur Unterwerfung oder Trotz erlaubte – nützte die langen Perioden des Alleinseins, um dann ungestört seine eigenen Pläne und Aktivitäten auszuführen. Zwischen diesen beiden Polen des Reagierens auf unflexible Eltern gibt es eine Vielzahl von Zwischenformen.

Ganz anders wird der Umgang der Eltern mit verwahrlosten Jugendlichen beschrieben. Charakteristisch ist ein Wechsel des Erziehungsverhaltens und ein Schwanken des Gefühls von Ablehnung und Verwöhnen. Ich möchte zum Vergleich die Grundkonstellation von Problemfamilien anführen (vgl. Goldbrunner 1989, Moser 1987). Die Familien sind durch häufige Kontaktabbrüche, Trennung der Eltern sowie einen abrupten Wechsel zwischen Nähe und unbeteiligter Distanz gekennzeichnet. Die Eltern sind getrennt oder leben, wenn sie zusammenbleiben, in einer Art Haßliebe, die durch Phasen des Streits und der Versöhnung charakterisiert sind. Während der Streitphasen wird das Kind mit Versprechungen und Liebesbezeugungen von beiden Seiten manipuliert, um Bündnispartner zu werden, in Phasen der Versöhnung wird es vernachlässigt. Die Kinder spüren nicht, daß sie eine konstante Zuwendung erhalten, und versuchen durch negative Verhaltensweisen Aufmerksamkeit zu erzwingen. Das Verhalten wird für das Kind völlig unberechenbar, da unbeteiligtes Nebeneinander, intensive Zärtlichkeit, Streit und Beschimpfung in kürzesten Zeitabständen wechseln. Die Mutter ist nicht in der Lage, auf die Durchsetzung von Normen zu achten.

Das Erziehungsverhalten schwankt zwischen lax und straffreudig. Es gibt keine klaren Strafen für ein bestimmtes Verhalten. Am Verhalten der Kinder wird genörgelt, und sie werden mit massivem Liebesentzug bedroht. Das Kind wird unkontrolliert und aus dem Affekt heraus geprügelt. Als „Wiedergutmachung" und aus Schuldgefühl wird das Kind dann mit Geschenken oder Liebkosungen überschüttet. Die Beachtung/Einhaltung von Normen, die die Eltern verbal von den Kindern fordern, wird von den Eltern selbst in keiner Weise erfüllt. Durch große räumliche Nähe wird notwendige minimale Distanz verhindert, die zur inneren Ruhe und zum Rückzug notwendig wäre. Die wirtschaftlich beengten Verhältnisse zeigen sich in unordentlicher, herabgekommener Einrichtung und Haushaltsführung sowie Kleidung der Eltern der Verwahrlosten. Diese sind auch unfähig, mit alltäglichen Aufgaben (z. B. Geldverwaltung, Haushaltsführung) fertig zu werden. Die Kinder lernen die Welt von einer entmutigenden Seite kennen – sie wissen, daß man Menschen nicht trauen kann, daß Menschen von Grund auf selbstsüchtig sind und nur auf ihre eigenen Interessen achten. Sie sind defensiv und mißtrauisch. Die täglichen Mißerfolge sind nur zu ertragen, indem unrealistische Wünsche, Ideen und Vorsätze als Möglichkeiten phantasiert werden. Ich werde in der konkreten Beschreibung der Familienverhältnisse der Interviewten zeigen, wie bei manchen Befragten einige der für Verwahrloste typischen Verhaltensweisen auftauchen, die aber durch eine sichere Basis der Akzeptanz und ein Sich-geliebt-fühlen aufgewogen werden und so ein gewisses Maß an Selbstvertrauen sicherstellen.

2.3. Strukturelement: Modellwirkung der Eltern

Als drittes Element, das die innere Realität der Untersuchten formte, ist die von den Eltern vorgelebte Durchsetzungsfähigkeit und Ausdauer zu nennen. Auch in Krisen und schwierigen Lebenssituationen gaben sie nicht auf, sondern kämpften weiter. Die Arbeit war das Mittel, den Lebensunterhalt für Mutter und Kind oder die Familie sicherzustellen oder sich aus Armut zu befreien. Alle Interviewten beschrieben die Arbeitshaltung ihrer Eltern (und meist auch der Großeltern) als asketisch. Die Arbeit stand im Mittelpunkt des Lebens, Redlichkeit, Anständigkeit und Verläßlichkeit zählten. Diese Werte und Grundhaltung wurden durch das Leben der Eltern als selbstverständliche Norm vermittelt. Die Interviewten respektierten ihre Eltern – auch wenn sie konfliktreiche Beziehungen hatten – nicht wegen der Überlegenheit ihren Kindern gegenüber, sondern für die Überlegenheit, mit der sie ihr eigenes Leben gestalteten. Gerade das Meistern von Schwierigkeiten, das Umgehen mit Krisen, Rückschlägen und Fehlern ohne aufzugeben, vermittelt den Kindern ein Modell von Durchhaltevermögen. Triebwünsche wurden von der Eltern- und Großelterngeneration stark kontrolliert. Es herrschte überwiegend Sparsamkeit und Askese. Selbstbeherrschung und Verantwortungsbewußtsein wurde von den Eltern vorgelebt und von den Interviewten internalisiert. Selbst wenn sie diese strenge, kontrollierende Erziehung als einengend bezeichneten, lebten sie selbst überwiegend danach. Es gelang nur schwer, weniger kontrolliert und mehr lust- und genußorientiert zu leben. Psychologisch handelt es sich bei der asketischen Grundhaltung um eine Abwehr starker Triebwünsche, die in ihr Gegenteil verkehrt werden aus Angst, bei ihrer Befriedigung die Kontrolle zu verlieren. Oft wurde die Großelterngeneration als Leitbild dargestellt. Die Offenheit, mit der die Interviewten über deren oft schwierige und ökonomisch beengte Lebenssituationen sprachen, zeigte die emotional positive Bedeutung der Großeltern. Wenn der Kampfgeist einer Familie eine ausschlaggebende Bedeutung für berufliche Karriere und Aufstiegswillen ist, dann ist verständlich, daß auch Personen aus der sozialen Unterschicht in Top-Positionen gelangen. Dieses Ergebnis stellt eine Differenzierung empirischer Untersuchungen dar, aus denen hervorgeht, daß Führungskräfte vorwiegend aus der Mittelschicht stammen, die bürgerliche Tugenden hochhält.

Kinder reagieren weniger auf verbale Gebote und Ermahnungen als auf das, was sie als Verhalten wahrnehmen. Ein wichtiger Faktor für Ausdauer ist die Fähigkeit einer Familie Probleme innerhalb ihres originären Kontextes zu belassen und sie nicht auf andere Bereiche zu übertragen. Z. B. einen Kampf ums Schlafengehen nicht auf andere Aktivitäten des Kindes zu übertragen; also nicht während des Tages auf das Kind schon ärgerlich zu sein, weil es vielleicht am Abend schwer einschlafen wird. Ein Vergleich mit Verwahrlosten zeigt, daß eine Diskrepanz von geäußerten Normen und tatsächlich gelebten zu großer Verunsicherung und Mißtrauen bei Kindern führt. Untersuchungen haben gezeigt, daß bei Problemkindern die Eltern unterschiedliche Wertvorstellungen vertreten oder ihre Einstellungen häufig ändern. Sie leben selbst nicht nach den propagierten Werten, die sie den Kindern beizubringen versuchten. (Bettelheim 1987, 116) Kinder identifizieren sich dann mit der Unbeständigkeit der Eltern. Wenn Eltern ihre eigenen Probleme nicht lösen können, können sie auch ihren Kindern bei der Bewältigung deren Probleme nicht helfen.

2.4. Strukturelement: Umgang mit Autorität

Die vierte relevante Dimension betraf die Haltung gegenüber Autoritäten, die sich im unterschiedlichen Grad der Autonomie darstellte. Die Untersuchten in der Wissenschaft und im Management benötigen ein gewisses Maß an Kreativität und Unabhängigkeit, um Neues zu entwickeln. Die im Interview gewonnenen Daten zeigten verschiedene Formen, gegen Autoritäten zu rebellieren, oder eine weitgehende Anpassung, die aber auch eine teilweise Loslösung von den Eltern ermöglichte. Hier zeigte sich eine geschlechtsspezifische Tendenz, die den Vorurteilen über typisch weibliches Verhalten widersprechen. Es waren in der Mehrzahl die interviewten Frauen an der Universität und im Management, die auf verschiedenen Ebenen in wichtigen Angelegenheiten gegen einen expliziten Wunsch der Eltern gehandelt hatten. Die Männer der Stichprobe beschrieben sich dagegen als autoritätsgläubig und angepaßt an die elterlichen Normen. Doch auch bei denen, die sich als angepaßt und autoritätsgläubig bezeicheten, fanden sich Elemente der Autonomie und Nonkonformität. Oft wurde die teilweise Loslösung von den elterlichen Normen durch das Studium oder später den Beruf ermöglicht, wie es etwa im Fallbeispiel von Hermann sichtbar wurde, der zum Studium in eine andere Stadt zog. Auch die geographische Distanz durch Studienaufenthalte im Ausland oder berufliche, internationale Mobilität erlebten einige der Interviewten als Zeit der Profilierung. Die intellektuelle Beschäftigung mit einem Inhalt kann als Aneignung eines selbständigen Bereichs Bedeutung haben, gerade wenn emotional eine enge Verwobenheit mit einem Elternteil besteht.

Eine wichtige Form der intellektuellen Autonomie stellte das Lesen dar. Alle Interviewten berichteten, daß ihnen von den Eltern vorgelesen wurde und sie selbst sehr viel lasen. Sie erlebten das Interesse der Eltern an intellektuellen Fragen und fanden so selbst einen Zugang dazu. Besonders das Erzählen von Märchen spricht das magische Bewußtsein der Kinder an und ermöglicht es ihnen, unbewußte Konflikte in der Vorstellung auszuleben, ohne Schuldgefühle dafür empfinden zu müssen. Bettelheim hat auf die Bedeutung der Märchen für Kinder hingewiesen (1977), da sie Lesen und Vorlesen als mächtigen Zauber empfinden, der ihre Phantasie anregt. Das Kind entwickelt dann den Wunsch, diese spannenden Geschichten auch selber lesen zu können und damit unabhängig von den Erwachsenen zu werden. Das Lesen und die Bücher wurden besonders von den Frauen und Männern in der Wissenschaft emotional sehr hoch besetzt. Das Buch erlaubt es, sich mit den Personen der Handlung zu identifizieren und bildet so ein Ventil für unbewußte Konfliktaustragungen, Eroberungsvorstellungen und Wunscherfüllungen durch eine Identifikation mit heroischen historischen Personen. Das Lesen von Büchern ermöglicht eine von den Eltern unabhängige Form der Wissensaneignung. Die interviewten Personen hielten diese Vorliebe fürs Lesen ihr Leben lang bei. Zum Teil bedauerten sie es, daß sie wegen der vielen beruflichen Verpflichtungen nicht mehr so viel zum Lesen kamen.

Die Förderung im Spiel durch die Eltern und die Teilnahme an Gemeinschaftsspielen legte bei den meisten Interviewten eine Mischung von lustvollen und schmerzlichen Formen der Konkurrenzaustragung zugrunde. Die Arbeit und der berufliche Erfolg besaß bei fast allen auch spielerische Qualität. Erfolg im Beruf vermittelt dann das Gefühl, etwas zu können, eine Funktionslust, die auf die frühe Form der Körper- und Muskelbeherrschung zurückgeht. In sublimierter Form zeigt sich die Lust daran, eine Tätigkeit zu beherrschen und Ideen zu haben. Es ist hier die enge Verflechtung von kindlichen Verhaltensweisen im Spiel und beim Lesen und deren unbewußte Bedeutung nachvollziehbar.

Die vier Dimensionen sind eng miteinander verschränkt. Im nächsten Abschnitt möchte ich das konkreten Material aller Interviews auswerten. Bei der Beschreibung der vier relevanten Elemente der „inneren Realität", die für den Antrieb zur beruflichen Karriere bestimmend gewesen sein dürften, mußte von individuellen Entwicklungen abstrahiert werden. Ich möchte daher noch einmal darauf hinweisen, daß bei einer qualitativen Untersuchung von 30 Personen keine Verallgemeinerung auf die gesamte

Population vorgenommen werden kann. Es kann sich lediglich um das Herausarbeiten von Mustern und Tendenzen innerhalb der Stichprobe handeln, die allerdings nicht auf einer idealtypischen Konstruktion, sondern auf den biographischen Daten beruhen.

3. Lebenssituation der Untersuchten (äußere Realität)

Vor der Darstellung der Muster der inneren Realität der Interviewten soll zunächst deren äußere Lebensrealität, ihr Karriereverlauf, ihre Arbeitssituation und ihre familiäre Herkunft beschrieben werden, die den Rahmen für die Darstellung ihrer gefühlsmäßigen Entwicklung bildet. Die mehrgenerative Familiendynamik der Interviewten beleuchtet zugleich auch die soziale, politische und historische Entwicklung Österreichs in den letzten Jahrzehnten. Die breit gestreute soziale Herkunft der Interviewten läßt zudem eine Differenzierung sozialer Mobilitätstheorien zu; es gilt nämlich zu zeigen, unter welchen besonderen Umständen ein sozialer Aufstieg möglich ist. Darüber hinaus können die biographischen Berichte nur auf dem Hintergrund der äußeren Daten in ihrer Bedeutung erkannt werden.

3.1. Demographische Daten

Soziale Schichtzugehörigkeit

Die interviewten Personen, die Spitzenpositionen im Management internationaler Konzerne und der Universität innehaben, stammen nur zu zwei Dritteln (20 von 30) aus der Mittelschicht und zu einem Drittel, das sind 10 Personen, aus der sozialen Unterschicht. Ich hatte angenommen, daß die Eltern der Untersuchten durchwegs aus dem Bürgertum, also aus ökonomisch gesicherten sozialen Verhältnissen stammen. Das Bild ist jedoch vielschichtig und entspricht nicht dem Stereotyp. Die Mittelschicht-Eltern der Untersuchten waren Beamte, Angestellte, Lehrer, Journalisten, Unternehmer, Offiziere und Ärzte. Die Unterschicht-Eltern waren Kleinbauern, Knechte, Tischlergesellen, Kleingewerbetreibende oder verarmte Kriegswitwen. Besonders groß ist der Unterschied zwischen der Elterngeneration und den Interviewten in bezug auf akademische Bildung. Von den Interviewten hatten fast alle (27 von 30) ein akademisches Studium abgeschlossen. In der Elterngeneration der Stichprobe hatten nur wenige (8 von 60) eine universitäre Ausbildung. Bezogen auf die Kriterien Bildung, Einkommen und Beruf sind alle Interviewten (mit einer Ausnahme) sozial aufgestiegen. Sie üben eine höher bezahlte Tätigkeit als ihre Eltern aus und haben mehr Einfluß in ihrer beruflichen Tätigkeit. Diese Ergebnisse sind erklärungsbedürftig, wissen wir doch aus anderen Untersuchungen, daß es in der Unterschicht ein eher distanziertes Verhältnis zu höherer Bildung gibt. Vor allem der Zugang von Kindern aus dem ländlichen Proletariat bedeutet das Überwinden einer doppelten Barriere, nämlich der regionalen und der schichtspezifischen. In dieser Stichprobe gelang diesen Personen der Zugang zur Universität durch die Vermittlung der Kirche. Der Pfarrer des Dorfes hatte sie gefördert, und die Kirche übernahm die Kosten für den Besuch des Gymnasiums, da sie für den Priesterberuf vorgesehen waren. Ein Manager, dessen Vater Eisenbahner war, schaffte das Studium, indem er sich als Werkstudent Geld verdiente. Der Tochter eines Tischlergesellen gelang der Zugang zum mittleren Management ohne akademische Ausbildung. Ganz gegen die Erwartungen der sozialen Prognose hatte sich der Vater einer anderen Interviewten, der selbst Universitätsprofessor war, vehement gegen das Studium seiner Töchter ausgesprochen und es zu verhindern versucht.

Position in der Herkunftsfamilie

Die Mehrzahl der Untersuchten sind erstgeborene Kinder (23 von 30), wobei die interviewten Frauen zur Hälfte Einzelkinder sind. Nur eine Manangerin kam aus einer großen Familie; sie war die fünfte von sechs Geschwistern. Erstgeborene Kinder erhalten meistens von den Eltern besondere Aufmerksamkeit und Zuwendung, die oft Ausdruck von Unsicherheit und unbewußten Ängsten sein kann. Die Eltern müssen sich erst beweisen, daß sie ihre Aufgabe als Eltern gut wahrnehmen, und so stehen sie selbst stärker unter Erfolgsdruck als bei weiteren Kindern. Die hohe Anzahl von Frauen als Einzelkinder in der Stichprobe macht die geringe rollenspezifische Erziehung der Eltern verständlich, die der einzigen Tochter offensichtlich jede Art der Förderung bieten wollten. Diese Interpretation darf aber wohl nicht dahingehend verallgemeinert werden, daß älteste Kinder generell mehr gefördert werden.[5]

---

[5] Als Gegenbeispiel dazu möchte ich eine meiner Patientinnen erwähnen, die sich als älteste Tochter von vier Kindern von den Eltern immer abgelehnt fühlte, da nur das jüngste Kind von der Mutter wirklich akzeptiert und gefördert wurde.

Die Größe der Herkunftsfamilie der Interviewten ist unterschiedlich. Neben der großen Gruppe von Einzelkindern gibt es einen Teil, der zwei Geschwister hat, und eine kleine Gruppe mit 4 Geschwistern, sodaß sich ein Durchschnitt von 2,5 Kinder pro Familie ergibt. Im Gegensatz zur Großelterngeneration, bei der der Anteil von unehelichen Kindern bei 40% liegt, sind alle Eltern der beruflich Erfolgreichen verheiratet bzw. verwitwet.

Altersstruktur der Untersuchten

Die Personen wurden nach dem Alter und ihrer beruflichen Position ausgesucht. Sie sollten zwischen 40 und 50 Jahre alt sein und ihre berufliche Ausbildung erst nach dem zweiten Weltkrieg begonnen und abgeschlossen haben. Es schien mir sinnvoll, eine möglichst homogene Alterskohorte heranzuziehen, da kriegsbedingt die Lebens- und Berufssituation in den Jahren zwischen den beiden Weltkriegen und während des 2. Weltkriegs nicht mit der Karriere im Wiederaufbau zu vergleichen ist. Wegen des geringen Anteils an Frauen in Spitzenpositionen der Universität und in multinationalen Konzernen wurde hier der Zeitraum erweitert. Es ergibt sich folgende Altersstruktur:

Geburtsjahr 1932–1938	8 Personen (6 Männer/2 Frauen)
Geburtsjahr 1939–1945	19 Personen (9 Männer/10 Frauen)
Geburtsjahr 1940–1950	3 Personen (1 Mann/2 Frauen)
insgesamt	30 Personen (16 Männer/14 Frauen)

Vor dem Zweiten Weltkrieg kamen 8 Personen zur Welt und während des Zweiten Weltkriegs die Mehrzahl, nämlich 19 Personen. Alle Personen wurden in Österreich geboren und sind österreichische Staatsbürger, d. h. es gibt keine Vertreter von ethnischen Minderheiten. Die enormen Belastungen des Krieges, Vertreibung, Tod und Verlust des Vermögens spiegelten sich in den Familiengeschichten wieder, die ich ausführlicher unter dem Punkt des geschichtlichen Hintergrunds der Alterskohorte und ihrer Eltern behandeln werde.

Familiensituation der Befragten

Die gegenwärtige Familiensituation zeigte erwartungsgemäß Unterschiede bei Männern und Frauen. Bei der Stichprobe der Männer war die Mehrzahl verheiratet (14 von 16), unter Einbeziehung der Zweitverheirateten. Die

Ehefrauen der interviewten Männer waren überwiegend als Hausfrauen tätig (13 von 16) und entlasteten die Männer fast vollständig von der Haushaltsführung. Bei den untersuchten Frauen war die Hälfte verheiratet (7 von 14), die andere Hälfte war geschieden oder ledig. Auch die Anzahl der Kinder war bei den männlichen Probanden mehr als doppelt so groß (29 Kinder) wie bei den untersuchten Frauen (12 Kinder), wobei die Hälfte der Frauen kinderlos war und nur zwei Frauen mehr als ein Kind hatten. Es zeigt sich hier eine ähnliche Tendenz wie bei anderen Untersuchungen; so fand Gallese bei der Untersuchung des Jahrgangs der Harvard Business School (n = 82) ein Drittel verheiratete Frauen, ein Drittel Ledige und ein Drittel Geschiedene. Nur 29% hatten Kinder, insgesamt gab es bei den Absolventinnen dieses Jahrgangs 38 Kinder, d. h. durchschnittlich 0,4 Kinder. (Gallese 1986, 250). In einer Untersuchung deutscher Universitätsprofessorinnen fand Bimmer 58% ledige, 31% verheiratete, 9% geschiedene und 2% verwitwete Frauen (n = 415), wobei allerdings die Altersstreuung wesentlich größer ist als in der hier vorgestellten Studie. (Vgl. Bimmer 1983, 163)

3.2. Zu historischen Situation in Österreich zur Zeit der Eltern der Befragten

Die Personen der Stichproben waren zur Zeit der Befragung zwischen 40 und 52 Jahre alt. Sie waren ausgewählt als Generation, die während oder nach dem zweiten Weltkrieg geboren waren. Die Schul- und Studienzeit lag daher bei allen in einer relativ ruhigen wirtschaftlichen Aufbauphase. Wenn ich versuche, die gemeinsamen Erfahrungen dieser untersuchten Gruppe und ihrer Eltern im historischen Kontext zu beschreiben, werden ganz verschiedene politische und soziale Aspekte sichtbar, die auf die unterschiedliche Herkunft verweisen.

Der Zusammenbruch der österreich-ungarischen Monarchie nach dem 1. Weltkrieg (1914–1918) prägte die Lebenssituation der Eltern der Untersuchten. Nach der Auflösung des multikulturellen Imperiums blieb ein Kleinstaat mit 7 Mill. Einwohnern zurück, an dessen Lebensfähigkeit es große Zweifel gab. Zu dieser Zeit war Wien ein „Schmelztiegel", in dem mehr als 2 Mill. Einwohner aus den ehemaligen Gebieten der Monarchie lebten. Die Großeltern der Untersuchten waren zu einem großen Teil Handwerker oder Kleinhändler aus Böhmen, Mähren, der Slowakei, Ungarn und Deutschland, die sich in Wien niederließen. Die Eltern stammten zum Teil aus sehr großen Familien mit durchschnittlich 6 Kindern, von denen einige früh verstarben.

Die Zwischenkriegszeit war durch ein zunehmendes Spannungsverhältnis zwischen Christlichsozialen und Sozialdemokraten gekennzeichnet, das sich 1934 in bürgerkriegsähnlichen Unruhen entlud. Die politische Haltung der Eltern wurde durchgehend als an Politik desinteressiert bezeichnet. „Politik hat in der Familie nie eine große Rolle gespielt", lautete eine typische Antwort. Die nationalsozialistische Partei, die zunächst vom austrofaschistischen Regime verboten worden war, betrieb den „Anschluß ans Deutsche Reich", der 1938 aus verschiedenen Motiven von der Mehrheit der Österreicher unterstützt wurde.

Der Nationalsozialismus und der Zweite Weltkrieg berührte und veränderte alle Familien. Die jüdischen Eltern der Untersuchten mußten aus Österreich fliehen oder untertauchen. Sie lernten einander im Exil kennen und kehrten nach dem Krieg gemeinsam nach Österreich zurück. Der Vater eines anderen Interviewten kam vom Balkan nach Wien. Er wurde ein überzeugter Nationalsozialist, meldete sich freiwillig zur SA, nahm an den grausamen „Strafaktionen" der SA gegen die „Partisanen" teil und wurde nach dem Krieg entnazifiziert. Der Sohn erzählt auch von seinen Erinnerungen an die Hungerzeit im Nachkriegs-Wien, in dem die Sterberate tatsächlich dreimal so hoch war wie sonst, wobei 80% der Verhungerten kleine Kinder waren. (Vgl. Bandhauer-Schöffmann/Hornung 1990)

Drei der Interviewten verloren ihre Väter im Krieg. Ihre Mütter blieben alleine und mußten sich und die Kinder durchbringen, d. h. sie lebten in äußerst beengten finanziellen Situationen. Ein anderer Manager beschrieb, wie seine Eltern politisch und rassisch Verfolgten bei der Flucht halfen. Er erinnerte sich an die damit verbundene Angst und Gefahr. Ein anderer Manager wiederum sah seinen Vater, der 1945 als deutscher Staatsangehöriger repatriiert wurde, zwanzig Jahre nicht mehr. Ein interviewter Universitätsprofessor begann seinen beruflichen Werdegang ab der Volksschule zu erzählen. Er wohnte als Kind nahe der ungarischen Grenze, wobei dieses Gebiet abwechselnd zu Österreich oder dem Großdeutschen Reich und dann wieder zu Ungarn gehörte. Damit änderte sich die Unterrichtssprache, sodaß er heute jeden ungarischen Text akzentfrei lesen kann – allerdings ohne die Bedeutung zu verstehen.

Diese historischen Splitter aus den Erzählungen der 30 Interviewten zeigen die Vielschichtigkeit der Auswirkungen historischer Ereignisse. Gemeinsam ist allen, daß die Eltern und Großeltern viele Krisen, Verlust des Vermögens, Vertreibung und Tod erlebt hatten, ohne aufzugeben oder zu resignieren. Egal wie bedrohlich die Ereignisse waren, herrschte der starke Wille, diese Schwierigkeiten selbständig zu überwinden. Wir werden sehen, daß dieses Erleben des erfolgreichen Überlebenskampfes der Eltern auch ein wichtiges Moment für die psychische Stabilität der beruflich Erfolgreichen darstellt.

Die Wiederaufbauphase in den 50er Jahren brachte Chancen für einen Aufstieg und Vermögensaufbau. Die vom Krieg zerstörten Häuser mußten wieder aufgebaut werden, sodaß viele Betriebe im Bausektor enorm expandierten. Die strukturellen Veränderungen – weg von Kleinbetrieben zu größeren Einheiten – bedeuteten den Niedergang und die Verarmung kleiner Gewerbebetriebe, die nicht konkurrenzfähig waren. Diese Eltern rieten ihren Kindern dringend, einen anderen Beruf zu ergreifen, ein Universitätsstudium zu machen. In der Gruppe der männlichen Manager gab es einige Beispiele von kleinen Gewerbetreibenden, die trotz enormen Arbeitseinsatzes nur mühsam die Existenz der Familie sichern konnten. So hatte der Vater eines Managers ein Papierwarengeschäft, die Mutter eines anderen Managers führte ein winziges Kerzengeschäft. Der Mutter einer Managerin gelang es jedoch mit einem Handarbeitsgeschäft soviel zu verdienen, daß sie noch ein zweites Geschäft aufmachen konnte.

Die untersuchte Gruppe beendete in den 60er Jahren ihr Studium und erlebt an der Universität und in der Computerbranche, aus der die Stichprobe ausgewählt wurde, eine enorme Expansion. Wir hören, daß jemand in einer Abteilung mit 6 Personen als Sekretärin zu arbeiten begann, die nach 10 Jahren 80 Personen umfaßte und von dieser Person geleitet wurde. Neue Aufgaben wie Ausbildung und Schulung wurden differenziert, neue Tochtergesellschaften vor allem in den östlichen Nachbarländern (von Österreich) führten zu einem Ausbau der Konzerne. Jeder dritte Mitarbeiter wurde in einem der untersuchten Konzerne in den letzten fünf Jahren auf neu geschaffenen Stellen eingestellt, erzählte ein interviewter Personalchef. An der Universität wurden neue Professorenstellen geschaffen, um die an die Universität strömenden Studenten ausbilden zu können. Dieses Wachstum stellte für alle eine günstige äußere Bedingung dar, die vor allem in den Frauenbiographien zu fast märchenhaft anmutenden Karrieren führten. So beschrieb eine Managerin ihren Statuswechsel von einer Sekretärin zur Sachbearbeiterin und schon zwei Jahre danach zur Managerin und Führungskraft. Es wurden eben Leute gesucht, die die Aufgabe übernehmen konnten und mit der Materie schon vertraut waren. Sie hatte als Sekretärin auch die Organisation der Auslandsmessen im Osten übernommen, und da sie diese Aufgabe sehr gut machte, wurde sie vom Chef als Sachbearbeiterin für diesen Bereich eingestellt. Bei einer Erweiterung dieses Bereichs wurde eine eigene Abteilung geschaffen. Eine andere Managerin, die als Mannequin gearbeitet hatte, wurde zur Organisation von Verkaufsmessen engagiert und übernahm später die Betreuung der Hostessen. Als ihr ein Posten in der PR-Abteilung dieser Firma angeboten wurde, nahm sie an. Obwohl sie nur eine Lehre als kaufmännischer Lehrling abgeschlossen hatte, gelangte sie durch ihre praktischen Erfahrungen auf den verschiedenen Stufen rasch in eine Führungsposition. Die dritte Managerin, die ohne Universitätsstudium in eine Top-Position gelangte, emigrierte zunächst nach Kanada. Dort wurde sie während eines Trainings in der Bank im Rahmen einer Umstrukturierung mit Managementaufgaben betraut, die sie unkonventionell und äußerst erfolgreich durchführte, sodaß sie eine Leitungsaufgabe übertragen bekam. Es ist wichtig zu verstehen, daß diese unkonventionellen Karrieremuster eher in Umbruchs- und Expansionsphasen auftreten.

3.3. Äußere Biographie der untersuchten Frauen und Männer

3.3.1. Erster äußerer Eindruck

Ein Element der geschlechtlichen Identität bezieht sich auf die äußere Erscheinung der Untersuchten, die auch den ersten Eindruck beeinflußt. Die Managerinnen präsentierten sich als attraktive Frauen. Sie waren schlank, modisch gekleidet im Kostüm oder Kleid, waren dezent geschminkt und trugen geschmackvollen Schmuck. Ihr gutes Aussehen und ihren Sexappeal setzen sie – wie sie nachher im Interview bestätigten – durchaus auch bewußt ein, um ihre Anliegen durchzusetzen. Der Stil der Frauen an der Universität war anders. Sie waren eher sportlich gekleidet, trugen überwiegend flache Schuhe. Bei den Professorinnen gab es auch eine kleine Gruppe derjenigen, die auf ihr Aussehen wenig achtete. Dieser Unterschied zwischen den beiden Berufsgruppen in der Kleidung und im Auftreten war jedoch geschlechtsunabhängig. Im Management gehört die äußere Form zur beruflichen Präsentation, die eingesetzt wird, um zu beeindrucken. Die Männer im Management tragen modisch geschnittene, meist dreiteilige graue Maßanzüge. An der Universität tritt die modische Kleidung in den Hintergrund. Die Universitätsprofessoren tragen entweder traditionelle Anzüge, eine sportliche Kombination oder einen Cord-Anzug.

3.3.2. Zum Aufstieg in Spitzenpositionen

Da die geschlechtsspezifischen und berufsspezifischen Besonderheiten des Karriereverlaufs in einem eigenen Abschnitt beschrieben werden, wird zunächst die Gesamtheit der Befragten in der Auswertung berücksichtigt.

Erwartungsgemäß stellt das Studium an der Universität für die meisten der untersuchten Frauen und Männer den ersten Schritt in der Karriere dar. Die meisten (24 von 30) begannen nach der Matura mit dem Studium, zwei übten vorher einen Beruf aus und studierten daneben, 3 Frauen studierten nicht. Eine von ihnen maturierte, die beiden anderen schlossen zunächst eine Lehre als Bürokaufmann ab. Diese Frauen begannen die Berufskarriere auf einer niedrigen Stufe als Sekretärin, als Betreuerin von Hostessen oder als Angestellte in einer kleinen Firma.

Über eine durchgängige Berufserfahrung verfügten alle Interviewten außer zwei Managerinnen, die einige Jahre ausschließlich als Hausfrauen tätig waren und erst später in den Beruf einstiegen. Zwei Universitätsprofessorinnen gingen zwar nach der Geburt eines Kindes ein Jahr in Karenz, arbeiteten aber auch während dieser Zeit weiterhin wissenschaftlich, publizierten und hielten Vorträge. Wie sah die berufliche Mobilität, und zwar sowohl bezogen auf die Zugehörigkeit zu einem Betrieb oder einer bestimmten Universität als auch in bezug auf Auslandserfahrungen aus?

Betrachtet man die Gesamtheit der 30 Interviewten danach, ob sie verschiedene Berufe ausübten oder in verschiedenen Firmen arbeiteten, so fällt eine große Kontinuität auf.

Gruppe 1: Berufserfahrungen ausschließlich in demselben System

Ein Typ von Interviewten sammelte alle Berufserfahrungen in demselben System, d. h. in demselben Großkonzern oder derselben Universität. Sie umfaßt ca. ein Drittel der Befragten (11 von 30), wobei drei Personen aus dem Management 8 aus der Wissenschaft gegenüberstehen. Berufswechsel oder Wechsel in verschiedenen Institutionen erfordert ein hohes Maß an Risikofreudigkeit und Planung. Die Persistenz läßt auf ein großes Sicherheitsstreben und Beharrungsvermögen schließen. Die Frauen (n = 5) sind in dieser Subgruppe etwa gleich stark vertreten wie die Männer (n = 6), sodaß bei der Mobilität zunächst eine gleiche Verteilung auftritt. Bei der Tätigkeit innerhalb des Konzerns wurden vielschichtige Aufgaben ausgeübt. So arbeitete Gudula immer im selben Konzern, zunächst als Sekretärin, dann als Sachbearbeiterin und jetzt als Führungskraft und Leiterin einer Abteilung. Die beiden Manager dieser Gruppe konnten durch Auslandsaufenthalte auch internationale Erfahrungen bei Tochterfirmen sammeln.

An der Universität hatte etwa die Hälfte der Befragten alle Berufserfahrungen ausschließlich an derselben Universität gesammelt, d. h. sie sind an dasselbe Institut als Professoren berufen worden, an dem sie Assistenten waren und habilitiert wurden. Diese „Hausberufungen" stellen die Gefahr dar, eine Versteinerung und Reproduktion wissenschaftlicher Zugänge zu perpetuieren.

Gruppe 2: Berufserfahrungen in anderen Betrieben

Ein kleine Gruppe war in anderen Firmen, anderen Universitäten oder Forschungsstätten tätig. Bei den Wissenschaftlerinnen gab es eine Berufung ins Ausland und eine siebenjährige Tätigkeit im Rahmen eines Humboldt Stipendiums. Vier Universitätsprofessoren erwarben als Scholaren eine post-graduate Qualifikation, einer von ihnen bekleidete zehn Jahre lang die Stelle eines Abteilungsleiters. Diese Zusatzqualifikation stellte ein Sprungbrett zur Universitätskarriere dar, das in dieser Stichprobe nur von Männern genutzt wurde. Im Management erfolgte der Wechsel in einen anderen Betrieb als Teil einer Karrierestrategie, wenn Aufstiegsmöglichkeiten damit verbunden waren, und zwar sowohl bei zwei Frauen und zwei Männern.

Gruppe 3: Berufstätigkeit in einem anderen Tätigkeitsfeld

Insgesamt ist die Anzahl derer, die verschiedene Berufe ausübte, sehr groß. Auch die Spannbreite der Berufe ist vielfältig. Sie reichte bei den Managerinnen von Lehrerin, Bankangestellte, Bürokauflehrling, Mannequin bis hin zur Sachbearbeiterin. Die Manager waren als Bankbeamte, Buchhalter und Bürokaufmann zum Teil während des Studiums tätig. Bei den Personen in der Wissenschaft verfügten vier über außeruniversitäre Berufserfahrung. Eine Frau war bei der Bundeswirtschaftskammer als Sekretärin im Ausland tätig, was sie als Sprungbrett zu einer Lektorinnenstelle in diesem Land benutzte. Drei Professoren waren als ORF-Redakteure, Lehrer, Gruppentrainer, Berater und Verlagslektoren tätig. Verschiedene Berufe ausüben zu können, verweist auf innere Flexibilität sowie auf die Fähigkeit, sich in verschiedenen Lebenssituationen auf die Notwendigkeiten oder neue Möglichkeiten einstellen zu können. Erfahrungen in verschiedenen Berufen zu sammeln, erweitert die Lebenserfahrung und kann als Hinweis auf Risikobereitschaft, Selbstvertrauen und die Fähigkeit, loslassen zu können, verstanden werden.

Übereinstimmung bestand in der langen Firmenzugehörigkeit bei Männern und Frauen. Die überwiegende Mehrzahl war mehr als 10 Jahre in demselben Betrieb tätig. An der Universität war mit der Erlangung eines Ordinariates eine lebenslange Anstellung verbunden, sodaß hier ebenso wie im Mangement eine dauerhafte Zugehörigkeit, verbunden mit absoluter Sicherheit durch Pragmatisierung gegeben ist.

Karriereplan

Der berufliche Werdegang wurde sehr unterschiedlich beschrieben. Einige hatten schon während des Studiums eine akademische Karriere vor Augen und setzten alle Schritte planmäßig. Bei anderen war zu Beginn nicht klar, was sie beruflich machen wollten. Erst mit der Tätigkeit und der Anerkennung ihrer Arbeit gelang es ihnen, Selbstvertrauen zu entwickeln und sich verantwortungsvolle Tätigkeiten zuzutrauen. ,,Das war nicht geplant, die ganzen Situationen haben sich für mich praktisch erst ergeben", sagte eine Managerin. Die Karriere wurde so als Weg beschrieben, wobei erst das Erreichen einer Etappe andere Möglichkeiten sichtbar werden ließ, und zwar in beiden Berufsgruppen. ,,Das Erlernen der institutionellen Spielregeln" wurde nicht explizit genannt, bildete wohl aber den Hintergrund aller Erzählungen. Aus den Interviews ging hervor, daß sie auf Feedback reagierten und durch Beobachten ihrer Chefs und Professoren am Modell lernen konnten. Eine Managerin sagte, daß sie am Anfang unsicher war, ,,Angst hatte sich zu blamieren". Erst mit dem Erfolg gewann sie zunehmend mehr Sicherheit. Keine der Frauen sprach davon, daß es Frauen in Organisationen generell schwieriger haben als Männer. Eine solche Grundhaltung hätte sie vermutlich gehindert, eine Position zu erringen. Sie nannten wohl konkrete Hindernisse, waren aber zuversichtlich, diese überwinden zu können.

Als ich nach der Karriereplanung fragte, antwortete die Mehrzahl, indem sie Strategien beschrieb. Die Frauen und Männer in der Wissenschaft erzählten von der mehrjährigen, genau geplanten Phase der Habilitation. Während dieser Jahre mußten sie auf vieles verzichten, um konzentriert daran arbeiten zu können. Auch die Manager sprachen von bewußter Planung. Es war wichtig zu wissen, ,,wann ich mich verändern muß", wenn es nichts mehr zu lernen gab. Die Karriere wurde als Produkt des großen Arbeitseinsatzes verstanden. Andere wurden von einer Position zur nächsten geholt, wie im Fall von Hermann, wo die Anerkennung durch die Beförderung im Mittelpunkt stand. Strategisch wichtige Entscheidungen wurden vor allem bei Auslandsaufenthalten genannt. So beschrieb ein Manager eindrucksvoll, wie sein Aufenthalt in den USA neben der beruflichen Perspektive auch einen wichtigen Beitrag zu seiner Persönlichkeitsentwicklung darstellte. Dieser Manager bezeichnete sich als „autoritätsgläubig". Erst in den USA sei es ihm möglich gewesen, diese Distanz zu Autoritäten durch ein „lockeres Verhältnis" zu ersetzen. Manche erzählten ausführlich von Schlüsselentscheidungen, die zur Karriere geführt hatten. So war ein Manager Vizestellvertreter der Personalabteilung in einem anderen Großkonzern, wo sein Aufstieg durch einen relativ jungen Vorgesetzten unwahrscheinlich war. Er las ein Inserat und bewarb sich als Personalchef bei diesem Konzern, in dem er auch heute noch tätig ist. Wie bedeutungsvoll die Erfüllung dieses Wunsches war, zeigte der Umstand, daß er dieses Inserat noch nach fünf Jahren bei sich trug und es mir zeigte. Tatsächlich gehörte er, obwohl erst 40 Jahre alt, nun der Geschäftsleitung an. Nur ganz vereinzelt wurde auf das enorme Wachstum, sowohl in der Industrie als auch der Universität, verwiesen.

Die Mangerinnen dagegen sprachen nie von einer Karriereplanung, sondern von „Glück", günstigen Umständen oder Experimenten der Firma. Bei einigen Managerinnen ließen sich jedoch zumindest ab der zweiten Hälfte ihrer Berufstätigkeit, wo sie bereits in leitender Funktion tätig waren, klare Überlegungen und Planungsschritte erkennen, die ihrem Aufstieg dienten. Das stimmt mit den Beobachtungen überein, die sagen, daß Frauen erst nach 10 Jahren Berufstätigkeit beginnen, eine langfristige Karriereplanung zu überlegen. Gleichzeitig wurde durch ihre Erzählung klar, daß sie günstige Chancen ergriffen, auch wenn zunächst unklar war, ob sie diese Aufgabe tatsächlich erfüllen könnten. Eine Managerin beschrieb ihren Einstieg in den Verkauf so: „Sie wollten versuchsweise Frauen im Verkauf einsetzten, da es in den USA ein Erfolg gewesen war, und so probierte ich es – und es gelang". Statt zu zaudern oder sich zurückzuziehen, gingen die Frauen mit Zuversicht an neue Aufgaben heran, selbst wenn sie keine akademische Ausbildung hatten.

Bei der Frage nach den *persönlichen Eigenschaften,* die für ihre Karriere förderlich waren, erhielt ich unterschiedliche Antworten. Die Frauen im

Management, die dem Zufall und dem Glück eine entscheidende Rolle bei ihrem beruflichen Aufstieg zugewiesen hatten, nannten durchwegs Eigenschaften wie Selbstkontrolle, Selbstdisziplin, Zähigkeit und Durchhaltevermögen, Ehrgeiz gepaart mit Wissensdurst und Fleiß. ,,Der Ehrgeiz ist meine Hauptkomponente. Außerdem bin ich sehr neugierig, ja, ich möchte immer alles wissen", sagte eine Managerin. Unvorstellbar war für alle, länger ohne Arbeit zu Hause zu sein. ,,Also zwei Monate zu Hause mit Kind – also da wär ich todunglücklich". Harte Arbeit und Anstrengung war wichtig, meinte eine andere. Ebenso wichtig war eine ,,gewisse Aggressivität und Durchsetzungsvermögen, gepaart mit psychischem Feingefühl und Ausgeglichenheit des Gemüts", faßte eine andere Managerin die notwendige Bandbreite der Anforderungen zusammen. Übereinstimmend hieß es, ,,man muß hochdiszipliniert sein" und sich keine Blöße geben. Fleiß und Disziplin sind zentral.

Den Frauen und Männern an der Universität fiel es schwerer, diese Frage zu beantworten. Als wichtigste Eigenschaften wurden ,,Ausdauer und Organisationstalent" genannt. ,,Konsequenz des Durchführens", ,,gute Arbeitseinteilung" verweisen auf die Notwendigkeit zur Rückstellung der Bedürfnisse bei mehrjährigen Forschungsarbeiten, wie es vor allem die angstbesetzte Habilitation darstellt. Daneben wurden als weitere Merkmale der wissenschaftlichen Arbeit ,,Idealismus" und ,,Missionsbewußtsein" genannt, sowie ,,Interesse an der Thematik" und ,,positive Besetzung der Arbeit". Dabei wurde deutlich auf die aufbauende Wirkung erfolgreichen Arbeitens hingewiesen. Wenn ein Projekt erfolgreich abgeschlossen war, traute man sich zu, auch eine längere Arbeit zu meistern, wurde berichtet. Mit dem Erfolg stieg das Selbstvertrauen, meinte ein Ordinarius. Ehrgeiz wurde nur einmal erwähnt. Bei der Berufsgruppe der Wissenschaftlerinnen und Wissenschaftler standen die Eigenschaften im Mittelpunkt, die mit der Produktion wissenschaftlicher Texte zu tun haben. Im Management fällt die unterschiedliche Schwerpunktsetzung von Männern und Frauen auf. Manager nannten bei den Eigenschaften vor allem solche, die die soziale Dimension betrafen, und dann analytische Fähigkeiten. Die Frauen dagegen führten jene Eigenschaften an, die einer Planung förderlich sind, und meinten aber, sie hätten keine Planungsschritte unternommen. Die Männer im Management sprachen von einer Planung, nannten dann aber soziale Fähigkeiten. Ich erkläre mir diesen Widerspruch aus den unterschiedlichen Rollenerwartungen. Frauen müssen vermutlich ebenso wie Männer konsequent an ihrem beruflichen Aufstieg arbeiten, es ist aber nicht opportun, offen darüber zu sprechen, d. h. ich vermute, daß die gesetzten Planungsschritte der Managerin oft selbst nicht bewußt sind. Bei den Eigenschaften wurden diese Dimensionen wie Disziplin, Arbeitseinsatz, Zähigkeit, Ehrgeiz etc. jedoch frei genannt. Bei den Männern dürfte es gerade umgekehrt sein: die sozial integrativen Fähigkeiten sind notwendig für die Karriere, da nur auf den eigenen Aufstieg bezogene Handlungen zuviel Widerstände im sozialen System hervorrufen würden. Deshalb wurden ihnen von den Männern große Bedeutung begemessen.

Tendenziell meinen alle, selbst viel tun zu müssen, um Erfolg zu haben. In dieselbe Richtung gehen Untersuchungen von erfolgreichen Frauen (Gallese und Metzler). So meint Noelle-Neumann als eine der „Frauen, die es geschafft haben", Entschlossenheit und Zähigkeit seien wichtig, auch durch lange und mühsame Strecken hindurch an dem, was man für wichtig hält, festzuhalten. (Metzler 1985, 157) Das gilt in gleicher Weise für Männer und Frauen. Ich möchte die Arbeitshaltung, die zur Karriere geführt hat, noch genauer beschreiben.

Arbeitshaltung und Arbeitsethos

Diese Aussage „Der Beruf und die Arbeit sind mir sehr, sehr wichtig, wobei ich sage, ich gestalte mir das bis zu einem gewissen Grad selbst", war für alle Interviewten eine typische Beschreibung. Diese Norm, Arbeit als zentral zu betrachten, und die damit verbundene Selbstdisziplin ist ein wichtiges Merkmal. Die Arbeitszeit betrug bis zu 11–12 Stunden pro Tag, oft verbrachten sie auch einen oder beide Tage des Wochenendes im Büro. Besonders bei Terminarbeiten wurde bis tief in die Nacht hinein gearbeitet. Gerade in den Anfangsjahren war eine Arbeitszeit bis Mitternacht keine Seltenheit. Sie betonten ihren Hang zum Perfektionismus. Prototypisch sprach ein Manger von seinem „ausgeprägten Qualitätsdenken, was die Arbeit betrifft ... ich würde mich genieren, Dinge in schlechtem Zustand abzuliefern". Der Perfektionismus wurde jedoch auch als Problem gesehen, da er in Rechthaberei auch in kleinen Dingen ausarten kann.

Es ist allen Interviewten wichtig, auf ehrliche Art und Weise ihr Geld zu verdienen. Diese Grundhaltung zur Arbeit kann man wohl als säkularisierte Form der „protestantischen Ethik", wie sie Max Weber (1975) als „Geist des Kapitalismus" charakterisierte, bezeichnen. Max Weber zeigte in seiner Analyse des Kapitalismus, wie dessen religiöse Verwurzelung im Protestantismus zur Entstehung dieser Grundhaltung führte. In dieser Arbeitshaltung sind Ehrlichkeit, Vertrauenswürdigkeit und totaler Einsatz einerseits ein Mittel, um gottgefällig zu leben, da mit den Lehren der Reformation die Heilsgewißheit früherer Epochen aufgehoben war und der Mensch in eine tiefe innere Vereinsamung entlassen wurde. Erfolg in der Arbeit wurde als Zeichen der Auserwähltheit von Gott verstanden und minderte so den Zweifel, zu den Gerechten zu gehören. Andererseits wurde in der säkularisierten Form mit der ehrlichen, intensiven Arbeit soziale Anerkennung errungen, die dann pragmatisch als Basis der Kreditwürdigkeit herangezogen wurde. Daß der Arbeitseinsatz bis an die Grenze der physischen Belastbarkeit führt, beschrieb eine Managerin, die bis zur völligen körperlichen Erschöpfung arbeitete, sodaß sie kaum mehr Kraft zum Lesen hatte: „Ich arbeite sehr, viel – es sieht so aus, daß ich fast jeden Tag – mich geistig zu drehen beginne wie ein Kreisel, ja und beim Heimfahren ist mir oft übel vor lauter Übermüdung und noch Überdrehtsein, daß ich also zu Hause nichts lesen kann". Sie beschrieb die Wirkung der Arbeit wie eine Droge, die sie ganz ausfüllte.

In der Wissenschaft wurde ebenso der Termindruck und die Genauigkeit der Arbeit betont. Die Sorgfalt bei der Vorbereitung, das Zusammentragen der Daten und Materialien bezeichnete eine Universitätsprofessorin selbstkritisch als „kleinkariert" und als „Kleinkrämerei". Ein Professor sprach von der „Tortur" beim Produzieren von Texten, da er sie so verfassen will, daß sie perfekt und „unangreifbar" sind. Diese hohen Anforderungen an Gestaltung und stilistische Vorstellungen wurden oft als Schreibhemmung deutlich, die dann zu Verzögerungen führte und noch mehr Druck durch Termine entstehen ließ. Ein anderer Professor erzählte, daß er erst seit der Geburt seines ältesten Sohnes begonnen hatte, sich seine wissenschaftliche Arbeit so einzuteilen, daß er an zwei Abenden und am Wochende Zeit für die Familie hatte. Psychologisch gesehen kann die Betonung der Arbeit auf verschiedene innere Spannungen verweisen, sie kann als Flucht in die Arbeit von inneren Konflikten ablenken, kann die Suche nach narzißtischer Befriedigung sein oder, vom Über-Ich gesteuert, eine Beschwichtigung des Gefühls, nicht genug zu können, darstellen.

Situation am Arbeitsplatz

Der Führungsstil der interviewten Personen wurde in keinem Fall als autoritär, sondern eher als kooperativ bis manipulativ bezeichnet, wobei im

Management stärker betont wurde, wie wichtig es sei, den Rat und das Feedback von anderen einzuholen. ,,Ich bin keine One-man-show. Ich habe sehr viele Mitarbeiter und ich stütze mich auf sie, in dem Sinn, daß ich mich überhaupt nicht darum reiße, alles alleine entscheiden zu müssen". Dieser Manager, beschrieb, wie er erst von seinem Chef gelernt hatte, sich auf das Wesentliche zu beschränken und emotionslos schwierige Situationen analysieren zu können. Ein anderer Manager sprach offen über den heiklen Balanceakt zwischen Profilierung und Kooperation. Die Managerinnen sowie ein Manager maßen dem persönlichen Gespräch eine wichtige Bedeutung bei der Motivation der Mitarbeiter bei. Sie zogen keine scharfe Grenze zwischen beruflichen und persönlichen Problemen und förderten es, wenn die Mitarbeiter mit ihnen darüber sprachen.

In der Wissenschaft wurde die Arbeitssituation zwischen Kollegen und Studenten stark unterschieden. ,,Die Studenten geben mir viel Rückhalt", sagte eine Professorin. Bei den Kollegen dagegen gab es wenig Unterstützung, mehr ,,Neid und Konkurrenz", mit einigen Professoren jedoch komme sie gut aus. Beide Geschlechter setzen auch ihren Charme ein, um ihre Wünsche durchzusetzen.

Soweit zur Beschreibung der äußeren Rahmenbedingungen und der Darstellung der biographischen Daten und des Karriereverlaufes. Ich möchte nun in einem weiteren Schritt anhand der konkreten Fallgeschichten die vier Dimensionen, die die innere Dynamik der Berufskarriere bestimmen, darstellen.

4. Ergebnisse der Untersuchung: Muster der inneren Dynamik der Karriere

Bei der Darstellung der inneren Dynamik, die eine Disposition zur beruflichen Karriere bietet, orientiere ich mich an den oben allgemein ausgeführten vier Strukturelementen. Ich beziehe mich dabei auf die Gesamtheit der Stichprobe. Lediglich bei der ersten Dimension der ödipalen Konstellation behandle ich die Daten der Frauen und Männer getrennt.

Da die dem Bewußtsein zugänglichen Gefühle nur einen Teil der Psyche darstellen, will ich in einem ersten Schritt die Antworten der Befragten zu ihrer Beziehung zu Mutter und Vater wiedergeben (bewußte Ebene) und in einem zweiten Schritt das Material auswerten, das einen Zugang zum unbewußten Bereich der Beziehung ermöglicht.

4.1. Entwicklung der Geschlechtsidentität

4.1.1. Entwicklung der Identität als Frau

Das Mutterbild der Managerinnen war nach ihren Aussagen vorwiegend positiv (5 von 7). Sie sprachen von einer engen Beziehung zur Mutter. Sie bezeichneten ihre Mütter als tüchtige und ehrgeizige Frauen, die sie bewunderten und achteten. Sie waren Vorbilder für sie. Interessanterweise waren die bewunderten Mütter zum Teil Hausfrauen und zum Teil berufstätig. Doch die „Hausfrauen-Mütter" waren selbst mit dieser Aufgabe unzufrieden und rieten ihren Töchtern, es anders zu machen.

Bei den Universitätsprofessorinnen war es umgekehrt. Eine Mehrzahl beschrieb die Beziehung zur Mutter als konflikthaft. Sie sahen ihre Mütter kritisch und charakterisierten sie als streng, kalt, prinzipientreu und ohne Verständnis für die Interessen der Töchter. Sie wurden nicht als Vorbilder gesehen. Nur eine Universitätsprofessorin hatte ein realitätsgerechtes Mutterbild, teilweise positiv und teilweise kritisch.

Bei der Beziehung zu den Vätern zeigte sich ein komplementäres Bild. Die größere Zahl der Managerinnen sprach abwertend von ihren Vätern als Versager oder als Tyrannen. Diese Väter wurden als desinteressiert oder streng beschrieben. Nur eine Managerin erinnerte sich zärtlich an ihren bewunderten Vater. Die Väter der Professorinnen wurden dagegen als Vorbild für die Töchter genannt. Sie wurden von ihren Vätern innig geliebt und strebten ihnen nach. Die Väter hatten sie gefördert und waren stolz auf sie. „Er hat mit mir gebastelt", sagte eine, oder „viel diskutiert", eine andere. Auch im Krieg gefallene Väter wurden von zwei Interviewten in der Phantasie positiv gesehen, sie hätten sich über ihren Erfolg gefreut und hätten Verständnis für ihren Erfolg gehabt, wenn sie es erlebt hätten.

So scheint sich ein einfaches Muster zu ergeben; es scheint immer einen Elternteil zu geben, von dem sich die interviewten Frauen verstanden und akzeptiert fühlten. Zum anderen Elternteil scheint fast immer eine negative, konflikthafte Beziehung bestanden zu haben. (Jeweils eine Managerin und eine Professorin beschrieben eine gute Beziehung zu beiden Elternteilen.)

Ziehen wir die unbewußte Dynamik heran, so wird es komplexer. Wie ich schon dargelegt habe, unterscheidet die Psychoanalyse zwischen einer positiven und einer negativen ödipalen Phase.

Betrachten wir zunächst jene Gruppe erfolgreicher Frauen, die ihre Mutterbeziehung nur positiv und ihre Vaterbeziehung distanziert oder negativ beschrieben haben. (Sie setzt sich aus 5 Managerinnen und 2 Professorinnen zusammen.) Zu jeder Subgruppe möchte ich zwei Fallbeispiele bringen.

Hinter dem Bild der guten und bewunderten Mutter werden auf der unbewußten Ebene zwei verschiedene Muster sichtbar, und zwar einmal die Rivalität mit der Mutter und die Angst vor der übermächtigen Frau, und bei einer anderen Gruppe die verdrängte Aggression gegen die einengende Mutter.

Ein Beispiel für die verdrängte Rivalität gegenüber der Mutter: Eine Managerin, ich nenne sie Monika, hatte von der bewunderten Mutter gesprochen: ,,Meine Mutter war eine – eine enorm tüchtige Frau. Wirklich enorm tüchtig. Mit nichts angefangen, weil das Vermögen im Krieg durch ungeschickte Veranlagung völlig verlorengegangen ist ..." (Monika S 16)

Die Kritik an der Mutter wurde nur indirekt geäußert, und zwar zu dem Zeitpunkt, als ich sie bat, ihre Familie zeichnerisch darzustellen. Die Zeichnug könnte sie nicht machen, sagte sie, weil sie sonst die Mutter als ,,Feldwebel oder Oberarzt" zeichnen müßte, und das wollte sie nicht. ,,Meine Mutter ist einmal scherzhaft als Maria Theresia bezeichnet worden. Ich glaube, das trifft also enorm zu auf sie, also sie ist wirklich eine dominante Persönlichkeit, die den Laden geschupft hat ... und alle anderen sind also mehr oder weniger Lakaien, Bedienstete oder so gewesen" (Monika S 22).

Hinter dieser Aussage steht der unausgesprochene Vorwurf, alle, aber besonders den Vater unter ihrem Einfluß gehabt zu haben. Wie stark der Wunsch nach der Liebe des Vaters war, zeigte Monika während des gesamten Interviews. Der Vater wurde ununterbrochen erwähnt (auf 17 von 42 Seiten im Transkript kommt er vor). Die innige Beziehung zum Vater, der Journalist und Dichter war, besteht noch heute. Sie sagte:

,,Er hat also Lyrik geschrieben, hat Erzählungen gemacht, Hörspiele gemacht, und ich hab' seine – seine Gedichte geliebt. Und als ich 50 – meinen 50. Geburtstag gefeiert hab, hat jeder gefragt, was ich mir wünsche. Da hab ich gesagt: Ein Gedicht vom Papa. Dann hat er mir ein langes Gedicht geschrieben" (Monika S 15).

Traurig fügte sie hinzu, daß er ihr nie etwas geschenkt habe. Er war unansprechbar, wenn er arbeitete. Die Mutter nahm ihm zeit seines Lebens alles aus der Hand. Seit dem Tod der Mutter betreute sie dann den Vater, kochte und kümmerte sich um seine Kleider. Hier sehen wir, daß die ödipale Phase noch heute lebendig geblieben ist und sie sich innerlich nie vom Vater gelöst hat. Monika lebt seit mehr als 20 Jahren in einer Beziehung zu einem verheirateten Mann und wiederholte so die Unerreichbarkeit des Vaters. Ihr großer Wunsch nach einem Kind mußte in dieser Konstellation unerfüllt bleiben.

Bei einer anderen Managerin, die ich Adelheid nannte, trat ein deutlicher Widerspruch zwischen bewußter und unbewußter Ebene auf. Obwohl Adelheid im Interview selten auf die Mutter zu sprechen kam, nahm diese in der Zeichnung der ,,Verzauberten Familie" und bei der Erzählung des Lieblingsmärchens eine zentrale Stelle ein. Mit sichtlicher Freude ging sie auf meine Bitte ein, ein Bild der Familie zu zeichnen, wie sie ein Zauberer verzaubert hätte.

Zeichnung der ,,Verzauberten Familie" von Adelheid

Rasch, mit sicheren Strichen, zeichnete sie zuerst den Vater (1), daneben die Mutter (2), rechts davon sich und die zwei jüngeren Geschwister (3, 4, 5), wobei sie bei der mittleren den Finger befeuchtete und damit die Bleistiftzeichnung verwischte, erst dann zeichnete sie den Bruder (6) neben dem Vater und vor der Familie liegend die beiden älteren Schwestern (7, 8) wie ägyptische Sphinxen als Eingangsstatuen. Das Verwischen macht die Position als schwarzes Schaf deutlich, das sie gewesen ist. Zur Wahl der

Tiere meinte Adelheid: „Löwen sagen ... über mich was aus, weniger der Gedanke, daß man Raubtier ist, aber sicherlich auch das, daß wir also nicht Menschen sind, die so ohne Weiteres gegebene Zustände, die einem nicht gefallen, hinnehmen. Sondern auch versuchen, sie zu ändern." Adelheid wählte als Symbol für sich und ihre Familie das Raubtier, das für Angriffslust und Kraft steht; zugleich ist die gesamte Löwenfamilie ein Bild der Harmonie und des Friedens. Die Harmonie des Bildes steht im Gegensatz zu den beschriebenen intensiven Machtkämpfen und Konflikten und drückt vermutlich stärker das Wunschbild oder die Außendarstellung der Familie aus. In der Beschreibung wird die Verleugnung der Aggressivität deutlich, die sich sprachlich durch Verneinung ausdrückt, „weniger, daß man Raubtier ist". Sie zeichnete sich eng an die Mutter geschmiegt, bezeichnete sich aber im Interview als „naturgegebene Kopie des Vaters". Auch in der Märchenerzählung nahm die Beziehung zur Mutter, allerdings in konflikthafter Form, eine zentrale Stellung ein.

Ihre erste Lieblingslektüre war das Brockhauslexikon mit drolligen Bildern: „die Frau, wo die Gedärme herauskommen" ... „hab' ich mit Wonne gelesen". Der erste bewußte Lesestoff wird so mit dem weiblichen Körper verbunden. Der Körper der Mutter dürfte Adelheid in der Phantasie stark beschäftigt haben, da sie auch bei den Rorschachtafeln Anatomieantworten gibt wie „Lungenkrebs, Röntgenbild, Lunge, Bronchien, Leichenteile eines Generals, Lungenflügel". Das Ausräumen der Gedärme der Mutter läßt auf solche für das Kind völlig normale Wutreaktionen schließen vor allem dann, wenn die Mutter noch neue Babys produziert. Genaueres Material für Adelheids Mutterimago bietet auch das Andersenmärchen, das Adelheid mit leuchtenden Augen schilderte:

„Kleine Seejungfrau: Da sind auch viele Schwestern, die mit dem Wasserfürsten da unter'm Meer leben, und wenn sie ein gewisses Alter erreicht haben, dürfen sie an die Oberfläche tauchen und an den Küsten schwimmen und schauen, was die Menschen machen etc. Und sie war schon so begierig, weil sie war halt eine von den Jüngeren. Sie is' dann auch aufgetaucht und hat sich dann – hat irgend so an Prinzen gerettet, der Schiffbruch erlitten hat. Und sie hat sich in den unsterblich verliebt und hat dann die Wasserhexe gebeten, sie möge sie doch zu einem Menschen machen; das hat sie g'macht, die Wasserhexe um den Preis, daß sie ihre Stimme verliert, dafür kann sie aber wunderbar tanzen, allerdings unter größten Schmerzen usw. usw. Und sie hat sich dann diesem Prinzen nähern können, aber er hat sie so als Spielzeug benutzt oder als was weiß ich was; so als cleanerin und hat sich mit einer Königstochter verheiratet, und sie war halt wahnsinnig unglücklich usw. Also es war eigentlich ein trauriges Märchen.

I.: Sie hat alles aufgeopfert? Und das andere?
A.: Das war die Schneekönigin. (Lachen). Da geht es darum, daß zwei Kinder, die miteinander leben, getrennt werden, und zwar dadurch, daß die Schneekönigin und der Teufel, der hat einen Spiegel zerbrochen, und dieser Splitter des Spiegels des Bösen, muß man sagen, inzwischen dem Buben, das ist das eine von den beiden Kindern, ins Auge und dann ins Herz gedrungen. Der hat die ganze Familie und alles vergessen und is' irgendwo, als er die wunderschöne Schneekönigin sah, ihr mit seinem Schlitten nachgefolgt; wurde von ihr ins Reich entführt mit der Schneekönigin, und seine Schwester aber, das Mädchen – seine Freundin, das weiß ich nimmer – die war sehr betrübt und hat sich auf die Suche gemacht nach ihm. Und er hat dann auch – durch die verschiedenen köstlichen Abenteuer hat sie ihn wieder gefunden und sie hat ihn dazu gebracht, daß er irgendein Wort bildet, und da hat er zu weinen ang'fangen – er war also vorher versteinert, ja – hat dieses Spiegelchen aus einem Auge herausgeschwindelt, war er wieder a normaler Mensch."

In der Erzählung der *„kleinen Seejungfrau"* läßt Adelheid wichtige Frauenfiguren weg. Die Seejungfrauen leben nicht nur mit dem Wasserfürsten, sondern auch „mit seiner alten Mutter". (Andersen 1958, 133) Die böse Mutter spielt im Märchen eine wichtige Rolle, die Adelheid auch als Wasserhexe erwähnt. Sehr ausführlich wird im Märchen das beschrieben, was Adelheid ausspart: Die Meereshexe ist gefährlich und böse. Schon der Weg zu ihr geht durch den gefährlichen, kahlen Mahlstrom über „warmen, brodelnden Schlamm": Statt Bäume stehen Polypen, die wie hundertköpfige Schlangen ausschauen, mit ihren „schleimigen Armen mit Fingern gleich geschmeidigen Würmern" ergreifen sie alle Lebewesen „wie starke Eisenfesseln". „Menschen ... blicken als weiße Gerippe aus den Armen der Polypen". Die Meereshexe sitzt da, „läßt Kröten aus ihrem Mund fressen und häßliche, fette Wasserschlangen ... auf ihrer großen, schwammigen Brust wälzen." Um ihren Schwanz in niedliche Beine umzuwandeln, muß die Seejungfrau einen Zaubertrank trinken, der so weh tut, „als führe ein scharfes Schwert durch dich hindurch". Die Meereshexe sagt zur kleinen Seejungfrau: „Du behältst den schwebenden Gang, keine Tänzerin kann so schweben wie du. Aber jeder Schritt, den du machst, ist, als trätest du auf ein scharfes Messer und dein Blut müßte fließen." (Andersen 1958, 162) Als Preis muß sie der Meereshexe ihre wunderschöne Stimme schenken, indem diese ihr die Zunge abschneidet. Der Zaubertrank besteht im wesentlichen aus dem Blut der Meereshexe „... da muß ich dir doch mein eigenes Blut darin geben, damit er scharf wird wie ein zweischneidiges Schwert" (ebenda), heißt es bei Andersen.

Wenn wir auch das Vergessene zur Interpretation heranziehen, zeigt sich, daß die Beziehung zur Mutter zweischneidig-positiv wie zur Meeresgroßmutter und gefährlich wie zur Hexe ist. Was Adelheid ausläßt, ist die sexuelle Dimension des Märchens. Die Seejungfrau hat zunächst einen Fischschwanz und kein weibliches Geschlecht. Dann nimmt sie sich einen Mann, der nicht für sie bestimmt ist. Als Opfer muß sie den Schwanz, der wohl für den weiblichen Phallus steht, opfern und wird so zur Frau. Dadurch bekommt sie die Möglichkeit, ein erfülltes sexuelles Leben zu führen, sich hinzugeben. Die böse Mutter als Hexe steht auch für die Projektion der eigenen unbewußten Aggressionen. Das kleine Mädchen, das der übermächtigen Mutter als Rivalin um die Gunst des Vaters den Tod wünscht, darf sich diese Aggressionen nicht eingestehen und projiziert sie deshalb auf die böse Mutter. Nun sieht das Mädchen in der Hexe die Aggressionen und gefährlichen Affekte gegen sich selbst gerichtet. Kleine Mädchen haben deshalb so große Angst vor ihren aggressiven Phantasien, da sie noch magisch interpretiert werden, d. h. das Kind glaubt so mächtig zu sein, daß alle bösen Gedanken wahr werden und sie dadurch eine tatsächliche tödliche Bedrohung für die auch geliebte Mutter darstellen. Vermutlich stellt die ungelöste ödipale Problematik bei Adelheid ein Hindernis dar, selbst eine Familie zu gründen. Wenn sie Kinder hätte, würde sie die Mutter in der Phantasie berauben bzw. mit ihr rivalisieren. Durch den Verzicht auf die Mutterrolle kann diese Ebene verdrängt werden. ,,Jaja, ich hab' sehr heftige Muttertriebe", meinte sie. Der Lebensplan, Mutter einer blühenden Familie zu werden, zerbrach mit der Beziehung zu dem Jugendfreund. Adelheid sprach von ,,heftigen Muttertrieben", was den Gesamteindruck einer triebstarken, lebendigen Frau unterstrich, die aufgrund innerer Konflikte auf diesen Lebensbereich verzichten mußte.

Den Vater hatte Adelheid einerseits bewundert und begehrt, andererseits sprach sie von ,,heftigen Machtkämpfen. Das hat sicher auch eine Spur bei mir auch hinterlassen, aber nicht nur Negatives, sondern viel Positives. Ich hab' also gelernt, mich absolut durchzusetzen, mich zu behaupten." Seine Erziehungsmethoden bezeichnete sie als ,,sehr autoritär". Er habe die rigiden Normen mit ,,Brachialgewalt" durchgesetzt. Es dürfte dabei um Biegen und Brechen gegangen sein. Sie war ihm an körperlicher Stärke weit unterlegen und mußte dann Zuflucht zu Strategien und manipulativen Tricks nehmen, die ganz gegen ihr spontanes und geradliniges Wesen gingen. Der Machtkampf, ,,wo es dann eben gekracht hat", dürfte sich über viele Jahre hingezogen haben. Diese Kämpfe waren demütigend, haben bei ihr aber starke Trotzreaktionen hervorgerufen. Das Kampfmotiv, das in den physischen Attacken des Vaters Verletzung und Todesängste bei Adelheid als Kind hervorgerufen haben dürfte, wird auch im Rorschachtest deutlich. Die Abwehr der Bedrohung in Allmachtsphantasien wird in den Rorschachtestantworten ebenso wie in den Märchen sichtbar: ,,Embryos, die vom Himmel fallen, Hexenritt in einer schemenhaften Umwelt, wo zwei Teufel um einen Gegenstand kämpfen". Diese Kämpfe bringen nicht nur schmerzliche Unterwerfung, sondern auch eine intensive Spannung, die unbewußt lustvoll besetzt wird und deshalb von ihr vermutlich immer wieder provoziert wurde. Die erotischen Wünsche sind auf den Bruder übertragen, der ihr eine Stelle in diesem Konzern angeboten hatte.

Die große Ähnlichkeit, die sie mit dem jähzornigen, unbeherrschten Vater sieht, bezieht sich vermutlich auch auf ihre aggressiven Impulse, die sie mit viel Mühe zu beherrschen versucht. Sie sieht bei den Rorschachtafeln ,,Vulkanausbrüche" und ,,Spuren von Terror". Zur Bewältigung der Spannung zwischen drohenden Triebausbrüchen und deren Kontrolle scheint Adelheid in die Arbeit zu flüchten, um die innere, bedrohliche Energie zu kanalisieren.

Was bedeutet nun die verdrängte ödipale Rivalität für die berufliche Karriere? In beiden Beispielen handelt es sich um Konfigurationen positiver ödipaler Wünsche nach dem Vater als Liebesobjekt. Ich verstehe die unbewußte Rivalität als wichtige Antriebskraft im Beruf. Die Konkurrenz zur Mutter wird auf eine weniger bedrohliche Ebene verschoben, nämlich auf den Beruf. Hier können diese Frauen nun alle anderen Frauen, aber besonders ihre eigene Mutter, überflügeln und übertrumpfen. Zugedeckt wird der Vergleich zur eigenen Mutter, indem diese idealisiert wird. Die sexuelle Dimension des beruflichen Aufstieges wird deutlich, wenn eine Managerin sagte, sie hätte in ihrer Abteilung ,,80 Männer unter sich" – eine sexuelle Größenphantasie. Der Vergleich mit der Mutter wurde auch im Interview mit einer anderen Managerin ganz deutlich, obwohl es ihr selbst nicht bewußt war. Sie sprach zuerst davon, daß ihre Mutter der ,,Bankier der Familie" war, der das kleine Beamtengehalt des Vaters gut verwaltet hatte. Gleich danach und ganz beiläufig erwähnte sie die Größenordnung ihrer täglichen finanziellen Transaktionen ,,über 10 Mill. $ am Telefon". Zur Verdrängung der Rivalität zur Mutter gehört auch, daß diese Frauen nicht mit anderen Frauen zusammenarbeiten wollen. Sie hatten nur männliche Mitarbeiter, wurde nicht ohne Stolz erzählt. So wird ein Vergleich mit anderen Frauen vermieden. Da diese Frauen aber auch eine starke Unterstützung durch die Mutter erfahren haben, gibt es auch zärtliche Gefühle. Dadurch wird die Aggression nicht so bedrohlich und erzeugt nicht so starke Schuldgefühle. Das Pänomen des „Cindarellakomplexes" (Dowling 1987) ist aus psychoanalytischer Sicht als Selbstbehinderung der Frauen zu verstehen. Wenn Erfolg in der Phantasie mit Rachegedanken gegen die Mütter verbunden ist, so erzeugt jeder Erfolg Schuldgefühle und oft Selbstbestrafungswünsche.

Bei der anderen Gruppe der Frauen, die die Beziehung zur Mutter positiv beschrieben hatte, tauchte ein anderes Beziehungsmuster auf, nämlich das unbewußte Werben um die Mutter (negativer Ödipus). Wie sich das im Interview zeigte und wie es sich auf die kindliche Entwicklung auswirkte, soll an zwei Beispielen von Universitätsprofessorinnen gezeigt werden.

Betrachten wir zunächst die Mutterbeziehung einer Professorin, die ich Birgit nannte. Der Vater war im Krieg gefallen, Birgit war die älteste Tochter. Die Mutter trauerte ein Leben lang um den Vater und ging keine andere Beziehung zu einem Mann mehr ein. Die Tochter versuchte, den Platz des Vaters einzunehmen, aber die Mutter ging nicht darauf ein. Die Trauer um die Zurückweisung klang durch, wenn Birgit sagte: „Die Mutter war 40, wie der Vater gefallen ist. Sie hat 7 Jahre lang schwarze Kleider getragen. Ich weiß nicht, was die Frau sich dabei gedacht hat, was man einem Kind damit antut." (Birgit S 15)

Birgit fühlte sich von der Mutter abgewiesen und durfte nie zeigen, wie sehr sie litt. Sie mußte die Große sein und war dann auch wirklich problemlos und nie krank. Die Mutter hatte nie Verständnis für die Studien der Tochter aufgebracht. Bewußt war Birgit, daß sie sich so abgelehnt fühlte, daß sie „auch heute noch nicht gerne an die Kindheit erinnert wird". Unbewußt jedoch hat das Werben um die Zuwendung der Mutter nie aufgehört. Sie beneidet den jüngeren Bruder, der der „Abgott der Mutter" war, um die Zuwendung. Als er einmal Masern hatte, bat sie ihn darum, sie anzuhauchen, damit sie auch krank würde und die Mutter sich endlich um sie kümmern müsse. In dieser Konstellation stellt der berufliche Erfolg ein symbolisches Geschenk an die Mutter dar. Doch Birgits Mutter konnte dieses Geschenk der Tochter nicht annehmen, da sie keinen Zugang zu deren intellektuellen Interesse und ihrem Studium fand, nie verstand, warum sie sich nicht „toll", d. h. weiblich herrichtete. Zum Teil übernahm

Birgit die Abwertung der Mutter, zum Teil kämpfte sie dagegen. So meinte sie, ,,sie mußte immer hart arbeiten", ,,mir ist nichts zugeflogen". ,,Was andere an Intelligenz haben, hab'ich an Arbeitswut", sagte sie und wertete damit ihre Fähigkeiten ab. In der ,,Arbeitswut" steckt vermutlich die unbewußte Wut auf die Mutter, die sublimiert wird. Ihre abwertende Charakterisierung, nicht intelligent zu sein, interpretiere ich als narzißtische Kränkung, da sie um alles kämpfen mußte und nicht so geliebt wurde wie der Bruder und der verstorbene Vater, um den die Mutter ein Leben lang getrauert hatte. Der Vater war ein Außenseiter, der wegen seiner sozialistischen Einstellung drei Jahre inhaftiert war, bevor er an die Front mußte. Sie fühlt sich ihm innerlich ähnlich. Das andere Beispiel zeigt ein ähnliches Werben um die Zuwendung der Mutter, das jedoch erfüllt wurde.

Eine Universitätsprofessorin, die ich Sybille nannte, beschrieb ihre Kindheitssituation und Mutterbeziehung als etwas ganz Besonderes. Gleich zu Beginn des Interviews bei der Frage nach ihren Berufswünschen als Kind, wies sie auf ihre Mutterbeziehung hin, wenn sie sagte:

,,S: Ich habe also eine so glückliche Kindheit gehabt, ein so enges Mutterverhältnis. Ich habe meine Mutter erst mit 28 Jahren verloren, und bis dahin wollte ich nichts anderes als mit meiner Mutter sein. Na ja, diese verspätete Pubertät ...
I: Mhm
S: Ich weiß nicht, was das bedeutet – wie gesagt, meine Mutter hat mir geholfen beim Studium, hat mit mir gelernt, mich betreut." (Sybille S 11)

Es war deutlich, daß Sybille nicht direkt auf die Frage antwortete, weil es offenbar nie um *ihre* Berufswünsche gegangen war, sondern immer um die der Mutter. Die Mutter wollte selbst studieren, konnte es aber aus finanziellen Gründen nicht. Sie hatte sich dann diesen sehnlichen Wunsch indirekt durch ihre Tochter erfüllt. Auch während des Studiums gab es keine Grenze zwischen ihr und der Mutter. Die Mutter lernte jeweils den gesamten Stoff für die Prüfungen bis zu den Rigorosen mit. Der psychologische Preis für diese symbiotische Beziehung bestand darin, ein Kind bleiben zu müssen. Sybille berichtete, daß sie ,,bis zur Promotion nicht gewußt hat, wie die Kinder kommen". Sie konnte tatsächlich erst nach dem Tod der Mutter eine sexuelle Beziehung zu einem Mann eingehen. Sybille sieht sich als Produkt ihrer Mutter, für die sie alle Erfolge erringt. Sie bekam von der attraktiven und intellektuellen Mutter soviel narzißtische Bestätigung, daß sie damit ganz zufrieden war. Sie erlebt sich unbewußt als wichtigster Teil der Mutter, als deren ,,Phallus". Sie wünschte sich deshalb auf der bewußten Ebene keine Loslösung.

Sybille zeichnete die Mutter als Eiche und charakterisiert ihre gute Beziehung als eine, die „es nicht so oft gibt ... einmal in einer Million". Die negativen Anteile der Mutterbeziehung wurden – klassisch wie im Märchen – auf die böse Stiefmutter übertragen. Die böse Stiefmutter „hat dann meinen Vater geheiratet ... das ist eine Hexe par excellence". Hier sehen wir die in der frühen Entwicklung auftretende Spaltung in gut und böse. Die Aggressionen gegen die Mutter wurden tabuisiert und auf eine andere Person verschoben. Es war zu keiner Loslösung von der Mutter gekommen. Als dann die Mutter plötzlich starb, brach Sybille emotional zusammen. Es dürfte für sie so gewesen sein, als ob sie sich nicht als getrennte Existenz erleben konnte. In dieser symbiotischen Nähe zur Mutter, stellte ihr Berufserfolg auch eine Erhöhung der Mutter dar. Ohne eine gut entwickelte Beziehung zum Vater, die Sybille beschrieb, hätte so eine enge Bindung durchaus zu ernsten Konflikten führen können, da die Wut über die Einvernahme durch die Mutter unbewußt bleiben und daher besonders explosiv sein kann.

Was bedeutet nun so eine Förderung durch die Mutter für die Karrierewünsche des Kindes? Kinder können nur dann ein Selbstwertgefühl aufbauen, wenn sie erleben, daß

Zeichnung der „Verzauberten Familie" von Sybille

die Eltern an sie und ihre Fähigkeiten glauben. Selbst in konflikthaft beschriebenen Familiensituationen haben die Eltern der Interviewten nie die Existenz des Kindes abgelehnt oder dessen intellektuelle Fähigkeiten. Die Identifikation der Eltern mit der Tochter (trotz geringer oder größerer Beimengung von Neid, der in den Interviews beschrieben wurde) ermöglicht es ihr, etwas zu leisten und Vertrauen in ihre Leistungsfähigkeit zu entwickeln.

Bei der Gruppe, die ihre *Mütter [kritisch]* beschrieben hatten, zeigte sich in den Zeichnungen der starke unbewußte Wunsch nach dem Vater, oft nach dem Vater, den sie vor der bösen Mutter retten wollten. Die rivalisierende Beziehung zur Mutter war in dieser Subgruppe durchaus bewußt. So sagte eine Universitätprofessorin, sie hätte mit der Mutter ,,viele Schreiduelle", sie hätte immer an ihr herumgenörgelt. Auch eine andere Universitätsprofessorin, die ich Ester nannte, sprach von der Mutter als ,,negativem Modell". Sie war dominant, bedrohlich und wesentlich strenger als der Vater. Ester wurde von der Mutter nur nach ihren Leistungen und Erfolgen beurteilt. Sie zeichnete die Mutter als erstes, und zwar als gefährliche Katze, die alles kontrolliert.

Die gezeichnete Katze kommentierte Ester folgendermaßen: ,,Sie war sehr aggressiv, also beißend, schlagend". Tatsächlich schlug und bedrohte die Mutter die Tochter. ,,Ich hab vor meiner Mutter immer fürchterliche

Zeichnung der verzauberten Familie von Ester

Angst gehabt", sagte Ester. Und noch genauer beschrieb sie es so: ,,Ich hab eine Zeit gehabt, wo ich immer so gebückt gegangen bin, wenn jemand auf mich zugekommen ist ... weil ich Angst gehabt hab, daß ich eine Ohrfeige krieg. Ich bin so oft gewatscht worden von der Mutter". Im Kampf gegen die Mutter setzte Ester frühkindliche Strategien ein, indem sie das Essen verweigerte oder viel in sich hineinstopfte, aus dem Zimmer lief oder in eine psychosomatischen Migräne flüchtete. Die Schilderungen der heftigen Streitszenen und Schläge vermittelten den Eindruck einer intensiven Verflechtung von Mutter und Tochter. Die Mutter ließ die Tochter nicht neben sich aufkommen, sie sollte ein kleines Kind bleiben und dem Vater möglichst nicht nahe kommen. Hier dürfte die ödipale Problematik von seiten der Mutter durch deren Neid auf die junge Tochter verstärkt worden sein. Vermutlich kam es bei der Mutter, die so gerne einen Sohn gehabt hätte, durch die Geburt der Tochter zu einer Wiederbelebung ihres unbewußten ödipalen Neides ihrer Mutter gegenüber, die diese dann gegen Ester wandte. Wenn Ester davon sprach, daß die Mutter immer schön und sie immer ,,schiach" gewesen sei, so ging sie damit auf den unbewußten Sexualneid der Mutter ein. Der Vater war das Idol der Mutter und der Tochter. Ester kam schon in den ersten Minuten des Interviews auf ihren ,,berühmten Vater" zu sprechen. Sie setzte ihre wissenschaftliche Tätigkeit in Beziehung zu den Wünschen ihres Vaters, der ,,immer davon geredet hat, ein Buch zu schreiben". Ester schwankte in der Beschreibung zwischen einer Abgrenzung vom Vater und dem Gegenteil, nämlich als Teil von ihm seine unerfüllten Wünsche auszuführen. Einerseits sprach sie von ,,Abgrenzung", später sagte sie öfter, wie ,,unendlich stolz er auf sie gewesen wäre". Im Zusatz folgte die Konkurrenz ,,Obwohl es nie ganz so gut war und er es sicher besser gemacht hätte". (Ester 21)

In ihrer Beschreibung des Vaters wurde er als ,,bekannte Persönlichkeit", aber in der Zeichnung als ,,eine arme Papa-Maus" dargestellt. Dieses Klein- und Bedeutungslosmachen des Vaters haben wir zuerst als Abwertung, als Ausdruck von Wut verstanden. Der Vater hatte neben der dominanten Mutter vermutlich nicht viel zu reden. Sie fühlte sich vom Vater zurückgewiesen, hinter die Mutter gereiht. Die Empörung klang deutlich an, wenn sie erzählte, daß der Vater die Mutter schöner gefunden hatte als sie. Der unbewußte Wunsch nach erotischer Anerkennung durch den Vater drückte sich vermutlich in ödipalen Rettungsphantasien aus: Sie möchte den armen Papa vor der schrecklichen bösen Katze (Hexe) befreien und hätte ihn dann ganz für sich alleine. Sie wären ein glückliches Paar. Dieses geheime Einverständnis, daß auch der Vater mit den grausamen Erziehungsmethoden der Mutter nicht einverstanden gewesen war, klang im nächsten Zitat an.

„Deshalb habe ich ihn auch klein und schwach gezeichnet, weil er immer gemeint hat, er ist eigentlich nicht einverstanden mit dem, was die Mutter macht, aber ihr zuliebe kann man nichts anderes sagen". (Ester 16)

Sicherlich machte Ester auch dem Vater den Vorwurf, sie nicht vor der aggressiven Mutter beschützt zu haben. Die Mutter entwertete damit auch den Vater und machte ihn zur schwachen Maus, die gegen sie ohnmächtig war. Um die ersehnte Anerkennung scheint sie noch heute zu kämpfen, denn „für die Eltern war ich nie genug". (Ester 17)

Als zweites Beispiel möchte ich das einer Managerin bringen, die ich Hedi nannte. Diese konnte sich gegen die ewig nörgelnde, leidende und verbietende Mutter nur wehren, indem sie sie systematisch belog.

„Wenn ich gefragt habe: darf ich fortgehen oder tanzen ... sie hat immer nein gesagt; ich hab' nie was dürfen, und da hab ich begonnen zu lügen. Ich hab' begonnen, systematisch zu lügen, ich hab sie nur mehr angelogen. Ich hab ihr überhaupt keine Wahrheit mehr erzählt, weil so hab ich mir erspart, daß sie keppelt mit mir". (Hedi 29)

Die Heftigkeit, mit der sie diese Sätze sagte, sowie das oftmalige Wiederholen des „Lügens" zeigte die Heftigkeit des Konflikts mit der Mutter. Diese bestrafte sie streng, wenn sie schlimm gewesen war. Sie mußte „zur Strafe im Eck knien, mußte einen Teller voller Karotten essen und kriegte kein Radl Wurst" dazu. Je älter sie wurde, desto stärker kam Hedi zum Bewußtsein, wie weit die Mutter sie manipuliert hatte. Zu bedenken ist allerdings, daß Hedis Mutter unter extrem beengten sozialen und ökonomischen Bedingungen und Einschränkungen litt. Ich möchte hier noch einmal daran erinnern, daß die Beziehung Mutter–Tochter nicht unabhängig von den anderen Familiensystemen wie der Beziehung der Ehepartner zueinander oder der Geschwisterkonstellation und den gesellschaftlichen Bezügen zu sehen ist. Der Mutter wurde von Hedi zum Teil die Schuld an der Enge und an der Unzufriedenheit gegeben.

Die Beziehung zum Vater, der oft betrunken war, war zwiespältig. Wenn er nüchtern war, beschützte er sie vor der ewig schimpfenden und verbietenden Mutter. Er konnte fröhlich, unternehmungslustig und ein guter Gesellschafter sein. Die Angst vor dem betrunkenen Vater ist tief verdrängt, sie wurde erst bei der Zeichnung deutlich. Der Vater von Hedi war Tischler, der das Geld, außer einem bescheidenen Wirtschaftsgeld, „ins Gasthaus getragen hat", sodaß die finanziellen Verhältnisse sehr eng waren. Später bezeichnete sie die Familienverhältnisse als „desolat", was sich wohl auf die emotionale Situation der endlosen Streitereien um Geld, permanentes Jammern und Lamentieren bezog. Hedi dürfte von der Mutter bestraft worden sein, um damit den Vater zu treffen. Einen Hinweis auf diese Vermutung gibt eine Szene beim Abendessen, wo die Mutter ihr keine Wurst gegeben hatte, um dem Vater zu zeigen, daß sie nicht genug Wirtschaftsgeld bekam. Der Vater ergriff dann die Position seiner einzigen Tochter gegen die Mutter:

„Immer, wenn ich was angestellt hab, mußte ich im Eck knie'n und durfte net aufstehen... sodaß der Papa, wenn er um fünfe gekommen ist... gesagt hat: ‚Wenn ich z'haus bin, wirst du mein Kind nicht strafen. Hedi, steh auf.'" (Hedi 28)

Deutlich zeigt der zitierte Ausspruch des Vaters die Paarbildung von Vater und Hedi. Durch den Ausdruck „mein Kind" macht er die Mutter zur gegnerischen Partei. „Er war immer mein Beschützer", sagte Hedi gleich

Zeichnung der „Verzauberten Familie" von Hedi

darauf. Ihr Vater nahm Hedi am Wochenende ins Gasthaus mit. Sie hatte bei ihm einen Stein im Brett: „Ich hab letztendlich auch bei meinem Vater alles durchgesetzt, was ich wollte". Hedi wurden vom Vater ihre Wünsche erfüllt, aber nur um den Preis von „fürchterlichen Kämpfen" gegen die Mutter. In dem Streitklima dürfte Hedi hin und hergerissen worden sein. „Ich hab meinen Vater sehr geliebt, muß ich sagen, obwohl ich gar keinen Grund so wirklich dazu gehabt hätte."

Die dunkle, größenteils unbewußte Furcht vor dem Vater wird bei der Zeichnung deutlich. Hedi zeichnete ihn groß und schlank, wie er ihr immer gefallen hat, als Zauberer. „So freundlich sollte er gar nicht sein", kommentierte sie die Zeichnung. Einen Zauberer mit einem bösen Gesicht wollte Hedi darstellen.

Der Vater als Zauberer entspricht einem negativen Elternimago in der magischen Welt des Unbewußten (Kos/Biermann 1973, 174). Bei Hedis Zeichnung ist nicht klar, ob der Vater-Zauberer böse ist (wie gesagt) oder freundlich (wie gezeichnet). Die Projektion des Zauberers auf den Vater deutet traumatische innere Kämpfe mit dem Vater – vielleicht teilweise auch Identifikation mit ihm – an. Ursprünglich wollte Hedi den Vater als Teufel zeichnen – ein allmächtiges negatives Bild. Sie selbst zeichnete sich nach großer Überwindung hinter der Mutter verschanzt. Hedi wollte sich zuerst nicht zeichnen, wollte sich gar nicht mehr in diese Situation zurückversetzen. Sie war ein zartes Mädchen, dünn gezeichnet, ohne Augen und Ohren, so als ob man sie wegblasen könnte. Als Kind war sie oft krank, hatte sich in kleine Krankheiten geflüchtet. Nach einer Blinddarmoperation wollte sie beim „lieben Oberarzt" im Spital bleiben, dort hat es ihr besser gefallen. Hedi hatte vermutlich Angst vor dem Vater, wenn er gereizt und betrunken war. Geschlagen hatte er sie – mit einer Ausnahme – nie. Wie stark sie sich unbewußt jedoch auch mit der Position der Mutter identifiziert haben dürfte, wird an einem Versprecher deutlich. Hedi sagte:

> „Ja, und wenn er was getrunken hatte, war er wahnsinnig aggressiv und laut, und meine Mutter konnte machen, was sie wollte, er hat mit mir – mit ihr immer gebrüllt; eigentlich net mit mir, nicht grundlos". (Hedi 26)

Hedi dürfte zwischen dem Vater und der Mutter hin und hergerissen worden sein und deshalb gegen beide große Aggressionen haben. Die Mutter machte ihr große Angst, als sie nach einer Gallenoperation auch an Brustkrebs operiert werden mußte:

> „Sie hat mir immer gesagt, net, ich muß zum lieben Himmelvater beten, daß der liebe Gott mir meine Mutter nicht wegnimmt, denn wenn sie stirbt, und sie ist

sowieso so krank, beim Vater bin ich verloren, weil der geht ins Wirtshaus und kümmert sich nicht um mich. Ich hab mir als Kind gewünscht, daß meine Eltern sich scheiden lassen oder daß einer von beiden stirbt, damit es irgendwie anders wird." (Hedi S. 31)

Die Angst des Kindes ist von der Mutter als Druckmittel benützt worden. Der Druck war aber so groß, daß sich die Aggression gegen beide Elternteile richtete. Während des Gesprächs über die Familie zitterte Hedi vor Erregung und bekam Angstschweiß an den Händen. Sie war sehr aufgewühlt, weil sie schon so lange nicht mehr an diese belastende Zeit gedacht hatte. Am Ende des Gesprächs war sie jedoch froh, daß sie erstmals zusammenhängend über diese belastende Zeit hatte sprechen können und fühlte sich erleichtert.

Bei dieser Subgruppe, die ihre Beziehung zu den Müttern als schwierig bezeichnete, wurde die Beziehung zu den Vätern positiv beschrieben. Der Vater war unterstützend, hatte die Tochter vor der Mutter in Schutz genommen. Oft wurde die Nähe zum Vater über Ähnlichkeiten beschrieben: sie glichen sich „wie ein Ei dem anderen", sie habe ihre mathematische Begabung von ihm geerbt, er sei „jederzeit für sie dagewesen". Eine Universitätsprofes-

Zeichnung der Verzauberten Familie von Miriam

sorin charakterisierte ihren Vater als „kreativ, vielfältig und präsentabel", ihm sei sie „im Aussehen ähnlich und im Streben nach Neuem, nach Unabhängigkeit". Eine andere sagte, sie sei so „ehrgeizig und stur wie er" und sei ebenso wie er ein Außenseiter. Eine Managerin meinte, sie sei „eine Kopie des Vaters, in seelischer und geistiger Hinsicht", genauso attraktiv und beliebt wie er. Zwei Universitätsprofessorinnen hatten ihre Väter im Alter von vier Jahren im Krieg verloren. Für beide stellte der Verlust eine dauerhafte Kränkung dar, eine bezeichnete sich sogar als „Kind ohne Vater". Sie sprach damit ihre doppelte Kränkung an, nämlich daß sich der Vater freiwillig zum Dienst mit der Waffe gemeldet hatte und überhaupt mit ihrer Geburt „dem Führer ein Kind schenken wollte". In der Zeichnung stellte sie sich dann jedoch an der Hand des Vater dar und neben der Mutter – Ausdruck ihrer Sehnsucht nach einer vollständigen Familie.

Bei dieser Gruppe dominiert die enge Beziehung zum Vater, mit dem sie sich identifizieren, von ihm haben sie ihre Fähigkeiten, Mut und Intellekt. In der Phantasie wären sie gerne nur vom Vater – wie Venus aus dem Kopf von Zeus – geschaffen worden. Diese mächtigen Frauen haben in ihrer Vorstellung Anteil an der Macht des Vaters, was jedoch verleugnet werden muß. In diesem Zusammenhang ist auch zu verstehen, daß Frauen ihre Karriere eher dem Zufall und dem Glück zuschreiben, dadurch können sie ihre Macht und ihre Gestaltungpotenz hinter unbeeinflußbaren Faktoren verbergen. Da ihnen ihre Konkurrenz zur Mutter bewußt ist, können diese Frauen auch über die Rivalität zu anderen Frauen sprechen und differenziert damit umgehen, d. h. sie vermeiden nicht generell die Zusammenarbeit mit Frauen, sondern konkurrieren mit manchen, kooperieren und fördern andere. Sie sehen eigene Diskriminierungen und entwickeln so ein Stück Solidarität mit anderen Frauen. Die inneren Konflikte werden durch starkes Engagement in der Arbeit kompensierten.

4.1.2. Entwicklung der Identität als Mann

In der Stichprobe der *Männer* verlief die Entwicklung der Geschlechtsidentität homogener als bei der Gruppe der Frauen, sodaß hier nicht in verschiedene Subgruppen unterschieden wurde.

Die interviewten Manager und Universitätsprofessoren stellten ihre Beziehung zu den Vätern überwiegend als distanziert dar. Auf der bewußten Ebene erlebten sie keinen Konflikt. Sie sprachen von ihren Väter als „schwach und jähzornig", als „nur an der Arbeit interessierten Opportunisten", als „Gescheiterten, der die Familie verlassen hat", oder als „weichen und cholerischen Typ". Er war „unerreichbar", zu ihm konnte ich keine Beziehung haben", „er spielte eine geringe Rolle", sagten die Universitätsprofessoren. Lediglich ein Manager, dessen Vater im Krieg fiel, sprach von ihm als großem Ideal und ein Universitätsprofessor betonte die Vorbildwirkung seines Vaters.

Bei der Zeichnung der „Verzauberten Familie" zeigte sich ein unterschiedliches Bild zwischen den Männern im Management und an der Universität. Die Professoren wiesen ihren Väter eine Autoritätsposition zu, indem sie den Vater als erste Person zeichneten und Symbole wählten, die auf Macht und Autorität verweisen wie einen Elefanten, einen Ochsen, eine mächtige, große Tanne. Bei den Managern wurde der Vater nur von einem als erster gezeichnet. In der patriarchalischen Gesellschaft ist nach Kos/Biermann eine Dominanz des Vaters zu erwarten. Zeichnerisch ausgedrückt wird Dominanz durch die Reihenfolge des Zeichnens: „Die emotional wichtigste Person wird zuerst gezeichnet" (vgl. Kos/Biermann 1973, 141). Bei anderen Untersuchungen über Manager, wie etwa bei Maccoby, wird betont, daß der typische Manager auf den Vater hin orientiert sei (vgl. Maccoby 1977, 29). Ich interpretiere diese Beschreibung der Väter als schwach und distanziert als Verleugnung der ödipalen Auseinandersetzung. Es entspricht dem Wunsch des Knaben, der Vater solle schwach sein. Dabei handelt es sich um Projektionen der eigenen Ohnmacht und dem Gefühl, dem mächtigen Vater nicht gewachsen zu sein. Zur Stützung dieser These müßten in den Interviews Anzeichen von unbewußtem Neid gegenüber dem Vater zu finden sein, vermutlich in Form von Projektionen.

Die Väter waren, als die interviewten Männer Kinder waren, mehrere Jahre in der Armee (Geburtsjahr 1936–1943). Die Abwesenheit im Krieg und die Verwicklung in die NS-Greuel dürften eine geradlinige Identifikation erschwert haben. (Vgl. Mitscherlich 1976) Die Problematik der besiegten und verwirrten Väter tauchte bei der Frage nach der politischen Haltung auf. Die verdrängte ödipale Rivalität soll anhand von zwei Beispielen beschrieben werden.

Ein Universitätsprofessor, den ich Romed nannte, lebte bis zu seinem achten Lebensjahr alleine bei seiner Mutter, da der Vater im Krieg und dann in Kriegsgefangenschaft war. Auf den Vater kam Romed erst nach meiner expliziten Frage zu sprechen, nachdem er lange über die Mutter erzählt hatte.

„Jo der Voter, wie gesagt, ich weiß das natürlich nur aus Erzählungen. Denn wie er z'rückkommen is aus der Gefangenschaft, der ist eher ohne ordentliche Obhut aufgewachsen, wor immer a Springinkerl und ein, und ein eher lockerer Mensch

(Lachen), der hot einen sozialen Aufstieg erlebt vom Bauernknecht, also Stallbua dann bis zum Großknecht". (Romed)

Im sprachlichen Ausdruck, in den Brüchen, sind die emotionalen Konflikte verborgen. Romed wollte von sich aus nichts über den Vater sagen, so als ob er gar nicht existiert hätte. Und tatsächlich gab es den Vater im Alltag acht Jahre für ihn und die Mutter nicht. Der Vater war wohl in den Erzählungen und sicher auch in der Phantasie des Knaben vorhanden, aber nur als fernes Phänomen. Als der Vater aus der Gefangenschaft nach dem verlorenen Krieg heimkam, wurde er real, lebte wieder mit der Mutter zusammen. Romed dürfte ihn wie einen fremden Eindringling erlebt haben, der ihm die Mutter wegnahm und ihn auf eine Kinderposition verwies. Zu diesem „Fremden", der sich einfach in Romeds Heim einnistete und ihn aus der engen Beziehung zur Mutter vertreiben wollte, entwicklete er nie ein enges Verhältnis. Nur zwei Jahre lang lebten Romed und der Vater zusammen mit der Mutter, dann kam seine Übersiedlung in ein Internat. Vermutlich war für Romed die Familie seit dieser Umstellung zu dritt nicht mehr das alte schöne Zuhause. Romed spürte vermutlich deshalb während seiner gesamten Internatszeit nie Heimweh oder Sehnsucht nach daheim und blieb auch am Wochenende lieber im Stift. Er verleugnete alle Trennungsprobleme. Der soziale Aufstieg des Vaters wurde fair, aber ohne Anteilnahme beschrieben, und zwar vom bäuerlichen Dienstboten über eine Hilfsarbeiterstelle zu einem Bediensteten in einem öffentlichen Betrieb. Vermieden wird eine Konkurrenz mit dem Vater, Romed räumt lieber das Feld. Ob die Kinderlosigkeit der Ehe unbewußt eine Vermeidung der Konkurrenz zum Vater darstellt, nämlich auch Vater zu werden, kann aufgrund des Materials nur vermutet werden. Bei der Interpretation der Zeichnung, die drei Schildkröten darstellt, vermied Romed es, diesen konkreten Personen zuzuordnen. So muß er nicht sagen, wer der Mann bzw. wer die Frau ist. Damit würde deutlich, daß es ein Paar und ein Kind gibt. Die zweimaligen Nachfragen von mir bleiben unbeantwortet:

„I: Welche Schildkröte ist wer?
R: (Lange Pause) Ja, eine davon bin sicherlich ich. Eine Schildkröte – es hat ja Familie g'heißen, wir war'n zu dritt – welche waß i net ... Ich hob' jetzt obsichtlich an Familie gedacht, weil sonst käm ich mit einer Schildkröte aus ...
I: Ja, ich hab' nur gemeint, ob eine davon die Mutter ist und eine der Vater?
R: Ja sicher, das ist schon – die drei. Die stehen gar nicht zueinander. Außer daß sie Schildkröten sind". (Romed 34)

Es ist ungewöhnlich, daß hier keine Zuordnung möglich war. Selbst wenn beim Zeichnen noch an keine personenspezifische Darstellung gedacht ist, wird gewöhnlich bei der Interpretation eine Person zugeordnet. Die Weigerung kann deshalb durchwegs als Ausdruck einer Vermeidung gedeutet werden. Die Verdrängung durch den Vater nach seiner Rückkehr aus der Gefangenschaft und die damit verbundene Kränkung dürfte noch emotional wirksam sein.

Bei der Zeichnung eines anderen Universitätsprofessors, den ich Paul nannte, wurde die Diskrepanz zwischen der bewußten Ebene der Erzählung und dem unbewußten Rivalitätskonflikt, der in der Zeichnung sichtbar wurde, deutlich. Im Interview erwähnte Paul seine Mutter und sagte nur, daß der Weg zum Vater immer über die Mutter ging. Tatsächlich zeichnete er aber dann den Vater zwischen sich und die Mutter, d. h. er konnte nur dann Kontakt zur Mutter aufnehmen, wenn er am Vater vorbeikam.

Zeichnung der „Verzauberten Familie" von Paul

Die Zeichnung orientiert sich an der Geburtenfolge, nur die erste Position des Vaters steht zwischen der Mutter (2) und Paul als ältesten Sohn (3). Paul erlebte die Mutter als Vermittlerin zwischen ihm und dem Vater. Er sagte: „I hab' also mit meiner Mutter Kontakt g'habt, wenn i was von ihm wollte, hab' i immer mit meiner Mutter g'redet" (Paul). Die ödipalen Wünsche, nämlich die Mutter dem Vater wegzunehmen, sind verboten und werden daher verdrängt. Wir sehen die Wirksamkeit der Zensur, indem Paul den Vater so zeichnete, daß die Mutter an der Seite des Vaters gestellt wurde und damit ein direkter Kontakt zwischen Paul und der Mutter unmöglich ist. In der Interpretation meinte Paul dann: „Daher scheint's ma so sinnvoller, wahrscheinlich am Abend, wobei die Eltern eigentlich eher zusammen sind". Die abgehackte Sprechweise verweist auf die emotionale Spannung, die sich auf die Sexualität des Vaters mit der Mutter bezieht und um die er ihn beneidet. Tatsächlich waren die Eltern in der Nacht zusammen und Paul hatte als Ältester drei Schwangerschaften der Mutter miterlebt, die letzte im Alter von zwölf Jahren. Die Reglementierung seiner Gefühle wird deutlich. Die Wünsche, Eifersuchts- und Rivalitätsgefühle werden verwandelt in die Förderung der Geschwister. Nur indirekt klang die Rivalität zum Vater an, wenn er zur Erklärung der Rangordnung nach der Geburt seine eigene Familie anführte:

> „Wir haben so eine Art spielerisches Familienportrait gemacht ... sozusagen der Rangordnung nach ... Da war ich natürlich die Nummer 1 und meine Frau die Nummer 2 und dann ging's runter". (Paul 29)

Paul erzählte sehr lustvoll und ausführlich von diesem Spiel. Jetzt ist er Nummer 1, hat eine Frau und ebenso wie sein Vater vier Kinder und ist beruflich sogar noch erfolgreicher.

Die Hypothese der ungelösten ödipalen Verstrickung der untersuchten Männer wird durch deren enge Beziehung zu ihren Müttern unterstützt. Die überwiegende Mehrheit der Befragten bezeichneten die Mutter als „emotionales Zentrum der Familie", bei der sie als Sohn eine „Sonderstellung" eingenommen hatten. „Bezugsperson war immer meine Mutter, mit er ich viel mehr reden konnte", sagte ein Topmanager. Die Wahl des Studienfaches war „im Auftrag der Mutter" erfolgt, da sie sich so dafür interessierte, sagte ein Wissenschaftler. Die Mutter traute dem Sohn viel zu und hielt „ihn für ein Genie". Ich möchte die enge Beziehung zur Mutter anhand der beiden oben angeführten Beispielen von Romed und Paul zeigen.

Die Mutter nahm bei Romed eine zentrale Rolle ein, wenn er von ihr sprach, begannen seine Augen zu leuchten:

„Meine Bezugsperson zu Hause war nur meine Mutter". Diese Aussage der wichtigen Stellung der Mutter wurde weitergeführt, indem das Zuhause „bestenfalls" bis zum zehnten Lebensjahr galt. Ich meine, daß es eigentlich nur bis zum achten Jahr gegolten haben dürfte, solange nämlich Romed mit der Mutter alleine gewohnt hatte, bzw. für eineinhalb Jahre zu dritt mit der adoptierten Schwester, die dann mit eineinhalb Jahren an TBC gestorben war. Die Mutter dürfte mit viel Liebe und Sorgfalt für seine Erziehung gesorgt haben. Erst nach zehn Jahren Ehe kam Romed als heiß ersehntes Kind zur Welt, nach ihm konnte die Mutter keine Kinder mehr bekommen. Er war also ihr ein und alles. Sie meinte, ihn sehr streng erziehen zu müssen und brachte ihn dazu, ,,einzusehen", warum er auf vieles verzichten mußte. Seine Mutter zwang ihn – was er damals partout nicht schätzte –, Geige spielen zu lernen. Um zu verstehen, welche Bedeutung das Geigespielen für die Mutter hatte, ging Romed auf ihre Herkunft ein. Die Mutter kam aus der ländlichen Unterschicht, ihr Vater war ,,a Häusler", d. h. er wohnte in einem kleinen Haus, das zu einem Bauernhof gehörte, für das seine Frau und die Kinder beim Bauern arbeiten mußten, ,,inwohnen". Der Großvater selbst arbeitete in einem Gewerbebetrieb am Land. Wie gut er sich in die Situation der Mutter einfühlen konnte, zeigte seine Erzählung ihrer Motive für sein Geigenspielen.

> ,,Und sie hot als Kind amol an Zigeuner Geigenspiel'n g'hert, darauf hat sie Zeit ihres Lebens geträumt vom Geigenspiel'n, net. Wos völlig absurd war für sie und sie hot'n Votan g'frogt, ob's Geigenspüln derf (Lachen), bist' varrückt, net und ich mußte das ausbaden in meinem Bewußtsein, damals." (Romed, 18)

Für die Mutter stellte das Geigespielen einen unerfüllten Traum aus einer anderen Welt dar, das sie dann ihrem geliebten Sohn beibringen ließ, obwohl sie sowenig Geld hatte. Dabei lernte Romed Notenlesen und ohne viel zu üben auch gut spielen. Im Internat wurde er aufgrund seiner Musikalität und seiner musikalischen Fähigkeiten in den Chor aufgenommen und wurde bald Vorsänger. Stolz erzählte er auch noch, daß die Mutter als Mädchen eine Menge Verehrer hatte, sich jedoch ,,sicherlich g'sperrt hat", d. h. sie erhörte keinen, der sie nicht auch heiraten wollte. Bei einer Feldforschung ging Romed in das Dorf, wo die Mutter und der Vater aufgewachsen waren, und stellte sich als deren Sohn dar, um das Mißtrauen Wissenschaftlern gegenüber abzubauen.

> ,,Und bei a poar dieser Männer, die ungefähr so im Alter meiner Eltern waren, is' wirklich so des G'sicht auseinander gangen – ah, hast mitlesen kennan (Lachen), jo, schaust ihr eh so ähnlich – vom Vater woar nie die Red' (Lachen). Also wirklich wie – wia so a Germteig san's auseinand' gangen. So freundlich. Muß also ein gewinnendes, freundliches, höfliches, lustiges Wesen g'habt ham". (Romed 25)

Er erzählte es so feurig, als ob er auch einer dieser Verehrer wäre. Es schwingt mit, daß sie sich ,,g'sperrt" hat, also eigentlich unerreichbar für alle geblieben war. Mit dem Vater dürfte die Ehe – aus Romeds Sicht – ja dann nicht so eng gewesen sein. Mit dieser Abwertung der ehelichen

Beziehung seiner Eltern als nicht nahe kann er die Mutter in seiner Phantasie noch immer als Mädchen behalten. Die Mutter wollte nicht durch ein uneheliches Kind belastet sein. Die Ehe war im wesentlichen eine „soziale Sicherung".

Die Mutter war zwar streng zu ihm, „damit er ihr nicht über den Kopf wächst", aber immer spürte er, wie wichtig er für sie war und wie sehr sie ihn liebte. Er war auch zu Hause sehr brav und folgsam, spontan und wild nur, wenn er nicht gesehen wurde. Die strahlende Liebe der Mutter gab ihm großes Selbstvertrauen. Die phantasierte Verdrängung des Vaters sowie vermutlich auch Rachegedanken dürften dann Schuldgefühle hervorgerufen haben, die sich in Schreibhemmungen niederschlugen und so fast seine Habilitation gefährdet hätten.

Auch Paul sprach von seiner Sonderstellung zur Mutter, wenn er sagte: „Benachteiligt bin i ma in diesem Sinn also irgendwie nicht vorgekommen, eher im Gegenteil". Paul war der älteste Sohn, auf dem ein Erfolgsdruck lastete:

„P: Aber i glaub, des war schon der Druck, daß ma Erfolg bringen muß in der Schule.
I: Vom Vater oder von der Mutter?
P: Von der Mutter eher." (Paul 22)

Wieder war ein Nachfragen notwendig, um eine Differenzierung zwischen den Eltern zu ermöglichen. Die Mutter hatte Pharmazie studiert, ihren Beruf aber dann wegen der Geburt der Kinder nicht ausgeübt. Ihr war es sehr wichtig, daß die Kinder studierten.

Was bedeutet diese Konstellation für die berufliche Karriere?

Die Söhne treten nicht in eine offene Rivalität zu ihrem Vater, da sie Angst vor seiner Stärke haben. Sie wählen eine indirekte Form der Profilierung über den Beruf. Hier sind sie besser und erfolgreicher als ihre Väter. Die verdrängte Konkurrenz stellt einen wichtigen Motor für ihren Aufstieg dar, da sie im Beruf gegen fremde Männer kämpfen können. Die Väter werden auf der bewußten Ebene in der Mehrzahl abgewertet. Bei einigen scheint es zu einer labilen Übernahme männlicher Identifikation geführt zu haben, die über berufliche Anerkennung in der Männerwelt kompensiert wird. Die Tabuisierung der Rivalität zum Vater, wie sie bei Romed stark ausgeprägt ist, hindert ihn jedoch, in die wissenschaftlichen Auseinandersetzung voll einzusteigen, sich selbst zu „inszinieren"; er hemmt sich selbst, da er unbewußte Schuldgefühle hat, erfolgreicher zu sein als der Vater. Sicher ist jedenfalls, daß die intellektuelle Anpassungsleistung zur Bewältigung der Vaterproblematik überduchschnittlich gut ausgeprägt ist. Vom gesellschaftlichen und finanziellen Status her haben alle interviewten Männer ihre Väter weit übertroffen.

Mit dem sozialen und beruflichen Aufstieg erfüllen sie die mütterlichen Wünsche. Die Söhne leisten mehr als die Väter, sie entsprechen daher in ihrer Phantasie den mütterlichen Vorstellungen besser als ihre Väter. Unbewußt dürften sie das mit der Erfüllung ihrer Phantasie, der „bessere Mann" für ihre Mütter zu sein, gleichsetzen.

Die Konstellation einer sehr engen Beziehung zu einer starken Mutter und einem weichen Vater wird in der psychoanalytischen Literatur für zahlreiche Störungen (z. B. Schizophrenie und Perversion wie z. B. Pädophilie, Sodomie, Fetischismus) verantwortlich gemacht. Ein Vergleich der Familiensituation der interviewten Manager und Universitätsprofessoren mit gestörten Persönlichkeiten zeigt jedoch deutliche Unterschiede: Die Väter der Untersuchten sind im realen Leben keine Versager, sondern nehmen ihre Position in der Familie und im Beruf wahr. In gestörten Familien werden die Söhne von den Müttern wie Erwachsene, dem Vater überlegene Männer behandelt und die Väter können ihre Funktion im Beruf oder in der Familie nicht erfüllen. Chasseguet-Smirgel beschreibt eindrucksvoll die Verführungssituation, die zu perversen Einstellungen führt:

„Der intensive Austausch zwischen Mutter und Sohn scheint sich in einem geschlossenen Kreis zu vollziehen, aus dem der Vater ausgeschlossen ist. Wichtig für unser Thema scheint mir, „daß alles so geschah, als hätte die Mutter ihren Sohn dazu verleitet, sich in dem falschen Glauben zu wiegen, er sei mit seiner infantilen Sexualität der perfekte Partner für sie, der also seinen Vater um nichts beneiden müsse, wodurch sie ihn aber in seiner Entwicklung hinderte. Sein Ich-Ideal, statt den genitalen Vater und seinen Penis zu besetzen, wird von nun an einem prägenitalen Modell verbunden bleiben." (Chasseguet-Smirgel 1981, 20)

Prägenitale Handlungen werden in dem oben beschriebenen Beziehungsmuster von fetischistischen oder voyeuristischen Praktiken sexualisiert und ersetzen den genitalen Akt. Auch hier zeigt sich, wie wichtig es ist, die Mutter–Sohn-Beziehung nicht losgelöst von der Beziehung der Ehepartner zueinander zu betrachten. Die Väter der interviewten Manager wurden durchaus als erwachsene Partner der Mutter betrachtet, die für den Lebensunterhalt der Familie sorgten. Die Abwertung durch die interviewten Söhne als schwache Väter verstehe ich daher als Ausdruck der unbewußten Rivalität; sie ist weitgehend „Wunschdenken". Die Form, den Vater an den Rand der Familie zu rücken, läßt eher auf eine normale frühkindliche

Idealisierung des Vaters schließen, wobei die starke Rivalität in der ödipalen Phase nur teilweise aufgehoben wurde. Die Mütter der interviewten Männer haben ihren Söhnen durchaus das Ideal eines erwachsenen, genitalen Partners vermittelt. Die Kluft zwischen dem Ich und dem Ich-Ideal wird durch die Leistung, viel Geld zu verdienen und gesellschaftlichen Ruhm und Anerkennung zu erwerben, zu verringern versucht. Der ödipale Wunsch, die Mutter zu besitzen, kann im wesentlichen sublimiert werden durch die Erfüllung ihrer Idealvorstellung eines beruflich Erfolgreichen. Ein zweiter Unterschied zwischen gestörten Beziehungen und den interviewten Managern ist in der Stabilität der Mutter zu sehen, deren Bedürftigkeit in keinem Fall so groß war, den Sohn total neurotisch zu okkupieren. Es gab für die Mutter entweder einen Ehepartner, der sich auch für die Familie verantwortlich fühlte, oder eine befriedigende Berufssituation.

Die in der sozialpsychologischen Literatur immer wieder gezogene Parallele zwischen einer dominanten Mutter und der Einstellung zum Betrieb als symbolischer Mutter bietet eine zusätzliche Möglichkeit der Sublimierung. Für die Firma, als symbolische Mutter, können Erfolge errungen werden. Explizit sprach darüber ein Manager, den ich Leopold nannte: Ähnlich wie er seine Mutter idealisierte, beschrieb er seine Einstellung der Firma gegenüber. Leopold erzählte von der Organisationsform des Betriebes, in dem er tätig ist: er arbeitete in einer hundertprozentigen Tochterfirma, die nach der Ausgliederung wieder „an die Mutterbrust" zurückkommt. Er mußte in „kritischen Situationen alles retten, wenn alles lichterloh gebrannt hat, als Feuerwehr dienen". Er studierte Tag und Nacht, um neue Kurse anzubieten, ihm blieb für nichts anderes Zeit. Damit führte Leopold die während des Studiums von der Mutter aufgestellte Regel, sich durch keine Freundin ablenken zu lassen, im Beruf weiter. So als ob die eifersüchtige Firma einen hundertprozentigen Einsatz wünschte.

„I hätt persönlich nie des erreicht, wann i net immer – is fast a Schwächezeichen, net, weil i sag, i mach ja des für die Firma ... i hab mi so reing'steigert auch, weil i mach ja des sozusagen für die Gemeinschaft, und i laß unsere Firma net übernehmen ... wir haben eigentlich mehr geleistet als notwendig war". (Leopold 41)

Diese Antwort gab Leopold, nachdem er seine unglücklichen privaten gescheiterten Beziehungen zu den Freundinnen ansprach. In seinen Äußerungen trat die Analogie zwischen Mutter und Firma deutlich hervor. Hinter dem positiven Mutterbild tauchte dann auch die weggeschobene konfliktbeladene Beziehung zur Mutter auf, die einen hundertprozentigen Einsatz forderte. Sie hatte Leopold nahegelegt, neben dem Studium keine Mädchen zu haben, weil ihn eine Freundin von der Arbeit ablenken würde. Doch Leopold sah das auch rückblickend noch unkritisch, obwohl er sich „im privaten Bereich" als naiv bezeichnete, der „den Mädchen auf den Leim geht". Wenn Leopold in der Pubertät aufbegehrte, revolutionäre Ansichten äußerte, war die Mutter böse und hatte einmal gedroht, ihm nichts zu essen zu geben. Das empfand er als äußerst brutal und ungerecht. Beim Zeichnen der Familie wollte er die Mutter als „Prinzessin" darstellen, zeichnete sie aber als dicke Walküre und vermittelte so die bedrohliche Dominanz der Mutter.

Zeichnung der „Verzauberten Familie" von Leopold

Hinter dem positiven Mutterbild verbarg sich bei einem Teil der Interviewten auch eine fordernde Strenge, die nur indirekt anklang. Das Erbringen von Leistungen und Erfolgen wurde mit der Liebe der Mutter belohnt. Nicht der Sohn, so wie er war, wurde geliebt, sondern der Sohn als erfolgreicher Mann, auf den die Mutter stolz sein wollte. Passivität und

Gefühle wurden bei sich selbst ebenso wie bei ihren weichen, distanzierten Vätern abgelehnt.

4.2. Akzeptanz durch die Eltern

Als zweite Antriebsquelle für berufliche Karriere habe ich die Förderung durch einen oder beide Elternteile genannt, die mit der ersten Dimension eng verwoben ist.

Zunächst war auffallend, daß bei der untersuchten Population, und zwar bei Männern und Frauen, die Mehrzahl erstgeborene Kinder sind. Von den insgesamt 30 interviewten Personen sind 23 Erstgeborene, 1/3 sind Einzelkinder (10 Personen). Einzelkinder stehen gewöhnlich im Mittelpunkt des Interesses beider Eltern und erhalten eine besondere Zuwendung (Forer/Still 1982). Ihnen wird ein hohes Maß an Selbstvertrauen zugeschrieben, da sie ohne rivalisierende Geschwister aufwachsen. „Einzelkinder sind meist dominant, wortgewandt und perfektionistisch. Sie lernen etwas alleine zu tun, sich ganz einer Aufgabe zu widmen." (Forer/Still 1979, 22) Bei den 14 interviewten Frauen, waren die Hälfte ohne Geschwister. In anderen Untersuchungen über erfolgreiche Frauen jedoch wird dem Einzelkindstatus keine Bedeutung beigemessen, so sind „nur zwei der siebzehn" Frauen, die es geschafft haben", bei Metzler Einzelkinder. (Metzler 1985, 20) Die besondere Förderung durch die Eltern kann ein stärkeres Selbstwertgefühl vermitteln, kann aber auch überfordernd wirken. Wir finden in der Stichprobe beide Formen. Es tauchten hier (wieder bei beiden Geschlechtern) zwei Muster auf. Einmal eine Förderung verbunden mit Freiraum für das Kind und einmal eine Förderung, die das Kind als Verlängerung des eigenen Lebens der Eltern betrachtet. Bei beiden Gruppen war die Förderung durch die Eltern aber nie verbunden mit unklaren oder zu weiten Grenzen (Verwöhnen).

A) Akzeptanz des Kindes mit Freiraum

In den Interviews wurde von der Freude der Eltern über die Existenz des Kindes gesprochen, wie wichtig sie für die Eltern waren und wie stolz ein Elternteil auf ihre Leistungen und ihre guten Noten war. „Er war immer froh und stolz nach dem Motto: Seht her, was ich für a g'scheite Tochter hab'", sagte eine Managerin.

Die Eltern beschäftigten sich viel mit den Kindern, „mir hat die Mutter oft vorgelesen", sagte ein Manager, „wir haben gemeinsam gesungen und musiziert", erzählte ein Universitätsprofessor. Die Diskussionen über theoretische Fragen, über die Beschaffenheit der Natur, später über politische Themen wurden oft genannt. Die Töchter und Söhne wurden angeregt, ihren verschiedenen Interessen nachzugehen. Besonders die intellektuelle Schulung durch Erzählen und Vorlesen wurde ausführlich beschrieben. Der Vater förderte das Studium seines Sohnes, die Eltern unterstützten – oft trotz finanzieller Probleme – die akademische Bildung ihrer Tochter.

Wenn ich von Förderung und Akzeptanz des Kindes spreche, so ist damit nicht eine konfliktfreie Grundhaltung gemeint. Die Bandbreite des Akzeptiertseins reicht vom ersehnten Kind, das nach acht- oder zehnjähriger Ehe geboren wurde, wie wir es bei Sybille und Romed gesehen haben, bis zu einem vierten oder fünften Kind, über dessen Existenz sich die Eltern gefreut haben, auch wenn es nicht geplant war. Einige Interviewte mit Geschwistern hatten den Eindruck, von den Eltern benachteiligt zu werden. So meinten vier der Frauen, ihre Brüder seien ihnen vorgezogen worden und sie hätten dann durch ihren Berufserfolg bewiesen, daß sie mindestens ebenso gut seien, wie jene. Diese Konstellation tauchte besonders bei älteren Schwestern von Brüdern auf, die mit ihrer Karriere die geschlechtsstereotypen Erwartungen der Eltern widerlegen wollten. Die weiblichen Interviewten, deren Väter im Krieg gefallen waren, hatten dagegen den Eindruck eine ,,Last" für ihre Mutter gewesen zu sein.

B) Akzeptanz mit wenig Freiraum

Das zweite genannte Muster, einer symbiotisch engen Beziehung des Kindes zu einem Elternteil, wurde ausführlich im Fallbeispiel von Sybille beschrieben. Es tauchte jedoch ebenso bei den befragten Männern auf. So erzählte ein Universitätsprofessor, den ich Martin nannte, wie er von seiner Mutter idealisiert wurde. Sie betrachtete ihn als ,,Genie". Er hatte nicht nur sehr gut und leicht gelernt, sondern sehr früh zu komponieren begonnen. Er meinte, daß er eigentlich für sie, die Tänzerin war, komponiert hatte. Die Mutter hatte seine Idee, ein großer Komponist zu sein, sehr unterstützt. ,,Sie war ehrgeizig für mich", sagte er, ,,sodaß ich von Ehrgeizexzessen entlastet war". Die Beziehung bezeichnete Martin als ,,aufgeladen mit gemeinsamen Idealen", deren ,,idealhitzige" Atmosphäre von ,,relativer physischer Kühle" begleitet war. Ein anderer Wissenschaftler sprach von der enorm engen Verbundenheit mit der Mutter, die seine körperlichen, orthopädischen Probleme hochstilisierte, um ihn ununterbrochen pflegen und betreuen zu können. Unbewußt band sie ihn damit an sich und verhinderte so eine „normale Bubenentwicklung". Eine teilweise Loslösung von ihr erfolgte erst während des Studiums. In allen Fällen gelang es den Interviewten jedoch, in einigen Fällen erst mit therapeutischer Hilfe, sich zumindest partiell aus dieser psychischen Einvernahme durch einen Elternteil zu lösen.

Die Entwicklung der Selbstsicherheit wurde durch ein klares Erziehungskonzept gefördert. Die Pfege und Erziehung der Kinder stand im Mittelpunkt des Lebens zumindest eines Elternteils, es gab einen geordneten und klaren Tagesablauf. Die Mütter wurden eher als übergenau und pedantisch beschrieben, nur in einem Fall als schlampig und verwahrlost. Ein geregelter Tagesablauf hilft dem Kind oder Jugendlichen einen stabilen äußeren Bezugsrahmen zu entwickeln, wenn er auf der Basis von Liebe und Akzeptanz durch die Eltern beruht und nicht nur ein rigides System darstellt. Das Erziehungsverhalten der Eltern wurde als streng, konsequent oder starr charakterisiert. Es gab klare bürgerliche Normen, wie zum Beispiel nicht zu lügen, pünktlich und sparsam, verläßlich und verantwortungsvoll zu sein. Ein Manager formulierte es folgendermaßen: „Ich bin einfach gewöhnt gewesen und noch mit 17, pünktlich zu Hause zu sein, mit Geld sparsam umzugehen oder mich zu verantworten oder nicht zu lügen und Bescheid zu geben über mein Woher und Wohin." Meine Eltern waren „realistisch, hart und diszipliniert", sagte eine Interviewte.

Die Mutter war streng, führt Romed aus. Er war zu Hause sehr brav und folgsam, spontan und wild nur, wenn er nicht gesehen wurde. Bei der strengen Erziehung und den Schlägen zur Bestrafung hatte „sie kein gutes Gefühl", sagte Romed, tat es aber, weil sie den abwesenden Vater ersetzen mußte. Romeds Mutter war nicht verwöhnend, sondern liebevoll streng, obwohl ihm viele Verbote unsinnig erschienen, wie z. B. kein Eis essen zu dürfen. Sie provozierte jedoch eine aktive Auseinandersetzung darüber mit dem Sohn. So schlug Romed zum Umgehen des Verbotes, ein ungesundes Eis zu essen, vor, er könne es ja wärmen.

> „Aber ich hab' ihr an Vorschlag g'macht, wie ich doch zu an Eis kommen könnt', hab' i ma' gedacht, ich kann an Kompromiß erzwingen, net: Paß' auf, i kauf' a Eis und dann tun ma's wärmen. Des is' eigentlich a Bledsinn, net (lacht)". (Romed 42)

Die Bindung war also nie so einengend, daß Romed sich seiner Bedürfnisse und Wünsche nicht bewußt werden durfte. Auf der Ich-Ebene sehen wir auch das Gegenteil des pathologisch wirkenden „fehlenden Interesses und fehlenden Zuganges zur Ich-Welt", Romeds Mutter war gefühlvoll und konnte ihr Interesse an ihrem heiß erwünschten Sohn ausdrücken. Auf der Über-Ich-Ebene sehen wir eine „tragende und sinnvermittelnde Loyalitätsbindung", die jedoch von Romed bei der Entscheidung gegen das Priestertum flexibel gestaltet werden konnte. Er setzte seine eigenen Interessen durch, auch wenn er damit die Mutter enttäuschte.

Die Zuwendung war mehrheitlich an gute Leistung gebunden, wobei ein Universitätsprofessor und eine Managerin berichteten, daß sie noch eine Ohrfeige bekamen, als sie bei einer Schularbeit ein „Gut" und nicht ein „Sehr Gut" geschrieben hatten. Beide hatten leicht gelernt, meinten aber nachdenklich, daß diese „übertriebenen Ansprüche schon zu einer Katastrophe führen hätten können". Die Strenge und körperlichen Strafen führten nicht zu einer Brechung des kindlichen Willens, da sie in Zusammenhang mit Übertretung von Normen standen. Dahinter wurde für das Kind sichtbar, wie wichtig es für die Eltern war. In einigen Fällen jedoch führten belastende Beziehungen zu einer depressiven, ängstigenden Grundstimmung, die mit Hilfe einer therapeutischen Behandlung bewältigt werden konnte.

Wie wirkte sich die Sicherheit, von den Eltern akzeptiert und geliebt zu werden, auf die berufliche Tätigkeit aus?

Die Interviewten trauten sich, neue Tätigkeiten, Positionen und Aufgaben zu übernehmen, obwohl sie nicht wußten, ob sie es schaffen würden. Sie sprachen zwar auch von ihrer Angst und Unsicherheit, doch die Neugierde und Lust, es zu probieren, überwogen, wie es in den Fallbeispielen von Hermann oder Gudula deutlich wurde. Einer Managerin wurde vorgeschlagen, sie als erste Frau im Verkauf einzusetzen, da das in den USA ein Erfolg gewesen sei. Sie probierte es und hatte tatsächlich Erfolg. Charakteristisch ist ein „naiver Optimismus, etwas zu probieren, auch wenn man durch lange Erfahrung weiß, daß es Widerstände geben wird", sagte ein Interviewter. Es ist eine „Stehaufmandel-Funktion" und ein Hang, es „perfekt" zu machen.

Wieder wird das Spezifische der untersuchten Gruppe deutlicher, wenn wir zum Vergleich Verhaltensweisen von Problemkindern heranziehen. Diese haben Angst, sich mit Neuem zu beschäftigen, da sie unsicher sind und meinen, es nicht schaffen zu können. Besonders schwierig ist es, diese Einstellung zu ändern, da sie neue Aufgaben nicht einmal probieren. Es gibt keinen spielerischen Umgang, keine Neugierde. Die Kinder sind unruhig, oft hyperaktiv, laufen herum, beginnen eine Tätigkeit, hören auf, laufen zu etwas anderem. Sie können sich nicht konzentrieren, haben wenig Ausdauer, keine Geduld und eine geringe Frustrationstoleranz. Hinter dieser Angst stehen unbewußte innere Probleme, die oft mit unklaren Grenzen der Familie verbunden sind. Bei häufigen Veränderungen in der Familie durch Partnerwechsel der Eltern oder Änderungen der Betreuungspersonen, weiß das Kind nicht, wer zur Familie gehört, wohin es selbst gehört und wo sein Platz im Leben ist. Diese innere Diffusität wird durch Motorik und Unruhe zu übertönen versucht. Zugleich gibt es unklare Normen in der Erziehung, die die Orientierung der Kinder erschweren. In pathologischen Familien finden wir sehr oft widersprüchliche Anforderungen und „double-bind"-Beziehungen.

Bei den Familien der untersuchten Frauen waren die Normen oft zu starr, sodaß kaum eine Auseinandersetzung darüber möglich war. Bei denjenigen, deren Familiensituation belastend war, drückte sich das in großer Unsicherheit aus. So sagte eine Managerin: „Also sowas von keinem Selbstbewußtsein, wie ich hatte". Bei Mißerfolgen war sie entmutigt und brach einmal in Tränen aus, als ihr Ansuchen um eine Gehaltserhöhung ablehnt wurde. „Ich hab' mein Selbstbewußtsein über die Arbeit, wirklich über meine Leistungen bekommen". Immer wieder bezog sie sich auf die „desolaten Familienzustände", die sie durch die Unterstützung ihres langjährigen Freundes überwinden konnte. Auseinandersetzungen mit den Eltern über deren Verbote und Anforderungen dienten psychodynamisch als Ventil für Aggressionen. Auch die eigenen Fähigkeiten werden in diesen notwendigen Konflikten bewußt. Das Kind will einerseits die Grenzen erweitern, andererseits aber trotzdem das Gefühl haben, gehalten zu werden, was durch ein Eingehen der Eltern auf die Kritik des Kindes ausgedrückt wird. Wie aus den Fallgeschichten schon deutlich wurde, handelt es sich nicht um „Supereltern", sondern um Eltern, die „gut genug" sind (Winnicott). Die Eltern oder ein Elternteil waren am Werdegang der Tochter oder des Sohnes interessiert, waren zum Teil für sie ehrgeizig und durchwegs stolz auf sie.

4.3. Vorbildwirkung der Eltern

Die Förderung der Eltern und die ehrgeizigen Wünsche der Eltern für die Tochter oder den Sohn wirken sich nur dann günstig auf die Leistungsorientierung aus, wenn die Eltern diesen Vorstellungen selber entsprechen. Beruflicher Aufstieg ist das Ergebnis von Ausdauer und Zähigkeit. Karriere zu machen bedeutet, mit Schwierigkeiten umgehen zu können, Barrieren zu überwinden und durchzuhalten. Angeregt durch die „mehrgenerative Familientherapie" von Boszormeny-Nagy/Spark (1981) und Stierlin (1982), wurden in dieser Untersuchung die Familiengeschichten bei den Interviewten bis zur Großelterngeneration erforscht. Das allgemeine Klischee, daß erfolgreiche Frauen und Männer aus gut situierten Familien mit stabilen Hintergrund stammten, wurde grundlegend widerlegt. Es gab keine mehrgenerative Familiengeschichte ohne enorm schwierige oder tragische Elemente.

Aus der Auswertung der Familiengeschichten lassen sich zwei Hypothesen zur Bedeutung des beruflichen Aufstiegs in bezug auf die Vorbildwirkung der Eltern formulieren:

These A: Beruflicher Aufstieg stellte die Kompensation eines sozialen Abstiegs in der Familie dar.

These B: Beruflicher Aufstieg wurde als Wiedergutmachung von Not und Entbehrung in der Familie betrachtet und stellte einen Kampf um Anerkennung dar. Ich möchte beide Thesen anhand von Beispielen belegen.

A) Beruflicher Aufstieg als Kompensation eines sozialen Abstiegs

Der meist plötzliche, soziale Abstieg fand oft in der Großelterngeneration statt und war entweder ein wiederholt diskutiertes Familienthema oder ein Familiengeheimnis, da es die Lebenschancen der Eltern der Interviewten bestimmte. Es existiert das Bild einer zentralen Person, Großmutter oder Großvater, die das Familiengeschehen für Generationen bestimmte. Familienmythologien, die ein Grundthema in einer Familie über Generationen hinweg tradieren, werden in der Familientherapie große Aufmerksamkeit geschenkt, da sie unbewußt die Grundstimmung einer Familie prägen. (Byng-Hall 1988) Bei Monika, einer Managerin, beherrschte das Trauma der Großmutter, die ihren Mann und gleichzeitig das Vermögen verlor, die Familiengeschichte. Monikas Großvater war ein vermögender Lebkuchenhersteller und Kerzenzieher, der früh starb, als Monikas Mutter zwei Jahre alt war. Die Großmutter verkaufte das Haus und das Geschäft und ging nach Wien. Den Verlust des Vermögens beschrieb Monika folgendermaßen:

> „Die Großmutter hat alles verkauft – und war also genug Vermögen da; is' nach Wien gegangen und hat Kriegsanleihen gezeichnet ...
> I: Wie damals sehr viele.
> M: Und hat sich mit drei Kindern durchgebracht durch Stricken und Waschen".
> (Monika 16)

Es fiel ihr sichtlich schwer, über diesen Punkt zu sprechen. Es scheint sich hier um ein nie ausgesprochenes Familientrauma zu handeln. Die

Information, daß die Kriegsanleihen nach dem verlorenen Krieg wertlos wurden und damit das gesamte Vermögen verloren war, wurde nicht gegeben. Auch der Vorwurf, wie ungeschickt die Großmutter mit Geldtransaktionen umgegangen war, durfte nicht direkt ausgesprochen werden. Vermutlich durfte auch Monikas Mutter den Verlust des Vermögens nie bedauern und der Großmutter Vorwürfe machen. Monika betonte die große Leistung der Großmutter, drei Kinder alleine durchgebracht zu haben. Monikas Mutter sorgte nicht nur für eine finanzielle Absicherung der Familie, sondern sparte auch für ihre Kinder. Diese sollten nicht so wie sie mit nichts anfangen müssen. Monikas Mutter leistete sich nicht einmal eine Haushaltshilfe, um ,,für die Kinder Vorsorge zu treffen". ,,Sie wollte uns das ersparen, was sie erlebt hat", sagte sie. Monika hatte jedoch unter den Einschränkungen, die das Sparen notwendig machte, gelitten. Sie übernahm unbewußt das Anliegen der Mutter und investierte trotz ihrer angegriffenen Gesundheit alle Energie in den Beruf (sie hatte in der Volksschule einen Lungenspitzenkatarrh und war TBC-verdächtig). Monika setzte so die Familienlegende der Frauen in der Familie fort, die kämpften und sich durchsetzten.

Die mehrgenerative Familiendynamik eines Manageres, den ich Ludwig nannte, war von Phasen des Aufstiegs und belastenden Abstiegsphasen gekennzeichnet. Die väterliche Linie zeigte den stabilen Aufstieg des Bürgertums bis in den Beamtenadel. In langer Generationsfolge diente sie dem Vaterland als Diplomaten oder Offiziere. Mit dem Tod des Vaters, der als Offizier im Krieg fiel, erfolgte der soziale Abstieg, der nebulos blieb – nur mit dem Hinweis auf eine Scheidung des Großvaters, der die Großmutter, ein ,,Wiener Mädl", in zweiter Ehe geheiratet hatte. Das schien der Grund zu sein, daß sich die Familie des Vaters in dieser Situation nicht um die Witwe mit drei kleinen Kindern annahm. Vom Vater bekam Ludwig als Zehnjähriger den Auftrag, sich um die Mutter und die Geschwister zu kümmern, der überfordernd, ,,wie ein Klotz ... ohne Ventil" auf ihm lastete. Ludwig versuchte den Erwartungen zu entsprechen und hatte auch beruflichen Erfolg, jedoch immer mit dem Gefühl zu wenig getan zu haben.

Die Vorfahren eines anderen Managers, Florian, stammten aus bürgerlichem Milieu. Der Großvater väterlicherseits war Offizier, mütterlicherseits existierte ein legendärer Urururgroßvater, der einen erstaunlichen Aufstieg geschafft hatte. Er war ein Spengler, der aus Deutschland einwanderte und sehr reich wurde. ,,Durch eigenen unternehmerischen Mut und Ehrgeiz" schaffte er bei der Ausrüstung der österreichischen Armee den Aufstieg und war am Lebensende ein einflußreicher Hausherr. Auf ihn war die ganze Familie stolz und er war ein positives Vorbild. Da er fünfmal verheiratet war und viel in Kriegsanleihen investiert hatte, blieb von seinem legendären Vermögen nur der Hausbesitz über. Der Großvater mütterlicherseits war ebenfalls Beamter, und zwar im Sozialministerium. Gegen den enormen Druck zur Beamtenlaufbahn rebellierte Florian ebenso wie sein jüngerer Bruder. Seine Tätigkeit in einem Großkonzern stellte einen Kompromiß dar zwischen dem Sicherheitsstreben der Beamten und dem freien Unternehmertum.

Bei drei Interviewten wurde von einer adeligen Großmutter gesprochen, die verarmte und deren Kinder unter dem Druck standen, sozial aufzusteigen. Die Lebensgeschichte der Eltern macht verständlich, daß sie den Wunsch nach sozialer Besserstellung an ihren Sohn oder ihre Tochter weitergaben. Ein Manager, den ich Leopold nannte, bezeichnete die Mutter als „Triebfeder seiner Karriere", deren Leben von zwei Krisenphasen gezeichnet war. Als jüngstes von fünf Kindern traf Leopolds Mutter der frühe Tod ihrer Mutter, als sie 10 Jahre alt war. Ihr Vater verspielte und vertrank das kleine Familienvermögen, das er als Fuhrwerksunternehmer erworben hatte, rasch. Da er sie als kleines Kind immer ins Gasthaus mitnahm, wurde sie ins Heim eingewiesen. Sie stellte ihren Vater den Söhnen als negatives Beispiel hin und wandte sich strikt gegen Kartenspielen, Alkoholtrinken und Geldausgeben. Als sie ihren zukünftigen Mann kennenlernte, war dessen Familie gegen die Heirat, sodaß Leopold vorehelich geboren und erst später adoptiert wurde. Die Kriegszeit in Wien war für sie, alleine mit vier Kindern, sehr schwierig. Sie wurde jedes Jahr schwanger. Es folgte 1939 eine Totgeburt, der 1943 geborene Bruder von Leopold und seine 1945 geborene Schwester verhungerten. Er und sein Bruder hatten Keuchhusten, waren unterernährt und wären fast gestorben. Leopold hatte gelernt, in chaotischen Situationen der Mutter hilfreich beizustehen. Als ältester Sohn stand Leopold in der real schwierigen Situation, einer überforderten Mutter Sicherheit zu geben. Diese Jahre des Kriegs, die permanente Bedrohung und Angst sowie der Druck der Mutter prägten Leopold. Dem Chaos und der Angst setzte er sein Bravsein gegenüber. Im Beruflichen spiegelte sich dieser eingeübte Mechanismus wider. In der chaotischen Anfangsphase konnte Leopold sehr gute Leistungen erbringen und improvisieren; sobald alles geordnet war, verlor er das Interesse, und andere übernahmen diese Aufgaben. Leopold erzählte sehr ausführlich über die Aufbauphase in der Firma, wie er ohne Vorkenntnisse ein Schulungsprogramm und eine Kundenbetreuung aus dem Nichts schaffen konnte. Es bereitete ihm keine Schwierigkeiten, sich in nächtelangen Studien die notwendigen Kenntnisse autodidaktisch anzueignen. Stolz erzählte Leopold, wie er völlig verfahrene Situationen meisterte. Das Managen äußerer chaotischer Situationen lenkte ihn, so interpretiere ich, von der inneren Zerrissenheit ab. Sobald die Firma sich konsolidierte, eine stabile Abteilungseinteilung geschaffen war, wurden Probleme und Leistungsgrenzen bei ihm sichtbar. Sein Chef machte ihn noch zu seinem Nachfolger, doch das Verwalten und Stabilisieren lag ihm nicht. Er lernte als Kind und Jugendlicher, Unzumutbares auszuhalten und der Mutter Sicherheit zu geben. Die eigene Überforderung, Bedrohung, Wut und Angst durften nie ins Bewußtsein dringen. In dem Moment, wo die Außenwelt sich jedoch stabilisierte, sah er sich inneren Spannungen ausgesetzt, die ein ruhiges, kontinuierliches Arbeiten störten.

In einer anderen Familiengeschichte wurde deutlich, daß der Vater der Managerin Hedi den sozialen Abstieg nicht verkraften konnte. Seine Eltern hatten große Güter in der Tschechoslowakei, mußten fliehen und verloren alles. Der Sohn war als Tischler tätig. Er flüchtete in den Alkohol und war kaum in der Lage, seine Familie zu ernähren. Erst Hedi konnte durch ihre berufliche Karriere den verlorenen sozialen Status wiedererlangen.

Bei dieser Gruppe stellte der soziale Aufstieg ein Wiedererlangen der verlorenen sozialen Anerkennung dar. Die Interviewten setzten den Kampf der Eltern fort. Etwas-Werden, eine soziale Position zu erringen, wurde als wichtiges Ziel im Leben betrachtet.

B) Sozialer Aufstieg als Wiedergutmachung

Die zweite Gruppe der Interviewten berichtete von dem expliziten oder indirekten Auftrag der Eltern, es „besser zu machen als sie". Die Eltern, meist die Mütter, setzten alles daran, das Unrecht oder die Not, die sie oder ihre Eltern erlebt hatten, durch einen sozialen Aufstieg ihrer Kinder wiedergutzumachen. Häufig finden wir in der Großelterngeneration das Schicksal der alleinstehenden Frauen mit Kindern, die sich alleine durchschlagen mußten. Wenn wir die mehrgenerative Berufssituation des Managers Felix betrachten, so steht das Bild des mütterlichen Großvaters im Mittelpunkt. Er war ein „angesehener Fabrikant", der mit der Großmutter ein mehrjähriges außereheliches Verhältnis hatte. Sie hatte 3 uneheliche Kinder von diesem Fabrikanten.

„Ja, ich hab' mir das erzählen lassen, das war damals gar net so unüblich, daß ein – ein Herr, also ein eher wohlbestallter Herr aus egal welchen Gründen, vielleicht hat's ihm mit seiner Frau keinen mehr Spaß gemacht oder wie immer – und hat ... die Familie ... sogar halt gewußt, eine solche Dauerbeziehung hatte. Und vielleicht hat er zu Lebzeiten – er starb aber auch früh – noch a bissl intensiv für sie gesorgt, aber wenn dann 3 Kinder sind, ..." (Felix 21)

Nach seinem Tod mußte Felix' Großmutter die Kinder alleine durchbringen, später hatte sie im Haushalt ihrer Tochter gewohnt. Der früh verstorbene Fabrikant, zu dem die Großmutter eine intensive Liebesbeziehung gehabt hatte, wird vermutlich von der Großmutter idealisiert worden sein. Das Attribut „angesehener Fabrikant" läßt ebenso wie die Relativierung „das war damals gar net so unüblich" auf emotional positiv gefärbte Erzählungen der Großmutter schließen. Nach seinem Tod wurde es finanziell sehr schwierig, die 3 Kinder alleine großzuziehen. Felix identifiziert sich mit dem angesehenen Fabrikanten, obwohl dieser seine Kinder nicht legitimierte. Felix wurde ebenso erfolgreich wie dieser Großvater, eignete sich die Kultur des gehobenen Bürgertums an und verfügt über gesellschaftliches Auftreten, Brillanz und Humor. In der Phantasie dürfte sich die Mutter das Leben an der Seite ihres Vaters ausgemalt haben – der Sohn Felix realisierte diese unbewußten Wünsche der Mutter.

Bei einer Managerin, die ich Erika nannte, finden wir einen expliziten Auftrag der Mutter, es „anders zu machen als sie". Bei ihr liegt die Wurzel der Dynamik des enorm steilen Aufstiegs – auch ohne eine akademische Ausbildung – vermutlich bei ihrer Mutter. Erikas Mutter war eine uneheliche Tochter, die bei ihrer mütterlichen Großmutter aufwuchs. Geld war nie genug da. Die Urgroßmutter von Erika führte ein Lebensmittelgeschäft „a klaner Greißler in Lichtental" – für eine alleinstehende Frau eine arbeitsintensive und physisch anstrengende Tätigkeit.

„A klaner Greißler in Lichtental in der Kriegszeit. Also des is' etwas, das übersteigt, glaub' ich, unsere Vorwürfe, zu Fuß am Naschmarkt gehen um drei in der Früh, die War' abholen und mit'n Wagerl wieder zruckfahr'n und dann des Verkaufen und im G'schäft stehn, kan Urlaub hab'n". (Erika 19)

Die bedrückende Enge, der Überlebenskampf der Mutter wurde von Erika in der Erzählung aktiviert. Sie versprach sich und sagte statt „das übersteigt unsere Vorstellungen", „Vorwürfe". Einen Vorwurf dürfte sie vermutlich dem Vater machen, der ihre Mutter im Krieg ganz allein gelassen hatte. Erika erwähnte in der Erzählung über die Mutter mit keinem Wort ihre Großeltern mütterlicherseits, so als ob sie nicht existierten. Auf eine

Nachfrage antwortete sie kurz und ging gleich zur Urgroßmutter über, die ja für die Großmutter ein Mutterersatz war. Erika antwortete auf die Frage, was die Eltern der Mutter gewesen seien, folgendes:

„Ihre Mutter – also die Mutter war ein uneheliches Kind, und war glaub' i, sehr jung – ihre Mutter war sehr jung – ihre Mutter war sehr jung, sehr jung. I kenn die Frau net, i hab die nie g'seh'n, und das war so eher ein unerwünschtes Kind, und deswegen hat sie auch die Großmutter genommen, und der Vater is' unbekannt. Also eher aus sehr dubiosen Verhältnissen." (Erika 19)

Erika stammte aus einer Familie, in der es in zwei Generationen uneheliche Kinder (Mädchen) gab. Die Urgroßmutter wurde mit dem unehelichen Kind alleine gelassen. Die Großmutter wiederholte das. Es erforderte großen Mut, das uneheliche Kind zur Welt zu bringen. Zwei Generationen Vorwürfe, Enttäuschung und Verachtung der Frauen den Männer gegenüber, die die jungen geschwängerten Frauen im Stich gelassen hatten. Erikas Mutter wollte es ganz anders machen als ihre Mutter und Großmutter: einen Mann aus besseren Kreisen heiraten und kein Kind bekommen. Erika war „ein Unfall", ungeplant, „ist passiert". Erikas Mutter wollte vermutlich nie mehr hungern, nie mehr zu wenig Geld haben. Dann kam die Enttäuschung. Der Vater „aus besserer Familie", die ein großes Maschinenimport-Exportgeschäft hatte, war nicht ehrgeizig und wollte ein gemütliches Leben führen. Erst Erika konnte soziale Anerkennung erringen und viel Geld verdienen. Die Mutter war zufrieden und freute sich über Erikas Erfolg. Inhaltlich beschrieb Erika ausführlich die Freude und die Anteilnahme der Mutter an ihrer Karriere. Als ich den Sachverhalt ausdrückte, „Sie haben also zumindest genug Geld ... was die Mutter nie gehabt hat", konnte sie es voll annehmen: „Richtig, ja. Also ich glaube so bissl, ich hab das erreicht, was sie eigentlich wollte, ... zumindest im Vorwärtskommen". Erfolgreich im Beruf sein kann dann als delegierter Wunsch der Mutter interpretiert werden, den sie mit unerhört großem Arbeitseinsatz auch ohne Studium schaffte.

Die stärkste Charakterisierisierung der bedrängenden Enge seiner sozialen Herkunft gab ein Universitätsprofessor, den ich Romed nannte, bei der Zeichnung seiner Familie.

Romed zeichnete drei Schildkröten, die in einem gläsernen Käfig sitzen, wobei eine Glasplatte den Ausgang versperrt. Die Zeichnung vermittelte das Gefühl des Eingesperrtseins, das durch die extrem beengte finanzielle Situation der Familie und rigide Normen gegeben war. Der Kommentar zur Zeichnung kreiste um das Eingesperrtsein: „An übermächtigen Raum, wo

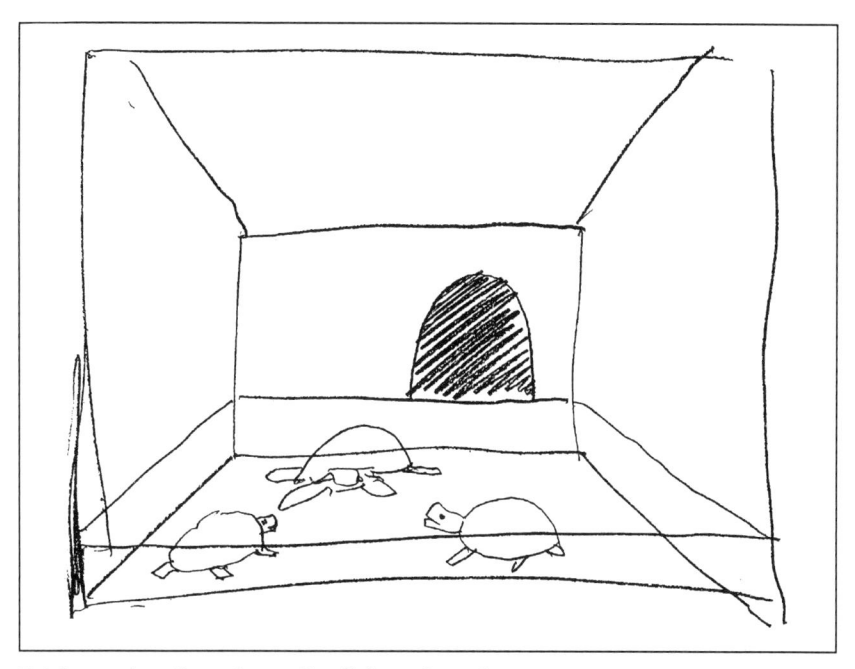

Zeichnung der „Verzauberten Familie" von Romed

man sich nicht rühren kann, ma wird in an Käfig gehalten ... daß man sich nicht wegbewegen kann." Er sei „eine Schildkröte, die da raus will". Er beschrieb die Beengung und den Wunsch rauszukommen, sich bewegen zu dürfen, was ihm durch die Aufahme in das Priesterseminar gelang. Doch auch als Stipendiat im Internat erfuhr er immer wieder, daß er sich anpassen mußte, daß er anders behandelt wurde. Die Devise der Mutter lautete: „Du riahr' di net". Er müßte froh sein, daß er da sein dürfe und sollte nicht aufmucken. Als drei Buben denselben Streich spielten, erhielt der Bub des Stadtkommandanten eine Ermahnung, der Bub des Molkereibetriebsleiters einen Pultarrest von einer Stunde und er, der Sohn eines Hilfsarbeiters, eine Woche Pultarrest. Die Anpassung erfolgte mit einem inneren Vorbehalt, der Not gehorchend, „ein Biegen im Wind", wie er sagte, um nicht zu zerbrechen.[6] Romed schätzte seine

---

[6] In einer fünfstufigen Klassifikation des „falschen Selbst" führt Winnicott (1965) auf der dritten Stufe diejenige Form an, die dazu dient, das wahre Selbst zu schützen. „Das falsche Selbst verteidigt das wahre Selbst; das wahre Selbst wird jedoch als Potential anerkannt und darf ein geheimes Leben führen." (S. 186) Es geht dann um das Bewahren des Individuellen trotz schwieriger Umweltbedingungen wie wir es bei Romed sehen.

Einschränkungen realitätsgerecht ein. Erst als er sich in der siebten Klasse entschied, nicht Priester zu werden, „muckste er auf", traute sich, auf seinem Standpunkt zu verharren. Die Ohnmacht, sich fügen zu müssen, wurde beim Kommentar der Zeichnung genannt: „Es ist unüberwindlich, sich net bewegen können und nix dagegen mochen können". Nach Abschluß des Interviews erzählte Romed, daß das auch ein wiederkehrender Angsttraum als Kind gewesen sei, eingesperrt zu sein, weglaufen zu wollen und sich nicht bewegen zu können. Die Schildkröte stellte ein „Urtier" dar, dessen Körper durch einen Schutzpanzer geschützt und belastet war. Unaufgefordert zeichnete Romed ein zweites Bild der Verzauberung: ein Wunschbild.

2. Zeichnung des Wunschbildes von Romed

Das zweite Bild stellte die grenzenlose Weite dar, die Natur, einen Garten mit Gemüsebeeten – alles, was er früher als Kind vermißt hatte.

„Kloar, die Muatter hot domols jedes Fleckerl für's Gemüse und weil de Hausfrau hat uns so a Fleckerl zur Verfügung g'stellt, das mußte genützt sein ... und des wär als Verschwendung ang'sehn worden, wenn do wer wos g'mocht hätt', des net in ihrem Plan g'wesen wär". (Romed 36)

Jetzt hat er sich seine Wünsche erfüllt, hat die Enge der Familie gegen die relativ freie, aber sozial sichere Wissenschaftsstelle eingetauscht.

Romed lebt mit seiner Frau am Land in einem Haus mit Garten, den er pflegt. Dort fühlt er sich jetzt wieder „dahoam".

Der berufliche Erfolg ist mit Macht und auch Freiheiten verbunden, die nicht nur für die Interviewten selbst, sondern auch als Stellvertreter und Stellvertreterinnen ihrer Eltern zu sehen ist. Oft setzen sie einen sozialen Aufstieg fort, der von der Elterngeneration bereits initiiert wurde.

Arbeitsethos der Eltern und Großeltern

Bei allen Familiengechichten steht die Arbeit im Zentrum. Entweder als Mittel, die Familie oder sich und das Kind am Leben zu erhalten, oder als Aufstiegsmittel. Berichtet wurde von einer Vielzahl von Schicksalsschlägen, köperlichen Gebrechen der Eltern, Todesfällen, Verfolgung und Emigration. Charakteristisch für die Eltern und Großeltern war, daß sie nie aufgaben und sich nicht entmutigen ließen. Die Einstellung zur Arbeit, die die Interviewten als Kinder bei ihren Eltern erlebt hatten, wurde übernommen. „Die Arbeit war sehr wichtig für den Vater, er hat viel darüber erzählt", sagte eine Interviewte. Eine Wissenschaftlerin meinte,"alles war der Arbeit untertan", eine andere, „Arbeit war wichtiger als alles andere". „Mein Vater hat sich geschunden bis aufs Äußerste", sagte ein Universitätsprofessor. Auch die Mutter hat „Nächte durchgearbeitet und sich geschunden". „Meine Mutter und ich waren immer Steher, die nie aufgeben", meinte ein Manager. „Das Wertesystem war, man muß hart arbeiten im Leben, dann wird man geachtet", faßte ein anderer Manager die Maxime zusammen. „Ehrliche Arbeit" durch „der Hände Fleiß" oder durch Kreativität wurde vorgelebt. Viele der Eltern gingen nie auf Urlaub, da sie das als Luxus betrachteten. Auch die Interviewten berichteten, daß sie jahrelang jedes Wochende und die meisten Abende durchgearbeitet hatten. Felix, ein Manager, beschrieb die Arbeitseinstellung der Mutter folgendermaßen:

> „Wahrscheinlich muß ich sagen, das Erbteil habe ich von ihr. Sie ist unglaublich ausdauernd, unglaublich fleißig ... sie hat nicht nur Spaß daran gehabt, sie hat auch dann gearbeitet, wenn's keinen Spaß gemacht hat. Also das muß man hunderprozentig bejahen, daß sie da der Motor immer war und wirklich tagaus, tagein T/die hat ja ... jahrzehntelang keinen Urlaub gemacht, weil ... sie gesagt hat, na ja, ein offenes Geschäft ... das ist unersetzlich". (Felix 18)

Diese für die Karriere so wichtige Ausdauer und Disziplin, die Phantasie und die Vielfältigkeit hatte Felix von der Mutter übernommen.

Das Bild, das die Interviewten von zumindest einem Elternteil hatten, war, daß sie von früh bis spät arbeiteten, um für die Kinder eine bessere Situation zu schaffen – damit identifizierten sie sich, auch wenn einigen durchaus bewußt war, daß sie sich als Kinder zurückgesetzt fühlten und dieser Arbeitshaltung kritisch gegenüberstanden. Die Eltern hatten sie nicht nur zur harten Arbeit angehalten, sondern ihnen auch ein „Leitbild" durch ihr eigenes Leben gegeben. Nun zur vierten Dimension.

4.4. Umgang mit Autorität: Anpassung versus Rebellion

Bei dieser Dimension – Anpassung versus Rebellion – treten geschlechtsspezifische Unterschiede auf. Karrieremänner verkörpern – ganz im Gegensatz zum männlichen Stereotyp – das Bild des braven, angepaßten Kindes, das die Vorstellungen und Normen der Eltern widerspruchslos akzeptiert. Sie berichteten von keinen Konflikten oder Auseinandersetzungen mit den Eltern in wichtigen Lebensentscheidungen und hatten einen geradlinigen Karriereweg hinter sich. (Mit einer Ausnahme pro Gruppe). Sie respektierten Autoritäten und paßten sich an. Ein Top-Manager, den ich Felix nannte, antwortete auf die Frage nach seinem Umgang mit Autoritäten folgendes:

> „Ich war eher autoritätsgläubig, bin es heute noch, obwohl ich dagegen ankämpfe ... Vor jeder Obrigkeit, vor jedem Verkäufer oder blödem Polizisten hat man Respekt. Warum macht man dieses und jenes nicht? Ja, weil es doch irgendwo eine Vorschrift gibt. (Felix 34)

Ein Manager, der vier Geschwister hatte, war zu Hause brav und in der Schule der Klassenclown – eine Rolle, in der er Aufmerksamkeit erregen wollte. Er war der einzige Manager, der wegen seines auffallenden Verhaltens in der Schule gegen eine Autorität rebellierte und dann zur Strafe in ein Internat geschickt wurde. Alle anderen interviewten Männer sagten, daß sie „extrem brav" waren, gut in der Schule und folgsam. „Ich war sehr autoritätsgläubig", sagte ein Manager, „das ist mir durch meine Eltern eingeimpft worden ... und hat mir in meiner Karriere eigentlich zu schaffen gemacht". Jeder, der älter ist und eine Position hat, muß als Autorität respektiert werden, lautete die Maxime. Er hatte Autoritäten als „Faktum" genommen, als tabu, als „Wahrheit" und stellte auch nie seine Eltern in Frage. Erst durch einen Auslandsaufenthalt in den USA legte er seine „Autoritätsgläubigkeit" ab. Die „Grundtugend", die ihm vermittelt wurde, lautete „anständig sein, ehrlich, fleißig, net lügen". Ein anderer Manager sollte „Verantwortung übernehmen, nicht egoistisch sein, die Wünsche der anderen erraten"; er hatte „viel zulange sehr an Autoritäten geglaubt". Die innere Auseinandersetzung mit Autoritäten erfolgte erst während ihrer Berufstätigkeit, „diese Entwicklungsphase habe ich nie erlebt", kommentierte ein Manager. Ein „Ausbrechen aus dem geregelten Rahmen" gab es nur im privaten Bereich. Die Aggression ist tief verdrängt, sie wird in sublimierter Form der Konkurrenz im Beruf gelebt.

Von den Frauen als das „friedfertige Geschlecht" (Mitscherlich 1984) hätte man sich solche Antworten erwartet. Die interviewten Frauen dagegen berichteten von Rebellion gegen die elterlichen Normen oder von massiven Konflikten mit einem Elternteil. Ich nannte die Karrierefrauen daher „Rebellinnen". Die Kampfmittel in den Auseinandersetzungen mit den Eltern waren vielfältig. Die wichtigste Ebene der Auseinandersetzung war die Sexualität, besonders in der Pubertät. „Schwierigkeiten hat's erst ab der Pubertät gegeben – ich war a bißerl frühreif", sagte eine Universitätsprofessorin. Sie sah sich jugendverbotene Filme an, schminkte sich und ging mit Burschen aus – trotz des Verbotes der Mutter. „Ich bin mir vorgekommen wie eine Prostituierte", präzisierte sie ihre damaligen Gefühle. Die Mutter, die Witwe war, blieb am Abend immer zu Hause. Eine andere Wissenschaftlerin rebellierte gegen die strenge Erziehung und hatte heftige Auseinandersetzungen mit der Mutter. Der Konflikt kulminierte nach ihrer ersten sexuellen Beziehung mit 17 Jahren. Als sie mit dem Mann zusammenzog, bekam sie von der Mutter eine Ohrfeige, begleitet von den Worten: „Das kannst nicht du sein, du bist nicht meine Tochter". Es war klar, daß sie diesen Mann heiraten mußte, um von den Eltern nicht ganz abgelehnt zu werden. In ihrem Selbstverständnis war die Entscheidung, mit diesem Mann zu leben, ihr erster Schritt zur Emanzipation und Selbständigkeit. Vorbilder der Frauen waren Widerstandskämpfer, Winnetou, Eroberer und Entdecker. Eine andere Managerin, Rosalia, hatte mit den Eltern eine heftige Auseinandersetzung um den Mann, den sie heiraten wollte. Ihre Eltern waren dagegen. Sie und ihr Verlobter warteten dann zwei Jahre, bis sie großjährig wurde, heirateten und wanderten nach Kanada aus. „Über Sexualität wurde nicht gesprochen, obwohl sie (die Mutter) es wußte", führte Rosalia weiter aus. Rosalia hatte sich schon einige Jahre vorher durchgesetzt, als sie in der sechsten Klasse nicht mehr in die Schule gehen, sondern eine kaufmännische Lehre machen wollte. „Wie ich das erste Mal in England war, habe ich einen Brief nach Hause geschrieben, so quasi – ich geh' nicht mehr in die Schule, wenn ich nach Hause komm', such ich mir einen Job ... Ich kam von England zurück und hatte eine Lehrstelle". Rosalia meinte, daß sie diese Erfahrung, sich durchgesetzt zu haben, sehr beeinflußt hatte. Sie war eine gute Schülerin und ihr Vater wollte unbedingt, daß sie die Matura ablegt. Die Mutter überzeugte ihn aber, daß es keinen Sinn hätte, wenn sich Rosalia das in den Kopf gesetzt hatte.

Eine Managerin, Gudula, hatte diesen Konflikt mit dem Vater, ob sie das Baby bekommen oder eine Abtreibung machen lassen sollte, mit dem aussagekräftigem Bild vom „Durchtrennen der Nabelschnur" charakterisiert. Gudula protestierte mit ihrer Entscheidung, zu heiraten und dieses Kind zu bekommen, gegen den konservativen Lebensstil der Eltern und brach aus der Familie aus. Sie bezeichnete diese überstürzte Heirat selbst als „Widerstand gegen die Eltern". Andere interviewte Frauen berichteten, wie sie sich in bedeutenden Fragen gegen den Vater durchgesetzt hatten, manchmal mit List, manchmal im offenen Konflikt. Die Managerin, die ich Adelheid nannte, berichtete von fortdauernden Machtkämpfen und Konflikten mit dem Vater. „Das hat Spuren hinterlassen", führte Adelheid weiter aus, positive und negative. „Ich habe gelernt, mich absolut durchzusetzen, mich zu behaupten". Sie lernte, ihre Meinung zu sagen und sie gegen Kritik zu verteidigen. Da der Vater „Brachialgewalt" anwandte, sah sie sich gezwungen, langfristige Strategien anzuwenden. Sie erzählte folgendes Beispiel:

> „Es hat ihn wahnsinnig gestört, daß ich ausgehen wollte. Er war der Meinung, Frauen dürften nicht so emanzipiert sein, sie müssen dann und dann zu Hause sein und selbständig das machen, und ich hab' dann beim Tanzkurs gemerkt – ich wollte nicht, daß er als Gardedame mitmarschiert, da war ich 16; das hat mich so gestört, daß ich zu Hause g'sagt hab', ich will nicht tanzen, ich find das gräßlich und ich hab' keine Lust und hab' mich also so aufgeführt, daß das meinen Eltern geradezu als abnorm erschien. Jössasna, die Tochter hat da irgendan Klopfer; in Wirklichkeit war das bei mir eine Taktik, um ihn zu bewegen – ja, irgendwie muß man sie doch dazu bringen, das gehört einfach zum gesellschaftlichen Leben und auch zur Erziehung, daß man sich bewegen kann, daß i tanzen kann ... Der Effekt war, daß man mich wiederum mit einer gewissen Diplomatie von Seiten der Eltern versucht hat, zu motivieren, denn doch auf Bälle zu gehen und doch einen Tanzkurs zu besuchen. I: „Ohne Gardedame". A: „Ohne Gardedame, wie es mir gepaßt hat, ... das waren eben meine Umwege". (Adelheid 10)

Diese Taktik zeigt, wie gut Adelheid soziale Situationen einzuschätzen wußte und die Reaktion der Eltern antizipieren konnte. Sie war die einzige der fünf Schwestern, die ohne seine Begleitung in die Tanzschule ging. Adelheid interpretierte diese Erfahrungen als „Training", das ihr Ausdauer und Durchsetzungsvermögen auch in scheinbar ausweglosen Situationen verlieh. Im Beruf bevorzugte sie „offene Kämpfe", gab ihren Mitarbeitern Feedback und teilte ihnen Kritik im direkten Gespräch mit.

Eine Professorin und eine Managerin sagten, daß sie wegen der drohenden Strafen zu Lügen Zuflucht nehmen mußten. „Ich mußte zu Lügen greifen, keinen diplomatischen Schachzügen, sondern echten Lügen, was ich schon damals verabscheute", lautete eine Aussage. Lügen ist eine Kampfmethode der Schwächeren, die vor einer Übermacht oder physischen Bedrohung Angst haben. Miller (1976) zeigt, daß diese Kampfstrategien typisch für Unterlegene, wie Negersklaven und Frauen sind, die durch List die Überlegenen als dumm abwerten, da sie so leicht zu täuschen sind, gleichzeitig aber eignen sie sich große soziale Einfühlsamkeit an. Eine Managerin, Hedi, setzte sich gegen die leidende Mutter nur mit Lügen durch. Als Erwachsene und in der Erziehung ihrer Kinder legte sie großen Wert darauf, unterschiedliche Meinungen offen auszusprechen und zu diskutieren, da sie das Lügen als demütigende Form erlebt hatte.

Zusammenfassend läßt sich sagen, daß die Mehrheit der interviewten Frauen es geschafft haben, sich gegen Normen zu wehren und sich mit diversen Kampfmethoden erfolgreich gegen die elterlichen Vorstellungen duchzusetzen. Sie konnten dann auch als Erwachsene Klischees überwinden und ihre Ansichten vertreten. Ihre Fähigkeit bestand darin, ihre Aggression konstruktiv, gestaltend einzusetzen; direkt das anzustreben, was sie erreichen wollten. Zum gängigen Rollenklischee der Frau gehört es ja auch, ihre Machtansprüche nur indirekt auszudrücken, indem sie krank werden, leiden, Schuldgefühle erzeugen oder manipulieren. Die interviewten Frauen dagegen konnten – zumindest im Berufsbereich – ihre „Angst vor Autonomie", wie es Gambaroff (1984) nennt, partiell überwinden und zu ihren Machtansprüchen stehen. Die interviewten Männer internalisierten den Leistungsdruck der Eltern, strebten nach Liebe und Anerkennung und lehnten sich nicht auf. Konzerne und Bildungsinstitutionen scheinen angepaßte Führungspersonen in Top-Positionen zu bevorzugen, die sich mit den elterlichen Normen identifizieren und die grundlegenden Regeln nicht in Frage stellen. In diesem Sinn bleiben sie „gute Söhne", die sich mit ihrer Firma identifizieren und anerkannt werden wollen.

3. Teil: Vergleich der Karrieremuster nach Geschlecht und Beruf

Die Durchführung des vierten Schrittes, nämlich die untersuchten Personen nach dem Kriterium des Geschlechtes und ihrer beruflichen Sozialisation zu vergleichen, um geschlechts- oder berufsspezifische Besonderheiten festzustellen, wirft wie in allen qualitativen Studien methodische Probleme auf. Obwohl diese Fragestellung nach der Besonderheit der weiblichen Karriere und ihrer inneren Antriebsdynamik eine wesentliche Motivation für die Themenwahl darstellte, ist die Aussagekraft durch die geringe Zahl der Stichprobe statistisch nicht signifikant. Die gewählte qualitative Untersuchung der Lebens- und Bildungsgeschichten von beruflich Erfolgreichen stellt das Individuelle und Einmalige jeder Person in den Mittelpunkt, wie es in den Falldarstellungen widergegeben wurde. Der Vorteil der qualitativen Methode besteht in dem offenen Zugang, der reiche Ergebisse und detaillierte Informationen über die einzelne Person zuläßt. Die Repräsentativität der Stichprobe ist sehr groß, umfaßt sie ja bei den Managerinnen jeweils die Hälfte der weiblichen Führungskräfte in den drei untersuchten Konzernen, und bei den Universitätsprofessorinnen wurden 30% der Gesamtpopulation befragt. In der Grundpopulation der Jahrgänge, die interviewt wurden (Geburtsjahr 1934–1950), gab es in Österreich 25 weibliche Universitätsprofesorinnen (9 o. Univ.-Prof. und 16 a. o. Univ.-Prof.), sodaß 7 Personen 30% darstellen. Bei den Männer hingegen stellen die befragten 8 Professoren von der Gesamtpopulation dieser Jahrgänge, nämlich 486 Personen (180 o. Univ.-Prof. und 306 a. o. Univ.-Prof.), lediglich 2% dar. Bei den Managern wurden diejenigen ausgewählt, die in der gewünschten Altersstruktur die höchsten Positionen in der Hierarchie einnahmen. Wie im Kapitel über methodische Fragen der Untersuchung bereits hingewiesen wurde, erlaubt die kleine Zufallsstichprobe der 30 Personen an der Spitze der Hierarchie keine verallgemeinernden Aussagen über die Gesamtpopulation. Der Hinweis auf die hohe Repräsentativität sowie hohe Validität der Studie bei begrenzter Aussagekraft erscheint auch deshalb so wichtig, da mit so einer wissenschaftlich redlichen Einschränkung wohl auch andere, populäre Aussagen wie „Frauen führen anders" kritisch konfrontiert werden muß. In der genannten Untersuchung von Sally Helgersen (1991) gelangt die Autorin zu der Aussage – die wohl nur als Artefakt verstanden werden kann – über einen „neuen weiblichen Fürungssstil", indem der Tagesablauf von vier weiblichen Führungskräften in Form einer teilnehmenden Beobachtung dokumentiert und Interviews durchgeführt wurden. Es zeugt von einer gewissen Naivität, wenn die Autorin meint, durch die Auswahl von vier Frauen, von denen zwei als freie Unternehmerinnen ein Unternehmen mit wenigen Mitarbeitern leiten und zwei in einem Großunternehmen tätig sind, „die gegenwärtige allgemeine Situation in den USA widerzuspiegeln, – in der Frauen in enormen Umfang als freie Unternehmerinnen auftreten". (Helgesen 1991, 30) Das Führen einer Boutique und die Leitung einer Finanzabteilung mit über 80 Mitarbeitern können wohl nicht ernsthaft miteinander gleichgesetzt werden. Als Vergleich mit dem männlichen Führungsstil wird von Helgersen eine Untersuchung von Mintzberg (1973) herangezogen, in der Terminkalenderanalysen und Befragungen von fünf Spitzenmanagern eines Großkonzerns über ihren Tagesablauf durchgeführt wurden. In beiden Fällen ist die Verallgemeinerung auf das Fürungsverhalten im Management im allgemeinen methodisch wohl nicht gerechtfertigt.

Strukturierte Befragungen oder experimentelle Versuchsanordnungen dagegen bringen enge und genaue Ergebnisse, die dem Anspruch nach wiederholbar und intersubjektiv überpüfbar sind. Die Besonderheit und Reichhaltigkeit der einzelnen Lebensgeschichte geht bei strukturierten Befragungen jedoch verloren, da die Antworten von den Details abstrahieren, um einer der vorformulierten Antwortmöglichkeiten zuordenbar zu sein. Durch die Strukturiertheit der Antwort ergeben sich künstliche Antworten, die die Validität der Aussagen gering werden lassen. Coolican führt in einem Vergleich der Vor- und Nachteile von qualitativen und quantitaven Methoden an, daß qualitative Methoden wohl reiche aber unvorhersehbar vielfältige Daten ermöglichen, die dann vom Forscher ausgesiebt, organisiert und nach ihrer Bedeutung selektiert werden müssen. (Coolican 1993, 39) Durch die Offenheit des narrativen Interviews konnten Dimensionen der inneren Welt der Untersuchten erschlossen werden. So vielfältig und aufschlußreich Szenen und Erinnerungen aus dem Leben der Erfolgreichen sind, so bleibt doch der Wunsch nach Ergebnissen im Sinn von Trends und Mustern. Der Vergleich verschiedener Berufsgruppen und der geschlechtsspezifischen Biographie erscheint deshalb so wichtig, weil in der gesamten mir zugänglichen Literatur keine derartige Studie vorliegt. Es gibt entweder Untersuchungen über den Werdegang, die Motivation und die Einstellung von Managerinnen und „Frauen, die es geschafft haben", oder Studien über Manager, wobei dann die Frauen als zu vernachlässigende Gruppe betrachtet werden, da sie unter 2% der Gesamtpopulation ausmachten. (Maccoby 1977) Morrison und White ziehen zwar in ihrem Buch über Frauen im Management, „Breaking the Glass Ceiling", Daten aus früheren Untersuchungen mit Managern heran, die jedoch aus einem anderen Untersuchungskontext stammen. Die Ausweitung der Stichprobe auf Männer und Frauen in vergleichbarer Position ist nach Elias u. a. bereits ein Symptom einer neuen Machtverteilung zwischen „Etablierten und Außenseitern". Nämlich dann, wenn diejenige Gruppe, die bisher von Machtpositonen ausgeschlossen war, nun nicht mehr die Besonderheit einzelner Erfolgreicher ihrer Gruppe reflektieren und zum Gegenstand wissenschaftlicher Untersuchungen macht, sondern Mitglieder der bisher ausgegrenzten Gruppe mit der der Etablierten vergleicht. Dies ist dann Ausdruck eines neuen Selbstverständnisses.

Wenn ich im folgenden Subgruppen mit speziellen Mustern und Phänomenen benenne, so kommt dem der Stellenwert von basisorientierter Theorie („grounded theorey", Glaser/Strauss 1967) zu. Die Aussagekraft bezieht sich auf das Kenntlichmachen existierender Linien und Muster, die hinter den materiellen Erscheinungen sichtbar werden, im Sinn der Muster als „ähnliche Relationen zwischen Teilen, niemals Quantitäten, immer Gestalten, Formen und Relationen". (Bateson 1984, 17) Die Daten der kleinen, aber hochrepräsentativen Stichprobe mit reichem Material aus ihrer Lebensgeschichte, Sozialisation und „inneren Welt" sollen herangezogen werden, um wichtige Fragestellungen über Geschlecht und Karriere zu kommentieren. Dabei werden drei Ebenen unterschieden, nämlich die äußere Realität mit soziologischen Daten der sozialen Herkunft, Schulbildung, zweitens die Selbsteinschätzung der Interviewten über ihren Karriereverlauf, ihren Einstellungen und Eigenschaften und schließlich die Ebenen der psychischen Dynamik, die zur Karriere motivierte. Da Unterschiede zwischen den vier Subgruppen sehr differenziert und nicht vorrangig nach der Unterscheidung des Geschlechtes auftraten, werden die beiden Kategorien Geschlecht und Beruf zusammen diskutiert.

1. Ebene: Daten der äußeren Realität

Vergleichen wir zunächst die Anzahl der Frauen und Männer in Top-Positionen in internationalen Konzernen und an Lehrstühlen der Universität.

Der Anteil von Frauen an der Spitze der Hierarchie der Universität in Österreich beträgt 3,6% der Professorenschaft. Der Anteil hat sich seit 1986 um 0,9% erhöht, statt 43 gibt es 1995 nun 61 Universitätsprofessorinnen.[7]

	Frauen		Männer		insg.	Sampel	
	Zahl	%	Zahl	%		F.	M.
o. Prof.	32	2,8	1106	97,2	1138	1	5
a. o. Prof.	29	5,5	501	94,5	530	6	3
insgesamt	61	3,6	1607	96,4	1668	7	8

Quelle: Bundesgesetzblatt für die Republik Österreich: Verordnung Frauenförderung im Wirkungsbereich des Bundesministeriums für Wissenschaaft, Forschung und Kunst vom 31. März 1995

In den multinationalen Konzernen bot sich ein ähnliches Bild, in den vier Konzernen, in denen Interviews durchgeführt wurden, lag der Anteil von Frauen bei 1,5%–2%. In konkreten Zahlen ausgedrückt heißt das, daß von z. B. 250 Managerposten 6 von Frauen bekleidet wurden, von denen dann in jedem Konzern zwei oder drei interviewt wurden.

In Österreich insgesamt zeigt sich ein ähnliches Bild wie in den kontaktierten Unternehmen. Im „Wirtschaftsforum der Führungskräfte", der Standesvertretung österreichischer Manager, stehen den rund 100 weiblichen Mitgliedern 2500 männliche gegenüber, wobei lediglich 8 der weiblichen Mitglieder in der ersten Führungsebene tätig sind. Dieses Phänomen, daß in den obersten Führungsebenen nur ca 2% Frauen zu finden sind, ist ein internationaler Trend. In den USA gab es 1986 nur 1,7% Frauen im Top-Management in den 500 größten Unternehmen, obwohl die Zahl der Frauen im mittleren Management 33% beträgt. (Morrison, 1987, p. 6)

Versucht man diese enorme Unterrepräsentanz von Frauen in Spitzenpositionen zu verstehen, ist man geneigt, zunächst nach den historischen Zugangsbedingungen zu fragen. Sowohl in Bildungseinrichtungen wie Gymnasien und Universitäten als auch als Gewerbetreibende waren Frauen

---

[7] Bundesministerium für Wissenschaft und Forschung, Abteilung Planung und Statistik 1986.

viele Jahrhunderte ausgeschlossen. In einem kurzen Exkurs soll deshalb auf die historischen Ausschlußmechanismen von Frauen hingewiesen werden, da die jahrhundertelange Ausgrenzung diese sozialen Bereiche für Frauen als fremd erscheinen ließ und so in der Vorstellung die Rollenerwartungen und Leitbilder dieser Berufsfelder mit männlichen Attributen besetzt wurden. Zu Beginn des Jahrhunderts, als Frauen sich den Zugang zu Bildungsinstitutionen und zur rechtlichen Gleichstellung mit dem Mann in bezug auf Eigentum und politische Rechte erkämpften, schien es zunächst unvorstellbar, daß Frauen diese Berufe ausüben konnten.

1.1. Historischer Exkurs

Das Berufsbild der Managerin in multinationalen Konzernen geht in seiner Wurzel auf den Verkauf am Markt und die Handelstätigkeit zurück. Der Zugang zum Markt als Verkäuferin war in verschiedenen historischen Epochen unterschiedlich geregelt. Es gibt die Form, daß jedes Geschlecht das von ihm Produzierte am Markt verkaufte, ebenso wie den Ausschluß der Frau vom Handel. So war es im Mittelalter in Europa im städtischen Bereich durchaus üblich, daß die Frau am Markt die Produkte der Handwerker verkaufte. „Auf Abbildungen sehen wir Frauen häufig den Verkauf der Waren durchführen", sagt Wolf-Graaf (1981, 137). Auch im ländlichen Warentausch war es üblich, daß die Bäuerin oder die Mägde die von ihnen erzeugten Produkte wie Kleinvieh, Mehl, Eier, Käse, Textilien und Töpfereien verkauften. Als die Dienstpflicht der Bauern und deren Naturalabgaben mit der Auflösung der Fronhofverbände im 12./13. Jahrhundert teilweise durch Geldzahlungen abgelöst wurden, war es vor allem die Marktproduktion der Frauen (Geflügel, Eier, Butter, Käse, Gemüse und Gespinste sowie Garne), die die dafür notwendigen Barmittel erwirtschafteten. (Ketsch 1983, 84)

Die weitere Entwicklung ist gekennzeichnet von einer Zurückdrängung der Frau aus dem Bereich des Handels. Mit zunehmender Arbeitsteilung entwickelten sich im städtischen Bereich differenzierte Berufe. Dabei ist eine Tendenz zur Übernahme von Frauenarbeit durch Männer als Handwerker festzustellen. Die häusliche Arbeit von Frauen wie Weben, Färben, Mahlen von Getreide, Brennen von irdener Ware, Kleidung nähen, Sammeln von Heilkräutern, Wundbehandlung, Brotbacken, Bierbrauen und Gästebetreuung verwandelte sich in Männerhandwerk wie Weber, Färber, Müller, Hafner, Schneider, Apotheker, Bader, Bäcker, Brauer und Gastwirt. Mitterauer hat zu Recht darauf hingewiesen, daß Übergänge von weiblichen auf männliche Tätigkeiten bevorzugt bei technischen Innovationen auftraten.

„Das war etwa durch die Ablöse von der von der Frau bedienten Handmühle durch die Wassermühle im Hochmittelalter der Fall ... bis weit zurück in urgeschichtliche Zeit reicht die Einführung des Pfluges, die fast ausnahmslos von Männern geführt wurde." (Mitterauer 1981, 82)

Die Veränderung der traditionellen Arbeitsmuster zugunsten des Mannes trat besonders dann auf, wenn ein hoher Marktertrag des bisher weiblichen Arbeitsbereiches zu erwarten war und damit ein höheres Prestige verbunden wurde. Die Verdrängung der Frauen aus dem außerhäuslichen Arbeitsprozeß wurde durch die Zünfte systematisch weitergeführt und rechtlich in den Zunftordnungen stabilisiert. Als Beispiel sei die Ordnung der Kölner Filzhutmacher von 1378 angeführt, die Frauen bei Strafe von der Arbeit ausschloß und sie nur im Ausnahmefall als Witwe zuließ:

„§ 6. Keine Frau unserer Meister oder Brüder, noch ihre Töchter oder irgendeine Magd dürfen Werk in unserem Amt, das den Männern zukommt, ausüben oder wirken. Wenn dem zuwidergehandelt wird, soll der Ehemann der Frau zwei Mark Kölner Währung als Buße geben, sooft sie damit befunden werden.
19. Weiterhin, so haben wir beschlossen, wenn ein Meister in unserem Amt stirbt, so darf dessen Frau das Amt mit zwei Knechten, solange sie lebt, weiter betreiben. Und wenn irgendein Bruder stirbt, so darf dessen Frau das Amt mit einem Knecht ausüben, solange sie sich ehrbar hält. Und diese Frauen sollen wie wir an allen Punkten dieses Briefes und an die gleichen genannten Strafen gebunden sein." (Ketsch 1983, S. 204)

Die Restriktion von Frauenarbeit ist als Hinweis zu verstehen, daß Frauen am Erwerb der Qualifikation Interesse gezeigt haben müssen. Eine gesetzliche Ausgrenzung von Personengruppen verweist immer auf deren Interessen. Es sind die Männer, die Frauen von jenen qualifizierten Berufen und Berufsausübungen ausschließen wollen, um weniger Konkurrenz zu haben. Die Ausgrenzung wurde dann ideologisch mit der mangelnden Qualifikation von Frauen für diese Tätigkeit begründet. Im Liberalismus kritisiert John Stewart Mill die Restriktionen, die später als Begründung der weiblichen Inferiorität herangezogen wurden. Wenn die Begründung des rechtlichen Ausschlusses der Frau mit ihrer Natur und ihren mangelhaften Fähigkeiten wahr sei, so argumentierten John Stewart Mill und Harriet Mill, sei eine rechtliche Regelung nicht notwendig, da die Frauen ja ohnehin den nötigen Standard nicht halten können und deshalb am freien Markt bei der Regelung von Angebot und Nachfrage unterliegen müßten. (Vgl. Mill 1976, erstmals 1869) Aus den historischen Untersuchungen geht nicht hervor, ob die Frauen diesem Prozeß der Ausgrenzung aus diesen Arbeitsgebieten Widerstand entgegengesetzt haben. Es existieren lediglich Berichte von alleinstehenden Frauen. So waren

Frauen vor allem in dem „freien Gewerbe" außerhalb der Zünfte tätig und schlossen sich besonders im 13. bis 15. Jahrhundert in Beginen, das sind nichtklösterliche Konvente für unverheiratete Frauen, zusammen. Die wirtschaftlichen Motive des Kampfes gegen die Beginen, die als Ketzerinnen diffamiert und später verboten wurden, wird erst in der neuesten Forschung gewürdigt:

„Der Kampf gegen die Beginen als geistige und wirtschaftliche Lebensgemeinschaft von Frauen ist ein ökonomischer und politischer Kampf seitens aller Beteiligter gewesen." (Wolf-Graaf 1981, 345)

Einerseits wurden die Beginen wegen ihrer Privilegien (z. B. Steuerfreiheit) beneidet, andererseits stellten sie zunehmend ebenso wie die freien Handwerker eine Konkurrenz zu den Zünften dar, die man ausschalten wollte.

Mit der Industriellen Revolution verschärfte sich die Diskriminierung der Frauen im Arbeitsprozeß. Die Technisierung und die Trennung von Arbeits- und Reproduktionssphäre ordnete die Lebensinteressen den ökonomischen Interessen unter. Die Frau sollte nur mehr im Bereich der Reproduktion im Haushalt tätig sein, soferne das nicht den ökonomischen Interessen widersprach. So sehen wir, daß in den untersten Positionen der Manufaktur die Frauen- und Kinderarbeit üblich war, da dafür nur niedrige Löhne gezahlt werden mußten, ebenso wie beim Dienstpersonal. Aus den oberen Positionen und den Bildungsinstitutionen jedoch wurden die Frauen durch Gesetze ausgeschlossen. Gleichzeitig und damit im Widerspruch wird die Rolle der Frau durch die bürgerliche Ideologie als Mutter und sanfte, untertänige Frau „überhöht" (vgl. Rousseau 1972). In der Differenzierung von Privatheit (bürgerliche Familie) und Öffentlichkeit (politische Öffentlichkeit und Sphäre des Warenverkehrs) wurde die Frau aus den einflußreichen Positionen der Öffentlichkeit ausgeschlossen. Sie hatte lediglich in untergeordneten Positionen der Produktion und im Bereich der Salons der literarischen Öffentlichkeit eine marginale Funktion (vgl. Habermas 1962). Nur im Kleinbürgertum waren Gattinnen und Töchter für Verkaufstätigkeiten im Geschäft zugelassen (vgl. Ecker 1986, 20).[8]

---

[8] Die Einengung der bürgerlichen Frau zu Beginn des Jahrhunderts findet ihren Ausdruck auch in der Mode. Um die Jahrhundertwende fühlten sich die Frauen des gehobenen Bürgertums bestens untergebracht in bewegungshemmenden Kleidern mit enger Taille, Korsetthaken und Ösen, die ihnen im wahrsten Sinn des Wortes die Luft zum freien Atmen abschnürten. Entsprechend eng waren die Bereiche abgesteckt, in denen sich Frauen zu bewegen hatten.

Die zentrale Bedeutung des Teilhabens am Handel zeigt sich erst, wenn wir die Tätigkeit am Markt neben der Funktion des Verkaufens der Ware als wichtige Kommunikationsebene erfassen und die soziale Dimension beleuchten. Am Markt werden politische und private Nachrichten ausgetauscht, neue Entwicklungen in der Produktion gesehen, Neuentwicklungen diskutiert. Den zentralen Stellenwert des Tausches in seiner anthropologischen Funktion hebt Claessens in „Das Konkrete und das Abstrakte" hervor:

> „Das Tauschen wurde von hoher Aufmerksamkeit begleitet, ein uns heute fremder Vorgang. Wie alle menschlichen Beziehungen in der Vergangenheit ist auch und gerade das Tauschgeschehen in das gesamte Geflecht der menschlichen Beziehungen eingeflochten. Nichts bleibt unberührt, wenn an anderer Stelle sich etwas rührt. (Claessens 1980, 27)

Im Akt des Handelns trat ursprünglich der Käufer als Produzent seiner Ware in einen wechselseitigen Anerkennungsprozeß mit dem Käufer, solange jedenfalls der Verkauf von demjenigen, der die Ware hergestellt hat, oder einer Person der Familie durchgeführt wurde. Hegel hat schon darauf hingewiesen, daß im Produzieren das Subjekt sich vergegenständlicht, sich im Produkt entäußert, aus seinen Fähigkeiten und Ideen das Produkt gestaltet, das ihm dann als sein Äußeres gegenübertritt (vgl. Hegel 1970). Marx führt diesen Gedanken Hegels weiter. Im Tausch treten die Menschen in eine gesellschaftliche Beziehung, „als sachliche Verhältnisse und gesellschaftliche Verhältnisse der Person und der Sache" (Marx 1972). Der im Warenaustausch erzielte Preis sagt etwas über die Wertschätzung des Produktes und damit über den Produzenten aus. Der feste Preis einer Ware, der von den Quäkern in den USA als Ausdruck der Rechtschaffenheit und Seriosität eingeführt wurde, verdeckt die unmittelbare wechselseitige Anerkennung von Käufer und Verkäufer (vgl. Weber 1975).

Es kann hier nur kurz auf die fundamentalen Veränderungen der Berufsstruktur seit der Industriellen Revolution, wie sie im Kapitalismus entwickelt wurde, hingewiesen werden. Marx hat in seiner Analyse des Arbeitsprozesses den Entfremdungsprozeß, der durch das Auseinanderfallen von Verkäufer und Hersteller entstanden ist, aufgezeigt. Er unterscheidet vier Formen der Entfremdung: die Selbstentfremdung als Widerspruch der Wirklichkeit, die Entfremdung vom Arbeitsprozeß, die Entfremdung vom Arbeitsprodukt und die Entfremdung vom Anderen (vgl. Marx 1972). Durch die immer stärker werdende Arbeitsteilung, die bis zum minutiösen Zerlegen von Arbeitsschritten im „Taylorismus" perfektioniert wurde, ist der Produzent vom *Arbeitsprozeß* entfremdet. Indem der Arbeiter seine Arbeitskraft verkaufen muß, ist er nicht mehr das, was er als Mensch ist, sondern nimmt den Charakter einer Ware an, die in den ökonomischen Tauschprozeß eingeht. Zugleich entfremdet er sich durch die zunehmende Arbeitsteilung von seiner Tätigkeit, weil ihm der Zusammenhang zwischen dem, was er tut, und dem Produkt – also dem auch, was ihm als Konsumenten in Gestalt einer Ware wiederbegegnet – nicht mehr einsichtig ist. Ebenso entfremdet sich auch der Kapitalist von seiner Tätigkeit und von seiner Menschlichkeit, weil er den Gesetzmäßigkeiten des Warentausches und der Kapitalakkumulation unterworfen ist. Die mangelnde Einsicht in die entfremdete Praxis, die seine Lage bestimmt, stellt sich dann als seine Entfremdung von der Praxis dar, das heißt als falsches Bewußtsein. Die Arbeiterin war somit doppelt entfremdet, da sie den bürgerlichen Vorstellungen der Frau als Hausfrau und Mutter widersprach und auch von Entscheidungsprozessen in der Arbeit ausgeschlossen war.

Die kapitalistische Produktionsweise, wie sie in der westlichen Welt entwickelt wurde, führe, so weitete Marcuse die Kritik von Marx aus, zu einer Selbstentfremdung des Menschen. Die entgegengesetzte Aufgabe sei die Herstellung des wahren und vernünftigen Zustandes, die ,,Selbstverwirklichung" oder Emanzipation des Menschen. Der Mensch steht sich selbst als ein Fremdes gegenüber, das heißt in bezug auf seine eigentliche Bestimmung (vgl. Marcuse 1967).

Die Ausgrenzung der Frauen aus dem kapitalistischen Produktionsprozeß in der Form einer auf den Haushalt und die Familie bezogenen Hausfrauentätigkeit, wurde oft mit dem Argument begründet, man erspare den Frauen damit die Lasten und Mühen des Berufsalltags. Sie wären vom entfremdeten Arbeitsprozeß freigestellt und könnten sich sozusagen frei von Sorgen der Familie zuwenden. Die ideologische Verschleierungstendenz dieser Argumentation wird deutlich, da mit diesem Schutz der Frau nur die bürgerliche Frau gemeint war, deren Mann die Ernährung der Familie sicherstellen konnte, während Frauen der Arbeiter, Mägde and Handwerksfrauen immer arbeiten mußten, oft unter enorm gesundheitsgefährdeten Bedingungen. Erst in den sechziger Jahren dieses Jahrhunderts, in der ,,zweiten Frauenbewegung", konnte die Entfremdung der ,,grünen Witwen" und Hausfrauen, deren soziale Anerkennung fast ausschließlich über den Ehemann erfolgte, formuliert werden. Es bedarf vermutlich noch einer genauen und sorgfältigen Untersuchung des Einflusses dieser historischen Berufserfahrungen, um zu erfassen, in welcher Weise sie unsere Auffassungen und Vorstellungen prägten. Seit Norbert Elias im „Prozeß der Zivilisation" (1978) gezeigt hat, wie die politische Zentralisierung in Großstaaten seit dem Mittelalter zu einer Affektmodulierung im Sinn einer Verinnerlichung von Triebreglementierungen geführt hat, kann der Einfluß historischer Bedingungen für die Strukturierung der Seele nicht mehr übersehen werden. Der Ausschluß der Frau für einige hundert Jahre aus dem Bereich der Öffentlichkeit, wie zum Beispiel im Handel, reduzierte die Möglichkeit, gesellschaftliche Anerkennung zu finden. Die Fähigkeiten der Frau und die Anstrengungen als Herstellerin konnte sie nicht selbst unter Beweis stellen, keine soziale Anerkennung durch erfolgreiche Verkaufstätigkeit erringen. Sie wurde immer mehr auf ihren Körper, ihre Schönheit sowie den zugewiesenen Status des Vaters oder Ehemannes reduziert. Es wäre lohnend zu untersuchen, wie die historischen Gegenbenheiten sich im Bewußtsein niederschlagen. Es ist zu vermuten, daß auch hinter der These, eine Frau müsse doppelt so viel leisten wie ein Mann, das Ungewöhnliche der Frau in Spitzenpositionen durchscheint. Diese Befürchtung kann Frauen davon abhalten, sich um Führungspositionen zu bewerben, da sie es sich nicht vorstellen können, diese doppelte Anstrengung zu erbringen. Kanter (1986) weist auf diese Gefahr hin, wenn sie zeigt, wie Frauen (und schwarze Manager) sich nicht um Beförderung bemühen, da sie meinen, schon für die Position, die sie innehaben, dankbar sein zu müssen. Dieser Mythos stelle dann zusätzlich zu den tatsächlichen Diskriminierungen eine wirkliche Gefahr für diejenigen Frauen dar, die diesen Mythos akzeptieren, statt sich auf ihre Netzwerke und die Erfüllung ihrer Aufgaben zu konzentrieren. Die Tradition der Männer in Führungspositionen erweckt so den Eindruck, als ob es der „natürlichen" Rolle des Mannes entspräche, zu führen und Leitungsaufgaben wahrzunehmen. Jede Frau in einer Spitzenposition trägt dazu bei, dieses Stereotyp zu relativieren und ein vielfältiges Rollenbild entstehen zu lassen.

Die historischen Wurzeln im Bereich der Universität zeigen durch die Monopolstellung noch deutlicher als im Bereich der Wirtschaft, wie das Rollenbild der Männer in der Wissenschaft sich vielfältig entwickeln konnte, während Frauen sich nur außerhalb der Institution als Nonnen, Übersetzerinnen oder privilegierte Gelehrte vereinzelt Geltung verschaffen konnten.

Die Universität und die in ihr Lehrenden sind mit verschiedenen historisch gewachsenen Leitbildern verbunden: dem Gelehrten als beruflichem Denker, entlastet von lebenspraktischen Fragen, dem Intellektuellen als Widerspruchsgeist, dem Forscher, der die Wahrheit sucht, dem privilegierten Staatsdiener, der den Zugang zu gesellschaftlichen Qualifikationen verwaltet. Seit weniger als hundert Jahren haben Frauen in Österreich Zugang zum Studium. Es gilt daher für Frauen als Lehrende an ein jahrhunderte altes, männlich geprägtes Bild vom Wissenschaftler und Gelehrten anzuschließen, bzw. ein genuin weibliches Leitbild zu entwickeln.

Die Geschichte der europäischen Universitäten beginnt mit einer interessanten Verdrängung ihrer außereuropäischen Wurzeln in der arabischen Welt. Ellwein schreibt in der Einleitung der Studie über die deutschen Universitäten:

„Die europäischen Hochschulen beruhen historisch auf schulähnlichen Gebilden im antiken Griechenland, deren Nachfolge im Römischen Reich und arabischen Schöpfungen z. B. in Cordoba und in Syracus". (Ellwein 1985, 23) Bereits im frühen Mittelalter werden im arabischen Raum aus den Städten, die Le Goff „als Drehscheiben mit Ideen wie warenbeladenen Menschenzirkulationen, als Märkte und Kreuzungen des geistigen Handels" (Le Goff 1985, 23) bezeichnet, neben Gewürzen und Seide auch wertvolle Handschriften der griechisch-arabischen Kultur in das christliche Abendland gebracht. Im Jahre 1000 unserer Zeitrechnung existierte bereits ein zehnbändiges Werk, „Katalog der Wissenschaften", mit den Titeln aller in arabischer Sprache veröffentlichten Bücher über Philosophie, Astronomie, Mathematik, Physik, Botanik, Chemie und Medizin. In der Blüte der arabischen Wissenschaft verfügte man über die Erfindungen des Logarithmus, des Dezimalsystems und der Algebra. Die periphere Erwähnung der arabischen Wurzeln oder ihre vollständige Verdrängung zeigt die Allmachts- und Größenphantasien der europäischen Tradition, die alles aus sich selbst geschaffen haben will. Von den spanischen Christen, den Mozarabern, von Juden und Moslems werden arabische Originaltexte, arabische Fassungen griechischer Texte und griechischer Originaltexte übersetzt. Der erste Typ des europäischen Forschers als spezialisierter Intellektueller sind Übersetzer, die eine Brücke zwischen der lateinisch-europäischen Welt und der griechisch-arabischen Welt schlagen. Die Wissenschaft tritt damit von Anfang an gegen den dogmatischen Absolutheitsanspruch der Religion auf die Definition von Wahrheit auf. (Pietschmann 1980) Der

Beitrag der Frauen liegt vor allem in der Übersetzungsarbeit der Nonnen. Le Goff weist auf die Aufforderung der Nonnen des Paraklet hin, ,,diese Lücke zu füllen und so die Männer kulturell zu überrunden". (Le Goff 1985, 24) Paris wird das Zentrum der Auseinandersetzung zwischen den theologischen Lehrveranstaltungen der zugelassenen Professoren und der Philosophie, die der aristotelischen Philosophie zum Triumph verhilft. So wird die Universität zu einem Ort des Diskurses, den die einen als Ort des Verderbens, als ,,modernes Babylon" bezeichnen und der für die anderen die intellektuelle Kraft des griechisch-arabischen Kulturkreises darstellt, die das ,,Licht des Morgenlandes in die Finsternis des Abendlandes bringt". (Le Goff 1985, 29) Der Antagonismus zwischen dem mönchisch-kontemplativen Leben und dem aktiven weltlichen Zugang der Goliarden bestimmt die Auseinandersetzung an den Universitäten. Tugenden wie Einsamkeit, Askese, Armut und Enthaltsamkeit werden propagiert. In der Forderung nach dem Zölibat setzt sich die mönchische Tradition fort.

Den Frauen blieb der Zugang zu den Universitäten, die im 12. Jahrhundert in Italien und in Frankreich gegründet wurden, versperrt. (Dienst 1981, 27) Lediglich in den Klöstern konnten außergewöhnliche Frauen wie die Äbtissin Hildegard von Bingen wissenschaftlich (naturwissenschaftlich und philosophisch) tätig sein, deren Werk ,,Liber Scivias" und ,,Liber divinorum operum", verziert mit berühmten Miniaturen, einen Beitrag zur Entwicklung der Wissenschaften leistete. (Le Goff 1985, 61) Eine Enzyklopädie des gesamte Wissens der damaligen Zeit wurde von der Äbtissin Herrad von Landsberg in einem Konversationslexikon zusammengestellt. (Mohr 1987, 204) Einzelne Werke von Frauen wie das 1405 erschienene Buch von der ,,Stadt der Frauen" von Christine de Pizan zeigen das Interesse von Frauen an Wissenschaft und Bildung. In einer allegorischen Darstellung mit Frauen als Verkörperung der Tugenden Vernunft, Rechtschaffenheit und Gerechtigkeit argumentierte Pizan schon damals gegen die ,,Verleumdungen des weiblichen Geschlechts".

Mit der Säkularisierung der Wissenschaft trat das Bild des Lehrenden in den Vordergrund; die Diskussion und die Freigiebigkeit sollten den Intellektuellen anregen. Der gewandte Redner, der seine Hörer in Bann hält, wird zum Ideal der Studenten. Man reist an verschiedene Universitäten, um besondere Lehrer zu hören.

Im 13. Jahrhundert waren die Universitäten geprägt vom Kampf um Autonomie gegen teilweise kirchliche und teilweise weltliche Kräfte. Die

Universität in Paris wurde 1229 nach dem großen Streit der Gerichtsbarkeit der Kirche entzogen, in Oxford wurde die Funktion des Kanzlers, die zuerst vom Bischof von Lincoln wahrgenommen wurde, von der Universität vereinnahmt. In dem Maße, wie die Universitäten zur Ausbildung von Offizieren und Beamten herangezogen wurde, versuchten weltliche Herrscher die Kontrolle über die Universitäten zu erlangen. In blutigen Kämpfen zwischen Studenten und königlicher Polizei wurde 1229 die Unabhängigkeit der Universität erreicht und durch Privilegien garantiert. Die Angehörigen der Universitäten waren der Gerichtsbarkeit entzogen. Die Waffe im Kampf um die Autonomie war der Zusammenhalt der Universitätslehrer, der Streik und die Sezession, da damit die Ausbildung für Berater und Beamte, „eine Quelle strahlenden Ruhmes", gefährdet war. (Le Goff 1985, 77) Die Lebenskraft schöpfte die Universität aus der Internationalität, und zwar durch die aus verschiedenen Ländern stammenden Meister und Studenten und durch das Recht, überall zu lehren („licentia ubique docendi"), das die Graduierten der großen Universitäten genossen. Bis heute wird der internationalen Lehrtätigkeit eine große Bedeutung bei der Auswahl der Universitätsprofessoren beigemessen.

Die Universitäten erreichten durch zahlreiche Neugründungen in Österreich, Deutschland und Italien eine Ausdehnung. Sie verloren jedoch ihren internationalen Charakter. Der Humanismus wandte sich ab von der Lehre des „einsamen Gelehrten in seinem ruhigen Arbeitsraum". (Le Goff 1985, 171) Im aufgeklärten Absolutismus ließ das Interesse an der Ausbildung von Beamten und Militär die Rechtswissenschaften zu der dominierenden und bedeutendsten Fakultät der Universität werden. Die neuzeitliche Entwicklung der Naturwissenschaft, die bereits außerhalb der Institution der Universität stattfand, führte zu einer Veränderung der universitären Struktur. Technisch-ökonomisch verwertbare Forschung rückte in das Blickfeld der Nationalstaaten. Die Entwicklung der Universität zeigt eine Bindung an unterschiedliche gesellschaftliche Interessen, die Legitimation der Macht der Kirche im Mittelalter, den Aufstieg des Bürgertums durch Qualifikation statt Herrschaft und die Verwendung wissenschaftlicher Erkenntnisse im Dienste ökonomisch-technischer Verwertungsinteressen. Die Wissenschaft steht in der Dialektik von Freiheit und Abhängigkeit von gesellschaftlichen Interessen.

Der Zugang der Frauen zu Bildung und Universität ist eng an politische und gesellschaftliche Emanzipationsbewegungen gebunden. Vom Mittelalter bis zur Neuzeit konnten sich nur wenige Frauen durch eine individuell privilegierte Situation als Tochter oder im Kloster der Reflexion hingeben. Erst nach der Französischen Revolution brachte das liberale Bürgertum die Forderung nach Emanzipation und Bildung auch für Frauen erstmalig auf. John Stuart Mill argumentierte in seinem Buch „Subjection of women" (1976, erstmals 1869) mit dem liberalen Prinzip des freien Zuganges als Konkurrenzprinzip für die Auswahl der Besten. Überdies sollten sie doch zur optimalen Förderung der Erziehung der Söhne als Mütter über Bildung verfügen. Die Abwehr dieser liberalen Forderung erfolgte durch pseudowissenschaftliche Behauptungen über die Minderwertigkeit der Frau und ihre mangelnde intellektuelle Begabung. Kampfmittel der Männer war die Abwertung der Frau und das Lächerlichmachen. Als sich 1750 Frauen in London trafen, um in literarischen Salons über intellektuelle und kulturelle Themen zu sprechen, wurde der Begriff „Blaustrumpf" abwertend verwendet. Diese Frauen wurden als unweiblich dargestellt. Schon Rousseau warnte in seinem Bildungsroman „Emile" vor dieser „Deformation des Wesens der Frau".

> „Aber mir wäre ein einfaches und grobschlächtig erzogenes Mädchen hundertmal lieber als ein Blaustrumpf und Schöngeist, der in meinem Haus einen literarischen Gerichtshof einrichtet und sich zur Präsidentin macht. Ein Schöngeist ist eine Geißel für ihren Mann, ihre Kinder, ihre Freunde, ihre Diener, für alle Welt. Von der Höhe ihres Genies aus verachtet sie alle ihre fraulichen Pflichten … (Rousseau 1972, 447)

In der Abwehr schlägt Rousseau den Weg ein, die Blaustrümpfe abzuwerten. Im Englischen dagegen wurde die Bezeichnung „to wear your blues" durchaus positiv verstanden, nämlich als Metapher für Abende mit intellektueller und witziger Konversation. Der Name „Blaustrumpf" drückte die Rebellion dieser Frauen auch durch die Kleidung aus, da sie statt der damals üblichen schwarzen Seidenstrümpfe blaue Wollstrümpfe trugen.

Der Zugang zu den Universitäten mußte ähnlich wie das Wahlrecht von den Frauen mühsam erkämpft werden. In Österreich kam das erste Ansuchen um Zulassung von Frauen zur Universität 1873 von russischen Studentinnen, denen der Zar ein Studium in Zürich verboten hatte. (Heindl 1985, 8) Erst seit ca. 100 Jahren wurde das bis dahin durch Gesetz verhinderte Studium durch ein neues Gesetz für Frauen zugänglich. Üblicherweise wird das als „Eroberung einer männlichen Domäne" bezeichnet, tatsächlich ist es jedoch als Modifikation des Kampfes der Männer gegen die Frauen zu verstehen. Eine Übersicht über den 50 Jahre dauernden

Widerstand der männlichen Beamten in Österreich gegen die Aufgabe des männlichen Privilegs zeigt folgende Übersicht:

WS 1897/98 Zulassung der Frauen zur Philosophischen Fakultät
WS 1900/01 Zulassung zur Medizinischen Fakultät
SS 1919 Zulassung zur Juristischen Fakultät
WS 1923/23 Zulassung zur Evangelisch-theologischen Fakultät und allen anderen bisher gegründeten Universitäten
WS 1946/47 Zulassung zur Katholisch-theologischen Fakultät.

Die Anzahl der weiblichen Studenten war zunächst sehr gering, nämlich zwischen 1 und 7%. Die ersten Studentinnen stammten überwiegend aus dem bürgerlichen Milieu, wobei bis 1938 ca. ein Drittel der Studentinnen aus jüdischen Familien (mosaischen Glaubens) kamen. (Heindl 1985, 101) Österreich stellte damit neben Deutschland das letzte Land dar, in dem Frauen der Zutritt zur akademischen Bildung erteilt wurde. In Zürich erfolgte die Zulassung bereits 1863, in Frankreich ebenso 1883, in Oxford und Cambridge um 1870. (Heindl 1985, 35) In Preußen wurde 1908 und in Mecklenburg 1909 den Frauen das Immatrikulationsrecht zugestanden. Als eine der ersten Studentinnen in Österreich hatte Maria Goldberg ein Gymnasium besucht und wurde 1911/12 zum Doktor der Philosophie promoviert. (Heindl 1985, 329) Diese ersten Studentinnen waren meist selbst privilegiert, da sie aus einem vermögenden Elternhaus stammten. (Feyl 1983, 7) Bildung wurde in der liberalen Tradition als Recht auf Bildung zur Persönlichkeitsentwicklung der Frau gefordert. So schrieb Hedwig Dohm:

„Die Frau soll studieren, weil die uneingeschränkte Wahl des Berufes ein Hauptfaktor der individuellen Freiheit, des individuellen Glücks ist." (Dohm 1910, 9)

Die Ausgrenzung der Frau von den Bildungsinstitutionen wurde oft vorgeschoben, um andere politische Motive zu verdecken. So stand im Gutachten des Ministeriums für Kunst und Erziehung als Begründung für die Ablehnung des Ansuchens von russischen anarchistischen Studentinnen folgendes:

„Der Eintritt der Frauen in die Vorträge müßte zunächst die wissenschaftliche Seite der letzteren völlig umgestalten, indem die Dozenten vieles, was sich für das Ohr der Männer eignet, erst jenem der Frauen, namentlich züchtigen Jungfrauen, anzupassen genötigt wären, wodurch es sich wieder nicht für den männlichen Charakter eignen würde. Ferner müßte bei dem Kontakt der verschiedenen Geschlechter in den Hörsälen und Bänken umso mehr als beide sich im Blütestadium der geschlechtlichen Entwicklung befinden, große Gefahren für den wissenschaftlichen und sittlichen Ernst beider erwachsen ... Die Universität ist heute noch und wohl für lange hinaus wesentlich eine Vorschule für die verschiedenen Berufszweige des männlichen Geschlechts, und solange die Gesellschaft, was ein gütiges Geschick verhüten möge, die Frauen nicht als Priester, Richter, Advokaten, Ärzte, Lehrer, Feldherrn, Krieger aufzunehmen das Bedürfnis hat, d. h., solange der Schwerpunkt der Leitung der sozialen Ordnung noch in dem männlichen Geschlecht ruht, liegt auch keine Nötigung vor, den Frauen an der Universität ein Terrain einzuräumen, welches in den weiteren Folgen unmöglich zu begrenzen wäre." (zit. n. Le Mayer 1878, 97 f.)

Die wichtigste Sorge vor der Ansteckung mit nihilistischen Ideen wurde in dem Gutachten überhaupt nicht genannt, sondern es treten zwei Motive, nämlich die sexuelle Attraktion der beiden Geschlechter und die Konkurrenzangst vor den Frauen auf. Das weibliche Studium und nihilistische Ideen wurden gleichgesetzt, da beide Vertreterinnen kurz geschorene Haare trugen. Berta von Suttner formulierte treffend, daß das Bild einer die Universität besuchenden Hörerin der Medizin denselben Schauer erwecke wie dasjenige einer am Galgen baumelnden Zarenmörderin". (Suttner 1891, 122) In politischen Auseinandersetzungen wurde der Schutz der Sittlichkeit dann vorgeschoben, wenn die eigentlichen Motive nicht genannt werden sollten.

Die Zulassung der Frauen blieb über viele Jahre hindurch ein weitgehend formales Recht, da die Erlangung der Matura als Hochschulreife für Frauen damals sehr schwierig war. Erst 1896 wurde in Österreich eine gesetzliche Möglichkeit geschaffen, daß Frauen die Matura ablegen konnten. Danach erfolgte ein sprunghafter Anstieg der Mädchengymnasien: 1903 gab es ein Mädchengymnasium mit 45 Schülerinnen, 1906 elf Gymnasien mit 1377 Schülerinnen, 1909 dreizehn Gymnasien mit 2732 Schülerinnen und 1912 zweiunddreißig Gymnasien mit 4797 Schülerinnen. (Heindl 1985, 48) Erst 1905 konnte Elisabeth Richter als erste Frau in Österreich, die ,,Venia docendi" erlangen, nachdem das Verfahren zwei Jahre gedauert hatte, wurde sie zur außerordentlichen Professorin ernannt. (Andraschko/Ecker 1982, 303) Obwohl sich der Anteil der Studentinnen an der Universität 1986 auf knapp über 50% erhöht hatte, blieb der Anteil der Frauen an der universitären Lehre bis heute gering: 1965/66 waren 5 von 296 ordentlichen Professoren Frauen (das sind 1,7%), 1971/72 gab es 16 (3,1%) weibliche Universitätsprofessoren von insgesamt 513, 1978/79 standen 17 weibliche Professorinnen 1.019 männlichen, das sind 1,7%, gegenüber, derselbe Prozentsatz gilt für 1986. (Firnberg 1988, 18) 1995 lag der Anteil der Frauen bei den ordentlichen Professoren bei 2,8% (32 von 1138) und der außerordentlichen Professoren bei 5,5%. (29 von 530, veröffentlicht im Bundesgesetzblatt vom 31. 3. 1995) Mit 31. 3. 1995 traten in Österreich die „Maßnahmen zur Förderung von Frauen im Wirkungsbereich des BM für Wissenschaft, Forschung und Kunst" in Kraft, dessen Ziel es ist den Anteil der weiblichen Beschäftigten in allen Verwendungsgruppen ... und Funktionen ... auf mindestens 40% zu erhöhen. Die Dringlichkeit der Förderung von Frauen bestimmt sich nach dem Ausmaß der Unterrepräsentation. Eines der vorrangigen Ziele ist daher insbesondere die vermehrte Besetzung von hochqualifizierten wissenschaftlichen, künstlerischen ... Planstellen (z. B. Universitäts- und Hochschulprofessor/inn/en ...)" Und weiter heißt es: „Auch die Gleichwertigkeit der Frauenforschung im Rahmen von Qualifikationsbeurteilungen (z. B. Habilitationsverfahren) ... ist als gleichwertig mit Arbeiten von anderen Forschungsthemen anzusehen." (Bundesgesetzblatt vom 31. 3. 1995) Mit dieser Verordnung ist eine eindrucksvolle Maßnahme und eine klare Willenserklärung gesetzt worden.

Der historische Exkurs im Bereich der Universität und der Wirtschaft hat gezeigt, daß Frauen von dem Zugang per gesetzliche Regelungen ferngehalten wurden. Das läßt sich auf einer soziologischen Ebene durchaus als Machtkampf interpretieren, bei dem einem Geschlecht der Zugang zu Machtpositionen vorenthalten wurde. Aus der Perspektive der Rollenerwartung ergibt sich sowohl bezüglich der Erwartungen der Bezugsgruppe als auch bei den Protagonistinnen eine Verunsicherung, da keine weiblichen Vorbilder und Modelle existieren. Es handelt sich ganz im Gegenteil um gesellschaftlich neue Entwicklungen, wobei das historisch gewachsene Rollenbild tendenziell als „natürlich" erlebt wird. Für Frauen in diesen Positionen kann es aber neben einer Verunsicherung auch einen größeren Spielraum für ihr Verhalten bringen. Unklarheiten stellen auch Möglichkeiten zur Neugestaltung einer Rolle dar.

1.2. Soziale Herkunft

Die Untersuchten stammten zu zwei Dritteln aus der Mittelschicht und zu einem Drittel aus der sozialen Grundschicht. Betrachten wir nun die Subgruppen differenziert nach dem Geschlecht und dem beruflichen Arbeitsfeld, so zeigt sich eine interessante Verteilung. Die einzige Subgruppe, deren Eltern nicht aus der Mittelschicht stammte, war die Gruppe der Männer im Management und zwei der Universitätsprofessoren, die dem ländlichen Proletariat zuordenbar waren.[9] Wir gingen von der Annahme aus, daß die Eltern der Untersuchten in einflußreichen Positionen tätig waren und über eine Hochschulbildung verfügten, da aus der Eliteforschung bekannt ist, daß sich gesellschaftlicher Einfluß tendenziell reproduziert. Die Managerinnen und Professorinnen stammten (mit einer Ausnahme) aus der Mittelschicht. Bei den Männern der Stichprobe zeigte sich jedoch eine Differenzierung in der Abstammung aus dem Beamtentum (Gymnasialdirektoren, Beamte, Journalist, Berufsoffiziere oder leitende Angestellte) und dem Gewerbe. Managerinnen und Manager stammen vorwiegend aus Familien mit kleinen Betrieben, die der unterer Mittelschicht oder der oberen Unterschicht zuzurechnen sind: Obwohl keiner der Eltern über eine akademische Bildung verfügte, gelang es ihnen jedoch sozial aufzusteigen: vom Fleischhauergesellen zum Bundesbahnbeamter, von einer „Landkrämerin" zu einer erfolgreichen Textilgroßvertreterin; von einer Schneidergesellin zu einer Drogeriebesitzerin.

Die Berufswahl der Kinder dürfte im Zusammenhang mit der sozialen Herkunft stehen. Bei einem Teil der Manager war die ökonomische Selbständigkeit und der wirtschaftliche Erfolg ein zentrales Thema in den Gesprächen in der Familie, wobei die Sorge ums Überleben des Betriebs oder des Geschäfts im Vordergrund stand. Sie sprachen leicht ironisch über die Versagungen ihrer Eltern, wie z. B. ein Leben lang keinen Urlaub gehabt zu haben, sowie deren Existenzangst. Ihre Tätigkeit als Manager in Großunternehmen erlaubt einen Kompromiß zwischen diesen beiden Wertehaltungen, nämlich im wirtschaftlichen Wettkampf gewinnen zu können, jedoch ohne ein persönliches Risiko einzugehen. So können sie die Erfahrung der ökonomischen Einschränkungen, wie sie es bei den Eltern erlebt hatten, vermeiden.

Bei den Universitätsprofessoren stehen das Motiv der Sicherheit und die Ideale des Bildungsbürgertums im Vordergrund, die auch in ihren Herkunftsfamilien herrschten. Sie stammten von unselbständig Erwerbstätigen ab (Beamte und höhere Angestellte), die über ein regelmäßiges Einkommen verfügten und für die Bildung einen hohen Stellenwert besaß. Wir interpretieren diesen Sachverhalt als hohes Sicherheitsbedürfnis, das hinter der Idealisierung der Bildung verborgen wirkt. Marcuse sieht in der Überhöhung der Bildung als „Kultur, der das Gute, Schöne und Wahre eine allen gemeinsame höhere Welt geistig-seelischer bzw. innerlicher Art" eine

---

[9] Die soziale Schichtzugehörigkeit der Eltern wurde mit dem Zeitpunkt des Endes des Schulpflicht der Interviewten festgelegt, da viele Eltern in ihrem Leben selbst sozial aufgestiegen waren.

Ideologie des Bildungsbürgertums. (Marcuse 1937, 56) Dieser Psychostruktur, die Sicherheit vor Freiheit setzt, entspricht auch die immer wieder kritisch vermerkte innovationsfeindliche Struktur der Universität, die wissenschaftliche Innovationen nicht an der Universität verankern läßt. (Bourdieu 1988) Die großen Errungenschaften der letzten Jahrhunderte von Galileo Galilei bis Einstein, der Psychoanalyse von Freud, dem Strukturalismus von Levi-Strauss, Foucault, Lacan etc. sind möglichst lange oder für immer von der Universität ferngehalten worden. (Bourdieu 1988) Der Zugang zur Universität ist für Kinder von Arbeitern und Handwerkern sehr schwierig, ihr Anteil unter den Studenten beträgt weniger als 5% und kommt erwartungsgemäß in dieser Stichprobe der Universitätsprofessoren überhaupt nicht vor. Allerdings gab es drei Beispiele, wie Kindern aus dem ländlichen Milieu über die Förderung durch Kirche der Zugang zur Universität gelang. Die Bedeutung der Universität bestand, historisch betrachtet, in dem Zugang zu gesellschaftlicher Elite und Macht. Sie stellte seit dem Mittelalter eine Rekrutierungsmöglichkeit neben der Zugangsweise über Geburt und Reichtum dar. Obwohl im Mittelalter die meisten Studenten junge Adelige und Söhne des Bürgertums waren, ,,ermöglichte doch das universitäre System einer Reihe von Bauernsöhnen einen wirklichen gesellschaftlichen Aufstieg". (Le Goff 1985, 174) Das Examen stellt nach Le Goff ein revolutionäres Verfahren zum gesellschaftlichen Aufstieg dar. Universitäten vermittelten somit einen Zugang zu Macht; sie wurden zu ,,Brutstätten für hohe Funktionäre". Bis heute ist der Zugang über die Theologie und dann die Universität eine Aufstiegsmöglichkeit für Männer aus dem bäuerlichen Milieu, die für die Priesterausbildung gewonnen werden sollten.

1.3. Vereinbarkeit von Familie und Beruf

Als ein weiterer wichtiger Aspekt der Rahmenbedingungen einer beruflichen Karriere kann die Vereinbarkeit von Familie und Beruf angesehen werden. Die Doppelbelastung der Frau stellt zweifelsohne eine hohe Barriere dar. Einige der interviewten Frauen und Männer wohnten lange zu Hause und wurden von ihrer Mutter versorgt. Die umgekehrte Fragestellung jedoch, ob und wie Frauen in Spitzenpositonen mit dieser Doppelbelastung umgehen, d. h. etwa auf eine Familiengründung verzichten, um mehr Energie für den Beruf zu haben, führte in verschiedenen Untersuchungen zu kontroversen Ergebnissen. In der hier untersuchten Stichprobe zeigte sich die bekannte Tendenz, daß Karrieremänner einen beruflichen Aufstieg leichter mit einer Familie verbinden, während Karrierefrauen weniger Kinder als die Männer in vergleichbarer Position haben.

Anzahl der Kinder	Frauen	Männer
0	7	3
1	5	4
2	0	4
3	1	3
4	1	4
insgesamt	12 (ca. 30%)	29 (ca. 70%)

Die Hälfte der Karrierefrauen hat keine Kinder, und die Zahl aller Kinder der Frauen lag bei ca. 30% der Kinder aller Interviewten. Wie bei den Falldarstellungen bei Frauen und Männern ausgeführt wurde, ist jedoch Kinderlosigkeit weder mit einer Entscheidung für den Beruf im Sinn eines Opfers zu verstehen, noch muß sie in einem ursächlichen Zusammenhang gesehen werden. Es können psychologische Barrieren im Sinn einer unbewußten Vermeidung der Rivalität mit dem Vater oder der Mutter ausschlaggebend sein, oder die Kinderlosigkeit kann schlicht physiologisch bedingt sein. Auch drei der Karrieremänner blieben kinderlos. Vogt-Heyder weist auf die unbewußten symbiotischen Bedürfnisse kinderloser Paare hin, für die ein Kind das Zustandekommen einer Dreierbeziehung bedeuten würde und deshalb oft – trotz eines bewußten Wunsches – nicht realisiert wird. (Vogt-Heyder 1987, 264) Die Ehefrauen der Karrieremänner waren in der Mehrzahl (13 von 16) ausschließlich Hausfrauen und entlasteten ihre Männer durchwegs fast völlig von der Haushaltsarbeit. In anderen Untersuchungen taucht diese Tendenz noch stärker auf. So fand Gallese bei der Untersuchung des Jahrganges 1975 der Harvard Business School (n = 82) ein Drittel verheiratete Frauen, ein Drittel Ledige und ein Drittel Geschiedene. Nur 29% (24 von 82) hatten Kinder, insgesamt gab es 38 Kinder, d. h. durchschnittlich 0,4 Kinder (Gallese 1986, 250). In einer Untersuchung von Bimmer über deutsche Universitätsprofessorinnen waren 58% ledig, 31% verheiratet, 9% geschieden und 2% verwitwet (n = 415), wobei allerdings die Altersstreuung wesentlich größer war, nämlich bis zur Pensionierung reichte. Nur 26,3% der befragten Professorinnen hatten Kinder (Bimmer 1983, 163). In der Studie von Morrison et al. hingegen waren 74% verheiratet und 48% hatten Kinder.

Bei der Entscheidung, Kinder zu bekommen oder nicht, handelt es sich nur zum Teil um eine bewußte Entscheidung. Diese Frage ist so eng mit der

Identität als Frau oder Mann verbunden, mit unbewußten Konflikten mit den Eltern, daß man den beruflichen Erfolg eher als zusätzliche Möglichkeit für Frauen, auch ohne Familie eine Sinngebung im Leben zu finden, verstehen kann. D. h., berufstätige Frauen, die kinderlos blieben, schreiben vermutlich ihrer beruflichen Tätigkeit nachträglich noch mehr Bedeutung zu und rationalisieren ihre Kinderlosigkeit damit. Frauen, die eine berufliche Karriere haben und trotzdem drei oder vier Kindern aufziehen, zeigen, daß eine Familie zu haben, eine hochmotivierte Frau sicherlich nicht von einem beruflichen Aufstieg abhalten kann. Die hohe Befriedigung, beides zu haben, wird subjektiv als zureichende Bestätigung erlebt. Es gilt jedoch mit dem inneren Konflikt umgehen zu lernen, nie genug Zeit für die Familie und den Beruf zu haben. Zuletzt möchte ich jene Informationen über die beiden Berufsfelder beschreiben, die bei der Kontaktaufnahme zu den interviewten Personen entstand.

1.4. Kontaktaufnahme zu den interviewten Personen im System Wirtschaft und Universität

In der qualitativen Forschung kommt es bei der Durchführung des narrativen Interviews zu einer persönlichen Begegnung zwischen Forschern und den Untersuchten. Dabei können wichtige Informationen über das jeweilige soziale System gesammelt werden. Auf dieser „situativen und szenischen Ebene" traten deutliche Unterschiede zwischen den beiden Lebenswelten auf. Die persönlichen Eindrücke der Begegnung können helfen, das Typische der Subsysteme sichtbar zu machen.

Die ersten Eindrücke wurden durch die Gebäude vermittelt, in denen die Interviewten arbeiteten. Manager der Zukunftstechnologie residierten in großen, monumentalen Gebäuden aus Glas, Marmor und Beton. Der Eingang war von Portieren bewacht, die den Besucher wie höfliche Wächter nach dem Namen des zu besuchenden Managers oder der Managerin fragten. Per Anruf bei der Sekretärin wurde die Angabe überprüft. Erst dann wurde eine Karte oder ein Besucherzettel ausgestellt, der beim Weggehen unterschrieben wieder vorgewiesen werden mußte. Die Bauten waren massiv, unpersönlich und eindrucksvoll. Durch lange Gänge, mit Hilfe von mehreren Aufzügen gelangte ich zum gewünschten, meist obersten Stockwerk mit herrlicher Aussicht. Bei Inhabern höherer und höchster Positionen erwartete mich bereits beim Aufzug oder beim Eingang die geschmackvoll und elegant gekleidete Sekretärin. Sie nannte bei der Begrüßung meinen

Namen. Ich wurde zum Zimmer des Managers oder der Managerin geführt. Nach der Anmeldung durch die Sekretärin wurde ich dann vorgelassen. Erst an dieser Stelle tauchte ein erster geschlechtsspezifischer Unterschied auf. Die Managerinnen kamen aus ihrem Zimmer und begrüßten mich im Vorzimmer. Die Herren gingen (mit nur einer Ausnahme) maximal bis zur Türschwelle. Meist erhoben sie sich erst bei meinem Eintritt vom Schreibtisch, begrüßten mich freundlich und forderten mich auf, auf der Ledersitzgruppe Platz zu nehmen. Das Verhalten während des Interviews war dann individuell verschieden.

Die einzelnen Elemente des Zeremoniells spiegeln das jahrtausendalte Wesen der Macht wider: Der entscheidende Aspekt der Macht ist das Sich-in-seiner-Größe-und-Bedeutung-Zeigen. Die Häuser sind weithin sichtbar. Der Firmenname als Symbol der Macht ist in Riesenlettern an der Spitze sichtbar angebracht, oder sie haben einen Namen wie ,,Galaxis", der die Bedeutung des Konzerns in den Weltraum projiziert. Canetti führt das Sinnbild der Macht, für sich selbst zu stehen, ,,sich selbst Genüge zu tun", auf den Verzicht auf Verwandlung zurück, als dessen Sinnbild er den Löwen bezeichnet. ,,Macht in ihrem Kern und auf ihrem Gipfel verachtet Verwandlung. Sie tut sich selbst Genüge. Sie will nur sich." (Canetti 1980, 227) Die Größe der Paläste in Stein und Glas soll weithin sichtbar sein. So wie eine große Stadt oder Armee den Feind einschüchtern soll, wird durch die Architektur die ökonomische Potenz der Firma ausgedrückt. Die Bauten gliedern sich nicht in das Stadtbild, sie prägen die Straße. Das Material der Bauten ist glatt, kantig und kalt: Marmor, Glas, Metallfassaden, Beton. Ihr Charakteristikum ist die Glätte, ,,das geheime Prestige der Macht". Die Bauten der multinationalen Konzerne zeigen ihre Macht durch Massivität. Keine feingliedrigen, anmutigen Erker und Bögen schmücken die Bauwerke, stören die klaren Formen. Gerade Linien und Dezimalklassifikationen repräsentieren Ordnung. Die Sprache drückt die Identität von Glätte und Funktion aus; man sagt, daß etwas glatt geht oder glatt funktioniert. ,,Man meint damit, daß man einen Vorgang, welcher Art auch immer, völlig ungestört in der Gewalt hat." (Canetti 1980, 229) Die Gefährlichkeit der Konzerne besteht in ihrer ökonomischen Macht. Je größer sie werden, desto mehr haben sie sich ja tatsächlich ,,einverleibt": kleine Firmen, Konkurrenten, Grund und Boden, Häuser und Märkte. Die Glätte ist Drohung, sich etwas einverleiben zu können, stark und mächtig geworden zu sein.

In der Abschreckung durch die bedrohliche Fassade verbirgt sich auch die zweite Stelle der Macht: sich selbst nicht ergreifen zu lassen. Alle freien Räume, die Mächte um sich schaffen, dienen eben beiden Tendenzen. Die Größe und Bedeutung zu zeigen, sich vor dem Ergriffenwerden zu schützen. Der große Abstand wird in den Palästen durch zahlreiche Tore und Türen gesichert. Es ist unmöglich, gegen den Willen des Mächtigen einzudringen. Durch den Terrorismus wird die Bedrohung der Mächtigen wieder radikal ins Bewußtsein gehoben. Die Ausweise, Voranmeldungen und Videokameras dienen dem Schutz der Mächtigen. Sie zeigen andererseits auch die Bedrohung der Mächtigen auf. Canettis Analysen in „Masse und Macht" helfen, die einschüchternde Wirkung, die von den Gebäuden und den Ritualen in den multinationalen Konzernen ausgeht, für den Eindringenden – in diesem Fall für mich – besser zu verstehen.

Die Kontaktaufnahme mit den Universitätsprofessoren unterschied sich in jeder Phase von denen mit Managerinnen und Managern. Es gab keine zentrale Personalstelle, die Kontakte vermittelte und die Auswahl traf. Es gibt Statistiken und Bücher, die den Personalstand der verschiedenen Universitäten mit Geburtsjahr und Adressen, Funktionen und Titeln öffentlich zugänglich machen. Die Universität besteht – trotz zentraler Verwaltungseinheit – aus einer Vielzahl von autonomen Einheiten, „Instituten" im Sinn von Fürstentümern, die möglichst wenig Kontakt mit der über- und nebengeordneten Dienststelle aufnehmen wollen. Für die Stichprobe wurden Universitätsprofessorinnen und Universitätsprofessoren der Sozial- und Geisteswissenschaften ausgewählt, und es wurde versucht, telefonisch Kontakt aufzunehmen. Das war ein mühsames Unterfangen. Professorinnen und Professoren waren schwierig zu erreichen. „Versuchen Sie es später", sagte die Sekretärin, die auch nicht genau wußte, wo sie waren und wann sie zurückkommen würden. Die Sekretärinnen der Manager konnten für ihre Chefs Termine vereinbaren. Universitätslehrer arbeiteten vormittags oft zu Hause, waren in der Vorlesung, bei Kommissionssitzungen, auf Kongressen oder in der Bibliothek. Nach der Vorlesung oder während der Sprechstunde sei es günstig, wurde mitgeteilt. Hatte man die Person wirklich am Telefon, war die Terminvereinbarung einfach. Sie zeigten großes Verständnis für die Untersuchung und standen als Interviewpartner gerne zur Verfügung.

Dezentral waren auch die Institute in verschiedenen Gebäuden untergebracht. Die Gebäude waren entweder schmuddelig oder standen als technokratische Neubauten am Rande der Stadt. Die Bundesgebäudeverwaltung, die nervenzermürbende Bürokratie und die Finanznot stellen sicher, daß die alten Gebäude desolat ausschauen. Die Wände sind selten weiß, oft fällt der Verputz von den Wänden. Man sieht Poster und Aushänge. Die Möbel sind lieblose Büromöbel oder in Ausnahmefällen Stilmöbel. Manchmal war es schwierig, ein Institut zu finden, das zwischen Büros und Wohnungen lag und nur mit einer kleinen Tafel am Hauseingang gekennzeichnet war. Die Institutsräume erinnerten an Büros, deren Glanzzeit schon seit Jahrzehnten vorüber ist. Man ist gezwungen zu improvisieren. In einem kleinen Kammerl stand z. B. eine Kaffeemaschine, es gab zusammengesammeltes Geschirr, der Professor goß sich und mir Kaffee ein, den wir über zwei Stockwerke in sein Zimmer balancierten. Auch in den prunkvollen, alten Universitätsgebäuden verlor sich der Glanz der Außenfassade, sobald man ein Institut betrat. Oft war es schwer, sich in den riesigen modernen Gebäuden zu orientieren, die eher einem Labyrinth glichen. Die neugebauten Universitätsgebäude sind sachlich, technokratisch und unpersönlich. In kleinen, wabenähnlichen Räumen saßen die a. o. Professoren, die Ordinarien hatten eine Sekretärin – ein wichtiges Statussymbol. Was zählt, ist nicht das Äußere, sondern der „Geist", der Verstand, das geschriebene Wort. Die Trostlosigkeit der Räume, die dunklen Gänge und abgeschlagenen Stiegenhäuser vermitteln den Eindruck, die Umgebung zähle nicht. Die Zimmer symbolisieren Arbeit: Alle verfügbaren Flächen sind mit Büchern, Zeitschriften, Papers und Photokopien belegt. Meist mußte erst Platz am Schreibtisch oder Tisch geschaffen werden. Es waren keine toten Papiere; es „lebte". „Das sind alles Unterlagen für eine Untersuchung", definierte ein Universitätsprofessor das kreative Chaos. Die Wände waren voller Bücherregale, die ordentlich oder berstend voll waren.

Die soziale Distanz wird nicht durch Räume und Personen konstituiert. Ehrfurcht und Bewunderung vor dem Intellekt sollen Abstand schaffen. Macht wird indirekt gezeigt. Die Insignien der Macht werden an den Universitäten vor allem bei öffentlichen Auftritten wie Promotionen und Sponsionen gezeigt. Die Faszination des Geistes zählt. Das Buch stellt geronnenen Geist dar. Die Welt ist im Kopf[10]. Das Buch ist für Wissen-

---

[10] Das Buch bzw. die Liebe zum Buch als Metapher für die Auseinandersetzung des Geistes mit der Wirklichkeit verwendet Canetti in seinem Roman „Die Blendung" (1965). Kien, der Sinologe, führt in seiner Privatbibliothek ein Höhlenleben. Er lebt in der Wissenschaft. Bei der erzwungenen Konfrontation mit dem Alltag löst die Begegnung Vernichtung und Irrsinn aus.

schaftler einerseits Werkzeug, andererseits emotional stark besetztes Symbol des Wissens. In der Einstellung der Wissenschaftler zum Buch wird etwas von der Kostbarkeit der handgeschriebenen, ledergebundenen Exemplare lebendig, die vor der Entdeckung des Buchdrucks die hohe Bedeutung des Buches ausmachte. Viele kaufen auch privat viele Bücher. Sie wollen sie besitzen und jederzeit Zugang haben. Doch das Lehren und der Kontakt zu den Studenten, die reale Beziehungen darstellen, werden oft als Störung von der eigentlichen wissenschaftlichen Tätigkeit betrachtet. Die zweite Funktion des Abstandes der Mächtigen wird an der Universität ebenfalls unsichtbar verwirklicht, und zwar durch rechtliche Bestimmungen. Die Stelle wird auf Lebenszeit vergeben, größtmögliche Bewegungsfreiheit wird durch die auf sechs Stunden beschränkte Lehrverpflichtung gewährt. Die Macht der Universitätsprofessoren/innen besteht an der Universität durch Vergabe von Qualifikationen bzw. Zuschreibung von Wissenschaftlichkeit. Sie selbst haben diese Barrieren durch Habilitation und Berufung überwunden und bestimmen nun selbst den Maßstab. Innerhalb der Institute und durch Berufungspraktiken wird festgelegt, welche wissenschaftliche Position gelehrt werden darf. In der ,,scientific community" ist der Prozeß der wechselseitigen Anerkennung und Kritik allerdings als Korrektur institutsinterner Definitionen wirksam, doch oft nur schwer durchsetzbar. Die mündliche Überlieferung, die die mittelalterliche Universität geprägt hat, findet sich in der Tradition der Vorlesung und der Kongreßreferate wieder. Dort findet ein Auftritt der Wissenschaftler vor einem Publikum statt. Die Anzahl der Hörer bei einer Vorlesung ist auch heute im Zeitalter der Computer prestigemäßig hoch besetzt.

Bei der ersten Kontaktaufnahme waren an der Universität keine geschlechtsspezifischen Besonderheiten festzustellen. Sicherlich ist die durchwegs freundliche Aufnahme auch durch die Gemeinsamkeit der wissenschaftlichen Arbeit gegeben. Das Interesse an der Themenstellung, dem Stand der Arbeit, war bei Frauen und Männern gleichermaßen gegeben, unabhängig von kontroversen wissenschaftstheoretischen Konzepten. Von Frauen wie Männern wurde ich herzlich begrüßt und in ihr Zimmer gebeten. Die vereinbarte Zeit für das Interview wurde von Störungen freigehalten.

Zusammenfassend läßt sich sagen, daß sich bei den demographischen Daten bezüglich der Verteilung der Geschlechter in Spitzenpositionen dieselbe Unterrepräsentanz von Frauen zeigte, wie sie bedauerlicherweise international auftritt. Bei der sozialen Herkunft fanden wir eine nur bei den

Managern auftauchende Besonderheit, nämlich ihre Herkunft aus einer Familie mit selbständig Erwerbstätigen. Beim Erstkontakt unterschieden sich die beiden Berufsgruppen durch ihre Umgebung und das für dieses Subsystem typische formelle oder informelle Riutal, das wohl auf die unterschiedliche Art der Machtausübung hinweist, die dann wieder als Motivationsfaktor für die Berufswahl berücksichtigt werden muß. Es läßt sich jedoch nicht klären, ob ein gewisser Beruf wie das Management oder die Wissenschaft eben solche Menschen anzieht, die in ihrer Psychostruktur dazu passen, oder die Personen, die eine Ausbildung und berufliche Erfahrung in einem Subsystem sammeln, durch diese Erfahrungen in ihrer Persönlichkeit geformt werden.

2. Faktoren der Persönlichkeit und der Einstellungen (äußere Realität)

2.1. Vergleich der Aussagen über weibliche Sozialisation mit den Daten der interviewten Frauen

Um die für die geschlechtsspezifische Sozialisation relevanten Dimensionen anhand der Daten vergleichen zu können, sollen die wichtigsten Ergebnisse dazu kurz angeführt werden. Bei der Analyse der Diskriminierung der Frauen in unserer Gesellschaft wird zunächst auf die unterschiedliche Erziehung hingewiesen, die Mädchen und Knaben erhalten. „Wir werden nicht als Mädchen geboren, wir werden dazu gemacht", lautet die Devise der Forschung und auch der Titel eines gleichnamigen Buchs von Ursula Scheu (1981). Als Ergebnisse dieser Studien werden angeführt: Mütter schenken Söhnen durchschnittlich mehr Aufmerksamkeit als Töchtern, gestatten Söhnen aggressive Äußerungen, die sie den Töchtern verbieten, was sich später auf die Durchsetzungsfreudigkeit im Beruf bei Männern günstig auswirkt. Mädchen werden zu Häuslichkeit und Puppenspielen erzogen, Spiele, die mit Eroberung und Erforschen außerhalb der Wohnung zu tun haben, werden ihnen nicht gestattet. Die Durchsetzungsformen der Mädchen sind daher nur indirekte, wie z. B. weinen, jammern oder anderen Schuldgefühle machen. Mädchen sind braver und werden daher leichter übersehen. Buben sind frech, aggressiv und laut und ziehen so mehr Aufmerksamkeit auf sich. Mädchen haben weniger Selbstwertgefühl, was sich nicht nur auf ihre schulischen Leistungen auswirkt, sondern auf alle Lebensbereiche. In einer Studie fand Hurrelmann (1989) heraus, daß Mädchen ab dem Alter von 12 Jahren gerne anders sein möchten, sich für überflüssig halten und häufiger als Buben über körperliche Schmerzen klagen. Frauen sind keine Führungspersönlichkeiten, da sie sich nicht so gut durchsetzen können. Sie neigen dazu, Konflikte zu vermeiden, da ihnen Harmonie und Liebe wichtiger sind als auf ihren Ideen und Vorstellungen zu bestehen. Schon ab dem Alter von 10 Jahren beginnen Mädchen ihr Wissen und ihre Gefühle zurückzuhalten, sagt Carol Gilligan, um Konflikten aus dem Weg zu gehen. Brown und Gilligan charakterisieren den ab der Pubertät auftretenden Unterschied folgendermaßen:

> „Privilegierte Männer sprachen oft in einer Art, als ob sie nicht in einem wechselseitigen Verhältnis mit anderen lebten – als ob sie autonom, souverän wären, frei, zu sprechen und sich zu bewegen, wie es ihnen gefällt. Frauen tendieren hingegen dazu, von sich selbst in Verbindung mit anderen zu sprechen und beschreiben dennoch eine Beziehungskrise: ein Aufgeben der Stimme, einen Selbstverzicht, um eine gute Frau zu werden und Beziehungen zu haben". (Borwn/Gilligan 1994, 8)

In der Schule werden Mädchen weniger beachtet als Buben. Ilse Brehmer (1992) faßt die vorliegenden Ergebnisse der Erforschung der geschlechtsspezifischen Behandlung der Jugendlichen in der Schule zusammen: Nur ein Drittel der Aufmerksamkeit der Lehrer und Lehrerinnen richtet sich auf Mädchen, sie erhalten weniger Lob und Tadel. Buben werden in der Schule für interessierter, kreativer und intellektuell aktiver gehalten. Frauen sind schwach, anlehnungsbedürftig und hilfesuchend. Frauen haben Angst vor Erfolg und wollen lieber in der zweiten Reihe stehen, was Dowling in dem Terminus „Cindarella-Complex" zusammenfaßte. Frauen behindern sich selbst, da sie zu wenig Selbstvertrauen haben und unsicher sind. So passen sie sich den Erwartungen der Umgebung an. Frauen verknüpfen ihren Erfolg nicht mit ihrer Identität und geben den Beruf im Zweifelsfall zugunsten der Familie auf, ein Phänomen, das Benard und Schlaffer (1989) „Selbstblockierung" nannten. Auch die soziolinguistische Forschung zeigte Diskriminierungsmechanismen auf. Durch die sprachliche Ausdrucksweise fördern Frauen ihr Überhört-Werden, fand Trömmel-Plotz heraus. In öffentlichen Diskussionen neigen Frauen dazu, höflicher, korrekter und gefälliger zu sprechen. Frauen schränken die Sicherheit ein, mit der sie etwas sagen, indem sie Partikeln wie „ glaube ich", „vielleicht" etc. verwenden; sie vermeiden Vulgärsprache und verwenden beschönigende Ausdrücke. Sie sprechen häufiger in Verkleinerungsformen und unterstützen Männer im Gespräch, lassen sich leichter unterbrechen, sprechen kürzer und weniger laut als Männer. Auch in der Körpersprache nehmen sie weniger Raum ein, schlagen die Beine übereinander, strecken die Arme nicht über die Sessellehne, wie es Männer tun. Generell streben Frauen weniger nach Macht als Männer, lautet der Tenor.

Handelt es sich bei den untersuchten Frauen um solche, die diese genannten Barrieren überwinden konnten, oder fanden sie untypische Bedingungen in ihrer Herkunftsfamilie und ihrer Erziehung vor, die ihnen einen Startvorteil verschafften?

1. Betrachten wir die Aufmerksamkeit, die die interviewten Frauen als kleine Mädchen erhalten hatten. Ein bedeutender Unterschied könnte in der Geschwisterposition der Untersuchten liegen. Die Hälfte der interviewten Frauen sind Einzelkinder (7) oder die ältesten (4), nur zwei hatten ältere Geschwister, wobei in der Gruppe der Universitätsprofessorinnen alle sieben erstgeborene Kinder sind. Das stellt zwar im Vergleich zu den Männern der Stichprobe keinen Unterschied dar, denn auch hier war die überwiegende Mehrzahl Erstgeborene oder Einzelkinder, es könnte jedoch zum Verständnis der geschlechtsunabhängigen Förderung in der Erziehung beitragen. In den Erzählungen wird von der großen Bedeutung für die Eltern gesprochen, von der Aufmerksamkeit, die ihnen zuteil wurde, die bei einem Einzelkind nicht mit Geschwistern geteilt werden muß. Da beide Elternteile sich auf ein Kind konzentrierten, ist es wahrscheinlicher, daß das Mädchen verstärkt zu Aktivitäten angeregt wurde, als wenn ein Bruder vorhanden gewesen wäre. Es entsteht sozusagen gar nicht die Möglichkeit, Aktivitäten geschlechtsspezifisch zuzuordnen, wie etwa das Basteln und Reparieren dem Knaben und das Kochen und Blumengießen dem Mädchen. Die Beispiele, die in den Szenen berichtet wurden, wie das Basteln und Erfinden können durchaus als Hinweis auf ein androgynes Erziehungsverhalten einiger Eltern verstanden werden. Auch die anderen beiden Frauen, die ältere Geschwister hatten, sprachen von wilden Spielen unter den Geschwistern und enormer Rivalität, d. h. es kann in einer gemischten Geschwistergruppe ebenso zu einer flexiblen Interpretation der für Mädchen zulässigen Aktivitäten kommen, wenn etwa alle gemeinsam Indianer spielen, Sportwettkämpfe abhalten, auf Bäume klettern, und so die Mädchen in ihrem Bewegungsdrang nicht eingeengt werden.[11] Diejenigen Frauen, die ältere Geschwister hatten, machten durch auffallendes Benehmen und Schul-

---

[11] In der Ananlyse der Psychologie der Karriere von Frauen wird die androgyne Erziehung als ein wichtiges Kriterium genannt. (Betz/Fitzgerald 1987, 143)

schwierigkeiten auf sich aufmerksam (was auch für einen Manager, der als viertes Kind geboren wurde, zutrifft). Als erwünschte Einzelkinder dürften sie im Zentrum der Aufmerksamkeit von beiden Eltern gestanden haben.

2. In bezug auf das Durchsetzungsvermögen und die Konfliktfähigkeit widersprechen die beruflich erfolgreichen Frauen dem Stereotyp der Frau. Sie erzählten zahlreiche Beispiele, wie sie ihr Anliegen und ihre Vorstellungen verwirklichen konnten. Sie hatten eher die Tendenz, Konflikte offen anzusprechen und eine Konfrontation zu wagen. Es kann aus den Daten nicht erschlossen werden, ob sie schon als Kinder durchsetzungsfähig waren oder sie diese Fähigkeit erst im Laufe ihrer Berufstätigkeit erworben hatten. Auch hier zeigten die gewonnenen Daten eine Umkehrung der rollenspezifischen Stereotype, nämlich daß sich die interviewten Männer als brave, angepaßte Kinder und Jugendliche, manche noch heute als autoritätsgläubige Erwachsene bezeichneten, während die Frauen im Management und an der Universität gegen Normen und elterliche Vorstellungen rebelliert und sich getraut hatten, wichtige Entscheidungen gegen den Willen ihrer Eltern durchzuführen.

3. Bei der Dimension des Selbstwertgefühls, an dem es dem Klischee nach der Frau fehlt, zeigten die Interviews selbstsichere Frauen, die sich ihrer Aufgabe gewachsen fühlten. Sie vermittelten die Gewißheit, jedenfalls auf der bewußten Ebene der Selbsteinschätzung, daß sie den Anforderungen des Berufs gewachsen waren und daß sie ihre Karriere aufgrund ihrer eigenen Leistungen errungen hatten. Einige kamen explizit auf ihre Unsicherheit zu Beginn zu sprechen, als ihnen Aufgaben übertragen wurden, von denen sie nicht wußten, ob sie sie durchführen könnten. Sie sprachen auch davon, wie wichtig die Anerkennung und Förderung durch Vorgesetzte für sie war. Daraus jedoch den Schluß zu ziehen, daß es ihnen an Selbstbewußtsein mangelt, wäre verfehlt. Unsicherheit und Angst neuen Aufgaben gegenüber stellen eine normale Reaktion dar. Es wäre eher zu fragen, warum die Mehrzahl der interviewten Männer über diese Erfahrungen nicht sprechen wollte. Für das Verständnis der Diskriminierung ist es nicht relevant, ob Unsicherheit und Angst erlebt werden kann, sondern ob sie als Hindernis gesehen wird, eine Aufgabe in Angriff zu nehmen.

4. Die Tendenz der „typischen" Frau, Wissen zurückzuhalten, ist bei den untersuchten beruflich Erfolgreichen erwartungsgemäß nicht aufgetreten. Ganz im Gegenteil stellte die Aufgabe des Lehrens an der Universität einen Bereich dar, in dem Frauen viel Anerkennung von den Studenten erhielten.

Sie selbst nahmen diese Aufgabe der Wissensvermittlung gerne wahr, bereiteten sich gut auf ihre Lehrveranstaltungen vor und investierten viel Zeit in die Betreuung der Studenten. Auch die Managerinnen hatten den Eindruck, ihr Wissen und ihre Argumente in Sitzungen gut vertreten zu können und gehört zu werden. Daraus kann wohl die Folgerung gezogen werden, daß die Bereitschaft, das Wissen zu nutzen, nicht vom Geschlecht, sondern von der Funktion und Stellung abhängt, die die Frau innehat. Es läßt sich auch die Vermutung anfügen, daß diese Fähigkeit, ihr Wissen und ihre Kenntnisse einzubringen, ein wichtiges Kriterium, an die Spitze zu gelangen, war.

5. Eine mangelnde Identifikation mit dem Beruf ist bei den interviewten Frauen nicht vorzufinden. Sehr deutlich räumten sie dem Beruf einen zentralen Platz in ihrem Leben ein. Übereinstimmend bezeichneten die interviewten Frauen und Männer ihren Beruf als etwas, was ihnen Spaß macht und ihr Selbstvertrauen und Selbstwertgefühl wesentlich beeinflußte. Keine der Frauen oder Männer könnte sich vorstellen, ihren Beruf aufzugeben, da er integrativer Bestandteil ihrer Identität war. Gute Arbeit zu leisten war verbunden mit dem Wunsch nach Gratifikation. Der Arbeitseinsatz war geschlechtsunabhängig, besonders in den ersten 10 Jahren ein absoluter, der Abende, Wochenenden und Fortbildung umfaßte. Ihr Erfolg im Beruf stellte einen wesentlichen Bestandteil der Persönlichkeit dar. Dieses Ergebnis stimmt mit der Aussage von Ellen Fagerson überein, die 260 Geschäftsfrauen untersuchte und fand, daß ,,Frauen in Spitzenpositionen wahrscheinlich ihre Karriere vor ihre Familie und ihr persönliches Leben stellen – auch wenn sie genauso viele Kinder haben wie Frauen in weniger hohen Positionen". (Fagerson 1984) Wie stark die berufliche Identität das Leben bestimmt, wird in der Arbeit von Doris Ingrisch sichtbar, die die ersten Universitätsprofessorinnen an der Universität Wien über ihr Leben befragte. ,,Alles war das Institut", sagte eine, oder ,,ein Leben ohne Institut war nicht denkbar". (Ingrisch 1992) Männer und Frauen identifizierten sich mit dem beruflichen Erfolg, wodurch auch die intensive Arbeitsbelastung nicht als Entfremdung erlebt wird.

6. Als letzten Punkt soll auf die den Frauen zugeschriebene ,,Frauensprache" eingegangen werden. Es wäre interessant, genauer zu untersuchen, welches Sprachverhalten Frauen in einflußreichen Positonen zeigten. Im Gegensatz zu Trömmel-Plotz stellen wir die Hypothese auf, daß das Auftreten und Verhalten der Frau weniger von den rollenspezifischen Erzie-

hungsnormen bestimmt werden als viel stärker von den situativen Anforderungen, d. h. kontextabhängig sind. Einen Hinweis für diese Annahme stellte das Sprachverhalten der Untersuchten dar. Es gab kein Beispiel für ein „typisch" weibliches Sprachverhalten. Die Frauen in Leitungspositionen sprachen klar, oft im Telegrammstil, zusammenhängend und ohne Partikel. Es gab zahlreiche Interviews von interviewten Männern, die, anonym gelesen, von Studenten und Studentinnen als typisch weibliche Biographien und weibliche Ausdrucks- und Sprechweisen eingestuft wurden und umgekehrt. Erst als die Stimmen von Tonband vorgespielt wurden, wurde das jeweilige Geschlecht mit der „untypischen" Sprachverhalten als glaubwürdig erachtet.

Die Diskrepanz der gewonnenen Daten zu den Geschlechtsstereotypien zeigt deren kulturelle Bedingtheit. Frauen in Spitzenpositionen vermitteln ein neues Modell von Frauen, die Zugang zur Macht haben und adäquate Verhaltensweisen entwickeln. Frauen wurden jahrhundertelang im öffentlichen Bereich als „ungleich" behandelt, waren rechtlich bis vor 150 Jahren vom Besitz von Privateigentum, dem Wahlrecht, einer Universitätsausbildung ausgeschlossen; J. Baker Miller hat die aus dieser Position entwickelten Eigenschaften, die auch für andere vom Zugang zu öffentlichen Ämtern an den Rand gedrängten Gruppen charakteristisch sind, als „Stärken" umdefiniert. (Baker Miller 1976, 29) Elias u. a. (1989) haben auf die Veränderung der Selbstbeschreibung von bisher Unterprivilegierten hingewiesen, wenn sich das Machtgefälle ändert. Dann können sie auch jene bisher den Privilegierten zugeordneten, sozial prestigereichen Positionen einnehmen und adäquate Verhaltensweisen wie Entscheidungsfreudigkeit, Durchsetzungsvermögen, analytisches Denken etc. zeigen.

2.2. Vergleich der Subgruppen

Wenden wir uns nun dem Vergleich der Daten zwischen den interviewten Frauen und Männern der Stichprobe zu, so scheinen zunächst in der äußeren Biographie und dem Karriereweg Unterschiede zwischen Managerinnen und Managern auf, die sich jedoch nicht auf die Berufsgruppe der Wissenschaftlerinnen übertragen ließen. Können wir dieses Phänomen so interpretieren, daß die Unterschiede zwischen dem Arbeitsfeld Wissenschaft und Management größer sind als zwischen den Geschlechtern? Dabei ist jedoch zu bedenken, daß eine Ähnlichkeit äußerer biographischer Daten nicht heißt, daß sie für eine Frau oder einen Mann dasselbe bedeuten. Um eine gesicherte Aussage darüber machen zu können müßte die Stichprobe wesentlich größer gewählt werden.[12]

Betrachten wir nun die äußeren Daten der Karriere:

Der Karriereverlauf zeigt Unterschiede hinsichtlich der Mobilität zwischen den beiden Berufsfeldern. In der Wirtschaft verfügten Männer und Frauen über mehr Berufserfahrungen in anderen Betrieben und arbeiteten auch im Ausland. Nur drei von 15 hatten ausschließlich in diesem Betrieb gearbeitet, in dem sie noch heute tätig sind. An der Universität war es gerade umgekehrt, die Mehrheit hatte den geradlinigen Weg vom Studium zum Universitätslehrer eingeschlagen, wobei dies für Frauen und Männer zutraf. Diese frühe Orientierung auf die Universität hängt wohl mit der geringen Vielfalt an Forschungsstätten außerhalb der Universität zusammen.

Auch bei den Bildungsqualifikationen zeigten sich Geschlechtsdifferenzen nur innerhalb der Wirtschaft. An der Universität beendeten die interviewten Frauen und Männer ein Hochschulstudium und habilitierten sich, was eine Voraussetzung für die Erlangung einer Professur darstellt. In der Wirtschaft gab es die Notwendigkeit einer formellen Qualifikation nicht. Man könnte daher vermuten, daß es den gesellschaftlich unterprivilegierten Frauen nur dann möglich sei, in Führungspositonen vorzudringen, wenn sie mindestens ebensogute Bildungsvoraussetzungen mitbrächten wie ihre männlichen Konkurrenten. Der Zugang zu höherer Bildung und Ausbildung der Frau wird als eine der wichtigsten Voraussetzungen für die Verwirklichung von Chancengleichheit betrachtet. Die Erhöhung des Anteils der Frauen beim Abschluß von Höheren Schulen auf 68% und bei den Erstinskribenten im Studienjahr 1979 auf 46% wurde daher als wichtiger Schritt zur Förderung von Frauen verstanden. Umso erstaunlicher war daher, daß wohl alle interviewten Männer vor ihrem Eintritt in den Konzern ein Hochschulstudium abgeschlossen hatten, jedoch drei der sieben Managerinnen ohne Hochschulstudium und zwei sogar ohne Matura zu Führungskräften aufsteigen konnten. Sie nützten später zahlreiche Fortbildungsmöglichkeiten und erwarben Wissen im Selbststudium. Die Wirtschaft scheint durch das Fehlen formaler Kriterien stärker an dem Erfolg und der Tüchtigkeit der einzelnen Person orientiert zu sein und kann

---

[12] In einem internationalen Forschungsprojekt „Comparative Leadership Study: Gender and Power" werden in 25 europäischen und außereuropäischen Ländern Frauen und Männer in Spitzenpositionen untersucht, um durch die größere Zahl verallgemeinbare Aussagen treffen zu können. (Diem-Wille)

Leistung durch Zuweisung einer höheren Position belohnen, sodaß unkonventionelle Karrieren möglich sind.

In beiden Systemen wurden Frauen mit Hochschulabschluß unter ihrer Qualifikation, nämlich zunächst als Sekretärin eingestellt, was bei keinem einzigen Mann der Stichprobe vorkam.

Bei der Selbsteinschätzung der Karriere wurde bei den Frauen und Männern an der Universität eine ähnliche Sichtweise vertreten, im Management charakterisierten Männer und Frauen die für ihre Karriere relevanten Eigenschaften unterschiedlich. In der Wissenschaft wurde die Planung der Karriere klar und präzise beschrieben. Das Studium hatten sie rasch und zielstrebig (mit einer Ausnahme) absolviert. Frauen und Männer sprachen von der Notwendigkeit einer Planung der Qualifikation durch Publikationen, Eigeninitiative und Organisation, wobei bei drei Männern der Wunsch nach Pragmatisierung explizit ausgesprochen wurde, der aber wohl bei allen eine wesentliche Motivation darstellte.

Die Männern im Management sprachen ebenso durchwegs von einer genauen Planung der Karriereschritte, einer Kalkulation, wann eine Position gewechselt werden muß, um Aufstiegschancen zu haben. Für Männer scheint es legitim zu sein, ein Ziel zu verfolgen, um an die Spitze der Hierarchie zu gelangen. Sie vermittelten den Eindruck, es sei ihre Leistung gewesen, und sie waren stolz darauf. Die Managerinnen hingegen sprachen von ,,Glück", von günstigen Umständen oder zufälligen Bedingungen. Sie selbst schienen nicht aktiv daran beteiligt gewesen zu sein, es schien ihnen mehr passiert zu sein. Dieses Phänomen, daß Frauen ihre Karriere mehr dem Zufall oder Glück zuschreiben als ihrer eigenen Leistung und Planung, ist auch aus anderen Untersuchungen bekannt. So zitiert Poppenhausen (1986) die Aussagen von deutschen Universitätsprofessorinnen, die meinten, ,,sie sei nun so hineingerutscht", ,,es sei Glück gewesen" oder ,,habe sich so ergeben". Dieser Sachverhalt läßt sich verschieden interpretieren. Einerseits ermöglicht die Zuschreibung der eigenen Karriere dem Zufall oder dem Glück es diesen Frauen, sich dafür nicht verantwortlich fühlen zu müssen; es sei ihnen ,,passiert", sie wurden auserwählt. Wenn wir einen Zusammenhang mit der verdrängten Rivalität mit der eigenen Mutter herstellen, ermöglicht diese Verschiebung auf den Zufall einen konfliktfreien Umgang mit der Konkurrenz, da die Tochter dann nicht besser ist als die Mutter, sondern glückliche Umstände sie in diese Spitzenposition gebracht haben. Morrison et al. sprechen davon, daß andere Personen den Erfolg einer Frau eher dem Glück zuschreiben als ihrer Leistung, bei einem Mann verhält es sich umgekehrt. Es ist zu vermuten, daß hier eine ähnliche psychische Dynamik dahintersteht. Frauen, die sich ihrer Konkurrenz zur Mutter bewußt sein dürfen, können auch ihren Erfolg als Resultat eigener Leistung verstehen.

In ihrer Einstellung zur *Arbeit* sind die Interviewten beider Berufsgruppen vom handwerklich-bürgerlichen Begriff der Pflichterfüllung geprägt. Bei ihren Eltern herrschte eine Gesinnung der Pflichterfüllung und Redlichkeit. „Durch seiner Hände Arbeit Geld auf ehrliche Weise verdienen", „man solle alle Arbeiten mit hundertprozentigem Einsatz erledigen ... Bemühen ist wichtiger als der Erfolg", „man muß hart arbeiten", wurde als Wert hingestellt," dadurch bekommt man auch seinen Platz im Leben, man wird geachtet von der Welt", so charakterisierten sie die Einstellung ihrer Eltern. „Man war stolz, eine Steuervorauszahlung zu haben, Schulden waren eine Schande. Man lebt für die Arbeit, sie war der Lebenssinn". Bei den Eltern der Managerinnen trat eine Modifikation auf, wenn der Vater die Erwartungen der nicht berufstätigen Mutter nicht erfüllte und die Mutter deshalb mit dem zu wenig ehrgeizigen Vater unzufrieden war.

Als Söhne und Töchter führten sie diese Tradition der redlichen Arbeit fort. So sprach ein Manager von seinem „ausgeprägten Qualitätsdenken, was die Arbeit betrifft". Auch die genannte Arbeitszeit bis Mitternacht und am Wochenende entspricht durchaus der handwerklichen Arbeitstradition bzw. der Selbstausbeutung von Kleingewerbetreibenden. Verändert hatte sich jedoch die Einstellung zum Genuß und das Ziel, wofür man arbeitet. Noch deutlicher wird der Wandel von der Elterngeneration zu den Interviewten beim Umgang mit Geld sichtbar.

Der erwartete Unterschied im *Umgang mit Geld* zwischen den beiden Berufsgruppen wurde in den Interviews bestätigt. Für Managerinnen und Manager war das hohe Einkommen das sichtbare Zeichen des Erfolgs. Frauen und Männer äußerten explizit, daß sie wesentlich mehr verdienten als ihre Väter und daß sie stolz darauf seien. Für die Professorinnen und Professoren an der Universität war Geld gleichbedeutend mit Sicherheit, was beides durch die Pragmatisierung gewährleistet wurde. Im Umgang mit dem Geld gab es bei den Personen im Management zwei verschiedene Formen: eine Gruppe genoß das Geldausgeben für Wohnung, Kultur, Reisen und Urlaub. Die andere Gruppe ging eher sparsam mit Geld um, investierte es und lebte eher spartanisch wie die eigenen Eltern. Bei der

Wissenschaft gab es eine kleine Gruppe, die Geld anlegte, und eine größere Gruppe, die ausschließlich den Sicherheitsaspekt betonte.

2.3. Spezifische Phänomene innerhalb der Berufsgruppen

Eine Gruppe der befragten Wissenschaftler (6 von 8) stammte aus Familien, die durch *Starrheit* und *Enge* gekennzeichnet waren. Dies kann sich sowohl auf die materiellen Bedingungen (ökonomische Beschränkung bei Erich und Romed) als auch auf rigide Normen und emotionale Distanz (Paul, Ulrich, Lukas) oder chaotische Situationen (Fritz) beziehen. Die Wissenschaft stellt im gesellschaftlichen Bezug die ,,Freiheit der Lehre und Forschung" in den Mittelpunkt, was sich in der freien Wahl der Forschungsinhalte und der Lehre als auch in der relativ flexiblen Zeitgestaltung ausdrückt und so den Wunsch nach Überwindung der Enge, des Durchbrechens der starren Grenzen ermöglicht. Gleichzeitig stellt die Institutionalisierung der Wissenschaft an der Universität eine beamtete, sichere Lebensposition zur Verfügung, die durch die Vorschriften der öffentlichen Verwaltung einerseits und die formalen Anforderungen der wissenschaftlichen Arbeitsmethode andererseits strikt reglementiert ist. Das dürfte dem Bedürfnis nach Sicherheit sowie dem ,,Wiederholungszwang" (Freud) des Genauen und Starren dieser Gruppe entsprechen, was in der psychoanalytischen Theorie dem Typus des ,,Zwangsneurotikers" zugeordnet wird. Mentzos beschreibt ihn folgendermaßen:

> ,,Der Zwangsneurotiker tendiert dagegen zur Intellektualisierung und versucht, alles in scharf abgegrenzten und gut geordneten Kategorien und Begriffen zu fassen. Er ist ständig bemüht, die Zukunft in übertriebener Weise genau zu kalkulieren und zu kontrollieren. Seine Art des Denkens ist superpräzis, sehr geordnet und von emotionalen Vorgängen (zumindestens teilweise) isoliert. Der Wechselhaftigkeit, Labilität und Launenhaftigkeit der Hysterie entspricht die Pedanterie und die sture Rigidität des Zwangsneurotikers." (Mentzos 1982, 162)

Mentzos nennt die für das wissenschaftliche Arbeiten erforderliche begriffliche Klarheit, die Ausdauer und Genauigkeit, die durch die Aufarbeitung der Tradition und die Zitiervorschriften institutionalisiert sind. Diese zwei gegensätzlichen individuellen Motive, nämlich der Freiheitsdrang zur Überwindung der Starre und der Wiederholungszwang der rigiden Normen können in der institutionellen Form der Wissenschaft gut untergebracht werden, wobei in der Literatur meist nur die genaue, rigide Form der Persönlichkeit genannt wird und das Sicherheitsstreben und der Freiheitsdrang vernachlässigt werden.

Ein zweites Phänomen stellt das gehäufte Auftreten von *körperlichen Gebrechen* in den Familien der Wissenschaftler dar: Ein Vater ist durch seine Kinderlähmung und den langjährigen Kampf um seine Gehfähigkeit nicht in der Lage, sich mit den körperlich intakten Kindern zu identifizieren. Ich habe als zentrales Motiv des Konfliktes einer Wissenschaftlerin mit ihrem behinderten Vater seinen Neid und den kompensatorischen Genuß interpretiert. Bei zwei Wissenschaftlern sind die Schwestern körperlich entstellt. Der Vater eines Wissenschaftlers hatte taubstumme Eltern, die ihn zur Adoption freigaben, derselbe Wissenschaftler durfte wegen seiner angeblich starken Kurzsichtigkeit nicht sein Wunschstudium wählen. Ein anderer Vater kam nach einer Kriegsverletzung als Invalide heim. Ein Wissenschaftler fühlte sich – durch den wahrscheinlich überflüssigen Gehapparat – lange behindert. Bei 6 von 15 Wissenschaftlerinnen und Wissenschaftlern existierte ein körperliches Gebrechen in der Familie, das große Angst erzeugt haben dürfte, so als ob auch die anderen es geerbt haben könnten. Zu untersuchen wäre, ob die Verletzung der Körperintegrität bei sich oder einem Familienmitglied ein kompensatorisches Motiv für die Bewältigung in der Wissenschaft ist, die als reine ,,Kopfarbeit" (Sohn-Rethel 1973), als ,,Krönung menschlicher Vernunft", die höchste Spitze der menschlichen Tätigkeit darstellt und so die beschädigte individuelle oder familiare Ganzheit des Körpers wieder herstellt. Diese Hypothese drängt sich auch deshalb auf, weil bei den interviewten Managern und Managerinnen außer dem kriegsbedingten Tod der Geschwister und einer Hüftluxation keine gesundheitlichen Schäden bei den Interviewten oder ihren Familien genannt wurden.

Bei den Frauen und Männern im Management habe ich in der mehrgenerativen Familiendynamik die Tendenz eines unbewußten Auftrags der Mutter oder Großmutter konstatiert. Gleichzeitig trat bei diesen beiden Subgruppen das Phänomen von zahlreichen unvollständigen Familien auf (7 uneheliche Kinder in 2 Generationen, eine geschiedene Ehe). Uneheliche Kinder stellten in den verschiedenen historischen Epochen durchaus etwas Selbstverständliches dar. So hatte Wien in der zweiten Hälfte des 19. Jahrhunderts mit über 50% unehelichen Kindern den höchsten Anteil unter den europäischen Großstädten (Mitterauer 1983, 25), der erst durch die Verbesserung der ökonomischen und sozialen Situation niedriger wurde. Ich nehme daher an, daß ein Teil der Interviewten die Motivation zum beruflichen Aufstieg in das obere oder Topmanagement aus dem Wunsch stammt, das Schuldkonto auszugleichen oder eine Gratifikation der Familie durch gesellschaftliche Anerkennung zu erreichen. Es wäre auch zu interpretieren, warum in der Auswahl der Universitätsprofessorinnen und Universitätsprofessoren in drei Generationen keine einzige uneheliche Geburt genannt wird. Sicherlich läßt die überwiegende Anzahl der Familien aus dem Beamten- und Angestelltenmilieu eine soziale Interpretation, nämlich sich an gesellschaftliche Sexualnormen zu halten, plausibel erscheinen. Die uneheliche Herkunft gerade der Mütter, die ja durch eine generelle geschlechtsspezifische Barriere zusätzlich an Berufsaufstieg und Bildung gehindert wurden, kann als Indiz für den großen Drang der interviewten Personen im Management nach sozialem Aufstieg und Anerkennung verstanden werden.

3. Innere Dynamik der Karriere

Auf die Analyse der inneren Antriebskraft, eine berufliche Karriere anzustreben, war das Hauptaugenmerk der Untersuchung gerichtet. Die verschiedenen Aspekte sollen hier unter Berücksichtigung der relevanten Differenz des Geschlechts und des Berufes zusammengefaßt werden. Es zeigte sich, daß die Motivation zum Aufstieg in der Hierarchie auf vielfältige innere Faktoren zurückgeht. Psychische Phänomene und menschliche Handlungen können durch mehrere Ursachen begründet sein und verschiedenen inneren Konstellationen genügen, was Freud unter dem Begriff „Überdetermination von Handlungen" zusammengefaßt hat. Diese vielfältigen Motive and Antriebskräfte können auf verschiedenen Deutungsniveaus, d. h. bezogen auf unterschiedliche Entwicklungsphasen, verstanden werden. In der Traumdeutung hat Freud darauf hingewiesen, daß „jedes der Elemente des (manifesten) Trauminhaltes (sich) als überdeterminiert, als mehrfach in den (latenten) Traumgedanken vertreten (erweist)". (Freud 1900, 283) Der Terminus stammt ursprünglich aus der Geometrie: Der Schnittpunkt zweier Linien determiniert einen Punkt; Der Schnittpunkt dreier Linien in einem Punkt überdeterminiert einen Punkt. In der Psychoanylyse meint der Begriff mehrere Linien im Sinn von Bedeutungen, er impliziert aber nicht eine überflüssige. Da jeder psychische Akt mehrere Bedeutungen hat, kann er verschiedenen Impulsen auf verschiedenen Ebenen dienen, wie etwa einer Wunscherfüllung, einem Strafbedürfnis oder anderen Sekundärzielen. Dies bedeutet jedoch nicht eine Beliebigkeit der

Sinnzuschreibungen. Die integrative Funktion des Ichs ermöglicht es, widersprüchliche Motive in der für das Individuum bestmöglichen Form zu verwirklichen. Ein Symptom oder eine Handlung trägt daher immer die Spur verschiedener Bedeutungen, zwischen denen ein Kompromiß zustande kam.

Demzufolge ist es möglich, die berufliche Karriere als Kompromiß verschiedener Antriebe in den vier formulierten Dimensionen zu verstehen, die Aspekte einer reifen Ich-Leistung, neurotischer Symptome oder Abwehrfunktion implizieren kann.

3.1. Dimension: Unbewußte Rivalitätskonflikte mit Vater oder Mutter (ödipale Konflikte)

Die Konstellationen der ödipalen Konflikte erschienen bei den Männern homogener als bei den Frauen der Stichprobe. Die Männer bezeichneten ihre Mütter als das emotionale Zentrum der Familie, räumten ihnen auf der bewußten Ebene eine Sonderstellung ein. Die Väter wurden eher abgewertet und ihre Bedeutung in der Familie heruntergespielt. Auf der unbewußten Ebene wurde die verdrängte Rivalität mit den Vätern sichtbar. Der berufliche Erfolg stellt, so interpretieren wir, einen Kompromiß dar zwischen dem Wunsch, den Vater in den Schatten zu stellen, und dem gegenteiligen Wunsch, seine Anerkennung zu erringen. Sie wählten eine indirekte Form der Konfliktaustragung über die Profilierung im Beruf. Die verdrängte Rivalität und die in mehreren Fällen damit verbundenen unbewußten Schuldgefühle bewirkten bei einigen auch Hemmungen, wie z. B. Schreibhemmungen. Die Väter der untersuchten Manager und Professoren stellten im realen Leben jedoch keine Versager dar, sondern waren durchaus Identifikationsfiguren. Innerhalb der Gruppe der Männer traten unterschiedliche Formen der Integration widersprüchlicher Wünsche auf: eine relativ reife Form der Bewältigung der ödipalen Rivalität; primitive Formen der Idealisierung des Ich, was zu einer Diskrepanz von Ich und Ichideal führte und deshalb inneren Druck erzeugte, diese Kluft durch Leistung, Geld und gesellschaftlicher Anerkennung zu überbrücken.

Die innere Dynamik der interviewten Frauen war vielfältiger. Auf der bewußten Ebene trat die Differenzierung in zwei Gruppen auf, die eine, die die Beziehung zu ihren Müttern als gut bezeichnete, und die andere, die ihre Mutterbeziehung als schwierig und belastend beschrieb. Unter Einbeziehung der unbewußten Dimension ergab sich eine weitere Unterscheidung, sodaß drei verschiedene Muster erkennbar wurden.

a) Die Mutter wurde idealisiert, da die Rivalitätsgefühle und die Liebe zu ihr nicht integriert werden konnten und deshalb die konflikthaften Gefühle verdrängt wurden. Die Rivalität zur Mutter wurde auf die weniger bedrohliche Ebene des Berufes verschoben und die Besonderheit ihrer Karriere als Frau verleugnet. Die Mitglieder dieser Gruppe vertraten die Meinung, es bringe eher Vorteile als Nachteile eine Frau zu sein. Ihr unbewußter Wunsch, alle anderen Frauen zu übertreffen, wurde so auf den Beruf verschoben. Diese Frauen förderten keine anderen Frauen und wollten nur mit Männern zusammenarbeiten.

b) Hinter der Idealisierung der Mutter, die nur in positiven, bewundernden Worten beschrieben wurde, stand ein unbewußtes Werben um die Mutter. Die Tochter wollte für sie auf der unbewußten Ebene attraktiver als der Vater sein. Ihr Erfolg stellte so ein symbolisches Geschenk an die Mutter dar. Wurde es von der Mutter akzeptiert, so fühlte sich die Tochter narzißtisch bestätigt, sie war auf einer symbolischen Ebene ein Schmuck der Mutter, verlieh ihr besonderen Glanz und blieb emotional ein Teil der Mutter. Wurde das Geschenk von der Mutter zurückgewiesen, so fühlte sich die Tochter doppelt abgelehnt. Es entstand damit hinter der Fassade des Erfolgs ein latentes Konfliktpotential. Je stärker die Idealisierung und die Konkurrenz auseinanderfallen, desto eher kann es zu einer Abspaltung der aggressiven Tendenzen auf eine andere Frau kommen, die jedoch auch in der Phantasie auf die Frau eines Mannes verschoben werden kann, von dem sich diese Frau dann verfolgt fühlt.

c) Bei dieser Gruppe wurden ihre Beziehungen zur Mutter auf der bewußten Ebene kritisch gesehen. Der Vater wurde als Vorbild erlebt. Da die Konflikte mit der Mutter ausgetragen werden konnten, konnte auch die Rivalität zu anderen Frauen differenzierter gestaltet werden. Es dominierte der Wunsch, den Vater vor der ,,bösen" Mutter zu retten. Hier kommt dem beruflichen Erfolg die Bedeutung eines unbewußten Bindegliedes zum Vater zu, mit dessen Intellekt und Mut sie sich identifizieren. Unter den Wissenschaftlerinnen trat diese Identifikation mit dem Vater, mit seiner Intelligenz und seinen politischen Ideen öfter auf. Sie fühlten sich mit ihm eng verbunden, wie eine Kopie von ihm, so als ob die Mutter bei ihrer Produktion nicht mitgewirkt hätte. Doch die Mütter waren nicht wirklich unwichtig, sie sollen lediglich in der Phantasie vom Vater getrennt werden.

Die Frauen dieser Gruppe konnten Diskriminierungserfahrungen beschreiben und ein Stück Solidarität zu anderen Frauen entwickeln.

3.2. Dimension: Akzeptanz durch die Eltern

Den Wunsch, eine Sonderstellung bei den Eltern einzunehmen, haben alle Kinder. In der untersuchten Gruppe konnten sowohl die Männer als auch die Frauen diese Sonderstellung tatsächlich erleben. Sie war einerseits durch die Position in der Geschwisterreihe gegeben, hier waren die Frauen auf der Universität zahlreich vertreten, oder indem sie besonders auf sich aufmerksam machten. Der Akzeptanz durch die Eltern wurde in der Interpretation eine zentrale Rolle bei der Entwicklung des Selbstwertgefühls und der Erfolgsorientierung beigemessen. In den Falldarstellungen wurde deutlich, daß der Grad der Autonomie des Selbstbewußtseins der Interviewten unterschiedlich entwickelt war. Das Selbstbewußtsein ist das Ergebnis des Prozesses, in welchen das gegenwärtige Selbst sich mit dem Idealen-Selbst, seinen Zielen, ehrgeizigen Wünschen, Vorstellungen und Werten vergleicht, als auch mit den Vorstellungen von relevanten Personen. Diese Prozesse laufen gewöhnlich nur zum Teil bewußt ab und treten deutlicher zu Tage, wenn das Selbstbewußtsein nur mangelhaft ausgebildet ist. Das Selbstbewußtsein beeinflußt die Entwicklung von Selbstsicherheit, einer optimistischen Grundstimmmung und der Lust, Neues zu erforschen. Bei Hindernissen und Schwierigkeiten bietet das Gefühl, es zu können, ein Reservoir für Energien, aber andererseits auch die Fähigkeit zu erkennen, wann ein Ziel unerreichbar ist und aufgegeben werden muß. Der starke Wunsch der Untersuchten, sich durch ihre Arbeit ständig neue Bestätigung zu holen, dürfte bei einigen als Hinweis auf eine labile Basis ihres Selbstwertgefühls zu interpretieren sein, das in Umstellungsphasen wie dem Tod der Mutter oder dem Erwachsenwerden der Kinder zu Krisen führte, die zum Teil mit therapeutischer Hilfe bewältigt wurden. Die erlebte Sonderstellung bei den Eltern führte in diesen Fällen zu ambivalenten Gefühlen wie: die Wut, klein und hilflos gehalten zu werden, stellvertretend für die Eltern Erfolge erringen zu müssen statt eigene Vorstellungen entwickeln zu können, oder die Eifersucht auf die zentrale Bedeutung der Arbeit der Eltern. Diese Personen befürchteten, nur wegen ihrer Leistungen geliebt zu werden und nicht um ihrer selbst willen. Ein Stück dieser Wut wurde bei einigen in Arbeitswut umgewandelt. Sie imitierten so das Verhalten der Eltern, unter dem sie als Kinder gelitten hatten.

3.3. Dimension: Modellwirkung der Eltern

Betrachtet man den beruflichen Aufstieg der Interviewten in einer mehrgenerativen Perspektive, so tritt eine Differenzierung auf: Die berufliche Karriere stellt sich als Kompensation eines sozialen Abstieges in der Familie dar oder als Wiedergutmachung von Not und Entbehrung. Beispiele für die erste These einer Kompensation fanden wir bei den Frauen und Männern im Management, während die Wissenschaftler und Wissenschaftlerinnen überwiegend der zweiten Gruppe zugeordnet wurden, da sie den sozialen Aufstieg der Eltern fortsetzten oder die ersten in der Familie waren, die aus einer unterprivilegierten Position Bildung und sozialen Status erringen konnten. Sowohl Frauen als auch Männer nannten häufig die Mutter oder Großmutter, der die soziale Anerkennung enorm wichtig war. Sie wurde als „Triebfeder der Karriere" bezeichnet. Die Eltern wurden von den Interviewten geachtet und ihre Ausdauer im Überwinden oft äußerst schwieriger Lebenssituationen bewundert. Die Eltern stellten ein Modell dar, sodaß wir von einem „Familienthema" Nicht-Aufzugeben gesprochen haben, das diese Generation weiterführte.

3.4. Dimension: Umgang mit Autorität: Anpassung versus Rebellion

Die gängigen Rollenstereotype im Umgang der Geschlechter mit Autoritäten wurden durch die Daten die Untersuchung ins Gegenteil verkehrt: die Frauen waren kritisch, konfliktfreudig und entschieden sich in wichtigen Lebensfragen gegen den Willen der Eltern, weshalb sie als „Rebellinnen" bezeichnet wurden. Die interviewten Männer dagegen beschrieben sich als „brav", autoritätsgläubig und folgsam. Interessanterweise zeigte sich sowohl die emotionale Abhängigkeit der Männer als auch der Kampf um Autonomie bei den Frauen auf der Ebene der Sexualität. Die Mehrzahl der Mütter der untersuchten Männer wollte nicht, daß sie eine Freundin hatten; sie sollten sich ganz auf das Studium konzentrieren. Bei den Frauen wurden die Wahl des Partners, die Schwangerschaft oder voreheliche Sexualität als Konfliktthema genannt. Auch auf anderen Ebenen wurde schon früh von einigen der Interviewten ein eigenständiger Weg gewählt. Diese Erfahrungen, Konflikte offen auszutragen und zwar in einer Art und Weise, daß die Kommunikation nicht abbrach, scheint eine Basis für die spätere Durchsetzung im Beruf gewesen zu sein.

Zusammenfassend kann daher gesagt werden, daß der Betonung der Arbeit und des beruflichen Erfolges in der inneren Dynamik der Person unterschiedliche Bedeutung zukommen kann. Sie kann Ventil zur Sublimierung eines inneren Konfliktes sein, Wut in Arbeitswut transformieren, Rivalitätskonflikte auf einer neutralen Ebene austragen. Sie kann einen Schutz vor emotionaler Nähe in privaten Beziehungen darstellen, wenn ihr Priorität im Leben beigemessen wird. Sie kann Ausdruck einer reifen Persönlichkeit sein, die durch Verwirklichung ihrer Ideen und Vorstellungen Gratifikation erlangt. Die permanente Aktivität und das Netz der Verpflichtungen können auch als Abwehr der Passivität und depressiver Neigungen verstanden werden, was mit dem Begriff „manische Abwehr" und „manische Wiedergutmachung" bezeichnet wird.[13]

---

[13] Wiedergutmachung kommt in dem Konzept von Melanie Klein ein wichtiger Stellenwert in der depressiven Position zu, wenn eigene aggressive Impulse, Neid und zerstörerische Wünsche gegen die idealisierte Mutter klar werden. Es entstehen Trauer und das Wissen um den Verlust der phantasierten idealen Einheit. Resultat ist die Fähigkeit des Kindes, die Beschädigung des Objektes, die es in in der Phantasie angerichtet hat, wiedergutzumachen. Wenn jedoch die Einsicht in die eigene Ambivalenz den geliebten und frustrierenden Objetbeziehungen gegenüber nicht erkannt wird (damit die Kränkung, die Frustration und die Enttäuschung nicht wahrgenommen werden muß), so entsteht eine manische Wiedergutmachung, die als Abwehr dient. Die Aktivitäten sind dann hektisch und bringen keinen wirklichen inneren Gewinn, da sie dazu dienen, aufsteigende Einsichten zu verhindern. Diese manische Wiedergutmachung ermöglicht es, omnipotente Phantasien über die eigenen Möglichkeiten aufrechtzuerhalten. (Segal 1986, 149)

4. Teil: Selbstreflexion als konstitutives Merkmal einer psychoanalytisch orientierten empirischen Forschung

Im letzten Teil geht es um methodische Reflexionen der angewandten Psychoanalyse, die Selbstaufklärung als konstitutives Merkmal einschließt. Wie das Prinzip der Selbstaufklärung das Forschungsdesign bestimmte, wird anhand von Beispielen gezeigt. Es geht um die Bedeutung der Durchführung des narrativen Interviews durch die Psychoanalytikerin, die Supervision und das Prinzip der Falldarstellung sowie um die Reflexion der Möglichkeiten und Probleme einer angewandten Psychoanalyse. Die Bedeutung der Psychoanalyse für die Pädagogik soll anhand von zwei Thesen, einer allgemeinen und einer spezifischen, formuliert werden.

1. These: Die Psychoanalyse ist eine wichtige Grundlagenwissenschaft für die Pädagogik, da die Kenntnisse der menschlichen Psyche einen besseren Zugang zur eigenen und fremden Emotionalität und der des Kindes ermöglichen.

2. These: Die Bedeutung der Psychoanalyse für die Pädagogik besteht in einem methodischen Sichern des Momentes der Aufklärung für die Interviewten sowie der Aufklärung der affektiven Verstrickung der Menschen mit dem Phänomen, das untersucht wird.

Es handelt sich bei der Untersuchung von „Karrierefrauen und Karrieremännern" um eine psychoanalytisch orientierte qualitative Untersuchung, die für die Pädagogik relevant ist. Der psychoanalytische Forschungsprozeß ist als Dialektik von inter- und intrapsychischer Kommunikation zu verstehen. Die innere Kommunikation und Selbstwahrnehmung des Analysanden und Analytikers ist bezogen auf die äußere Kommunikation (Deutung, Interpretation, freie Assoziation) beider beteiligten Subjekte. Damit hat die Psychoanalyse den Interaktionszusammenhang als konstitutives Merkmal in Abgrenzung zum empirisch-analytischen Erkenntnisideal eines naturwissenschaftlichen Objektivismus gesetzt.

Die Aussagen der Interviewten und die Testergebnisse der projektiven Tests wurden als Material verstanden, das es erlaubte, abgesicherte Interpretationen über die „innere Realität" der Interviewten zu machen. Es ging dabei um eine Rekonstruktion ihrer Lebensgeschichte aus der Perspektive der Betroffenen, die durch die Interpretation der gewonnenen Daten, bezogen auf unbewußte innere Konflikte, ergänzt wurde. So wurde im Forschungsprozeß eine Selbstreflexion der Interviewten ermöglicht. Dabei können wir nicht von einer ein für allemal festgeschriebenen Realität ausgehen. Die Lebensgeschichte wird immer wieder umgeschrieben. (Vgl. Freud 1937a) Aufgezeigt werden soll, wie die inneren Bilder und Vorstellungen über relevante Bezugspersonen in der Herkunftsfamilie die Identitätsfindung bestimmt haben. Damit wird der Gegenstandsbereich der Untersuchung auf die inneren Bilder (Objektbeziehungen) erweitert, um der Komplexität der in der Erziehung relevanten Faktoren gerecht zu werden.

Die Rekonstruktion der Lebensgeschichte stellt nicht den Anspruch, genau nachzuzeichnen, was sich der Erwachsene z. B. mit 7 Jahren gedacht hat. Das Wissen um die Überdeterminiertheit menschlichen Handelns läßt nur vorläufige Rekonstruktionen zu, die aus dem Interviewmaterial und den projektiven Zeichentests abgestützt werden. In Analogie zu den Erfahrungen der klinischen Arbeit wurden die im Interview gewonnenen Daten interpretiert. Wenn von psychoanalytisch orientierter Forschung gesprochen wird, so wird von einem bestimmten Paradigma ausgegangen, das die Kategorien der Beobachtung bestimmt, d. h. es wird nicht der Anspruch erhoben, Erklärungen *der* Realität zu geben. In einem Bezugsrahmen werden vielmehr Erklärungen von Realität gegeben. Maturana hat auf diesen Zusammenhang hingewiesen, wenn er davon spricht, daß sich lebende Systeme ihre Welt erschaffen. Es muß nach den Bedingungen der Konstruktion von Realität gefragt werden (vgl. Maturana/Varela 1987), die jedoch durch frühe Kindheitserfahrungen in ihrer Struktur geformt werden. Die zugrundeliegenden Annahmen der Konstruktion der psychoanalytischen Wirklichkeit sollen noch einmal kurz zusammengefaßt werden:

1. Wenn wir von der Anerkennung der Realität sprechen, so bezieht sich das auf die „innere Realität" einer Person. Diese innere Realität bestimmt die Wahrnehmung und Bedeutung, die der äußeren Realität beigemessen werden.

2. Das Prinzip der psychischen Determiniertheit meint, daß in der Psyche nichts zufällig passiert, sondern durch Vorhergegangenes bestimmt wird.

3. Die Psyche des Menschen wird als in drei Instanzen gegliederte Einheit gesehen, (Es, Ich, Über-Ich), die jeweils unterschiedliche Ziele verfolgen und so innere Konflikte schaffen.

4. Der Versuch, diese inneren Konflikte zu verstehen, stellt gleichzeitig einen Forschungsprozeß und ein therapeutisches Handeln dar.
5. Wir gehen davon aus, daß im Menschen gleichzeitig zwei Wünsche existieren, nämlich der, über sich etwas zu wissen, und der, nichts wissen zu wollen. Der Wunsch, nichts zu wissen, wird in der Abwehr sichtbar (z. B. Vergessen, Verdrängen, Rationalisieren etc.).

Erkenntnisse über die Psyche sind deshalb nur prozeßhaft zu verstehen. Der Prozeß ist prinzipiell unabschließbar. Auch nach mehrjähriger Analyse können Aspekte sichtbar werden, die Vergangenes in einem neuen Licht erscheinen lassen.

Die seit den 70er Jahren erneut diskutierte Frage, ob die Psychoanalyse eine Grundlagenwissenschaft oder eine Hilfswissenschaft für die Pädagogik sei, kann nicht absolut geklärt werden. Sie hängt von der Akzeptanz der genannten Prinzipien ab. Für diejenigen, die vom psychoanalytischen Verständnis ausgehen, ist die innere Realität die relevante Ebene, die es zu verstehen gilt, um pädagogisches Handeln zu begründen. Wird hingegen von der Interaktion oder der Rollentheorie als Bezugseinheit der Erklärung der Realität ausgegangen, so sind Zusammenhänge der psychischen Realität marginal. Es gibt daher keine absolute Wahrheit, weder zwischen den Paradigmen noch innerhalb einer Disziplin, d. h. es gibt verschiedene Realitäten, die eine Erklärung bereitstellen. Ob eine Erklärung als plausibel akzeptiert wird, sagt etwas über die soziale Bedeutung der Theorie aus.

1. Prinzipien der Forschung

1.1. Durchführung der Interviews durch die Forscherin

Nimmt man als Bezugspunkt das psychoanalytische Erstgespräch, so ist es selbstverständlich, daß dieselbe Person, die die Diagnose über eine mögliche Therapie oder Analyse eines Patienten stellt, tatsächlich selbst das Gespräch führt. In der face-to-face-Kommunikation wird eine Vielzahl von Informationen ausgetauscht, die teilweise unbewußt die Eindrücke bestimmen. Die persönliche Durchführung der Interviews am Arbeitsplatz der zu untersuchenden Personen vermittelte auch zahlreiche Eindrücke über den sozialen Kontext. Diese zunächst banal klingende methodische Überlegung wird selbst in klassischen Studien nicht erfüllt. So beklagt Adorno den Verlust „lebendiger Erfahrung" bei den „Studien zum autoritären Charakter" (1973), ist aber selbst an den „live" Interviews nicht beteiligt gewesen. Wiggershaus kritisiert „die Distanz zum ‚Gegenstand' der Untersuchung und die rigide Form der Arbeitsteilung". (Wiggershaus 1986, 464) Allgemein übe ich damit Kritik an der Forschungsorganisation, die den unqualifiziertesten Mitarbeitern die Durchführung der Interviews überläßt.

1.2. Falldarstellung als Abbildung individueller Bildungsprozesse

Soll die Genese der Persönlichkeit nachgezeichnet werden, so ist die Einmaligkeit der familiären Situation adäquat nur in einer Fallstudie möglich. Ich habe immer ein Unbehagen bei den soziologischen Analysen der Schichtzugehörigkeit, des Sprachverhaltens oder der Sozialisitionsmuster verspürt, da sie nie die tatsächliche Situation eines Menschen beleuchten. Der Einzelfall ist immer anders als theoretische Konstrukte. Es gibt gerade in der Pädagogik viel zu wenig Dokumentationen über tatsächliche Bildungsverläufe und Studien über Persönlichkeitsentwicklung. Häufig lesen wir über diese Zielsetzung, nämlich „Profilstudien" zu erstellen. So schreibt Adorno an Horkheimer, er wolle „eine eingehende Analyse einzelner Versuchspersonen auf Grund des gesamten über sie vorliegenden Materials, also Fragebogen, Interviews, Murry tests und Rorschach" erstellen. (Adorno-Horkheimer, Brief vom 23. 5. 1945, zit. n. Wiggershaus, S. 462) Adorno selbst hat in seiner strikt qualitativen Untersuchung ebenfalls keine eingehende Analyse einer größeren Zahl von Einzelfällen durchgeführt. Die Methode, derer er sich bediente, war eine Phänomenologie, die auf theoretischen Formulierungen basierte und durch Interviewausschnitte illustriert wurde. (Vgl. Wiggershaus 1986, 463) Auch Fromm hat in seiner Arbeit „Arbeiter und Angestellte am Vorabend des Dritten Reiches" (1980) idealtypische Konstruktionen von drei Haupt-Charaktertypen erstellt, die in keiner Weise psychoanalytisch abgeleitet waren (z. B. aus Phasen der psychosexuellen Entwicklung), sondern idealtypische Unterschiede in den sozialen und politischen Anschauungen aufzeigten. Als Pointe der Studie erschien dann die Feststellung, daß nur eine Minderheit unter den Anhängern einer linken Partei die idealtypische radikale Haltung aufwies. (Vgl. Wiggershaus 1986, 196)

Die vorliegende Untersuchung wollte sich dagegen auf das Individuell-Besondere einlassen. Es ging darum, real lebende Männer und Frauen im Management und an der Universität in ihrem Gewordensein zu verstehen. Da die Komplexität der individuellen Lebensgeschichte erhalten werden sollte, wurde die Anzahl der Untersuchten klein gehalten (7–8 pro Gruppe). Die Aussagen über die untersuchte Gruppe basierten jedoch auf tatsächlich lebenden Menschen und keiner idealtypischen Konstruktion.

1.3. Beiziehung einer Supervision

Da das narrative Interview ähnlich wie das Erstinterview auch die subjektiv bewußten und unbewußten Gefühle der Interviewerin zum Klingen bringt, ist ein Aufzeigen der Verzerrung der Wahrnehmung ohne Hilfe Dritter äußerst schwierig. Gerade Gegenübertragungsphänomene lassen sich durch Selbstreflexion nur schwer erkennen. Es wurde daher in Analogie zur psychoanalytischen Arbeit eine Supervision durch eine Lehranalytikerin zum festen Bestandteil des Designs gemacht. Bei einer Teamarbeit wäre auch eine wechselseitige Supervision möglich.

1.4. Reflexion des Interventionscharakters der psychoanalytisch-biographischen Methode

Die Erforschung der psychischen Realität stellt einen „Eingriff" in tiefe Schichten der Persönlichkeit dar, der besonders berücksichtigt werden muß. Im Gegensatz zum Erstinterview, wo der Patient Hilfestellung vom Analytiker zur Lösung seiner Probleme erwartet, tritt im Forschungsprozeß die Forscherin an Personen heran, die keinen deklarierten Leidensdruck haben. Das Erzählen der Lebensgeschichte hat zweifellos den Charakter einer Lebensbilanz. Das Erinnern von schönen, aber oft auch leidvollen Erlebnissen, Trennung, Verlust und Tod ruft starke Gefühle hervor. Im Design wurde der „Interventionscharakter" dreifach berücksichtigt: Es wurde den Interviewten am Ende des Interviews angeboten, bei Bedarf ein Gespräch über offene Fragen zu führen, (was in zwei Fällen aufgegriffen wurde). Die Auswertung erfolgte in Analogie zum Deutungsprozeß im analytischen Setting, d. h. in alltagssprachlichen Formulierungen und nicht in der psychoanalytischen Metasprache. Drittens wurden mit allen Interessierten ausführliche Gespräche über die Auswertung geführt. (Dieses Angebot nahmen mehr als die Hälfte der Interviewten an). D. h., in dem gewählten Design wird die Psychoanalyse nicht erst bei der Text-Interpretation, sondern schon bei der Textproduktion herangezogen. (Vgl. Dahmer 1989, 45) Das Berücksichtigen der Betroffenen bei der Auswertung kann leicht als „Entschärfung des kritischen Potentials der Psychoanalyse" oder als „beschwichtigend-affirmatives" Vorgehen mißverstanden werden. Dieser leichtfertige Umgang mit der Verletzlichkeit anderer Menschen gibt sich als „kritisches Bewußtsein" aus, ohne zu überlegen, daß es sich bei den von mir gewählten behutsamen Formulierungen schon um massive Eingriffe handelt. Gerade dann, wenn Deutungen „stimmen", d. h. unbewußte Zusammenhänge bewußt werden, ist diese Einsicht schmerzlich.

Ich möchte anschließend noch genauer darauf eingehen, wie sich die Zielsetzung der Arbeit, nämlich Kenntnisse über psychische Prozesse zu vermitteln und dabei Vorurteile gegenüber der Psychoanalyse abzubauen, methodisch vermitteln läßt.

2. Phasen des Forschungsprozesses

Es sollen im folgenden die Phasen des Forschungsprozesses beleuchtet werden, um Einblick in den Prozeß zu ermöglichen. Es werden dabei 5 Phasen unterschieden:
1. Durchführung des narrativen Interviews (+Protokoll der Interaktion), 2. Transkription, 3. Interpretation, 4. Supervision, 5. Beiziehung der Soziolinguistin zur qualitativen Textanalyse.

2.1. Phase der Durchführung der narrativen Interviews

Wie bereits erwähnt, orientierte ich mich bei der Durchführung der narrativen Interviews am psychoanalytischen Erstgespräch. Die Phase der Datenerhebung und die Phase der Interpretation sind nicht strikt voneinander abgegrenzt, da schon während des Interviews explizit oder implizit Hypothesen gebildet werden, die den weiteren Interviewverlauf bestimmen. Im Interviewprozeß werden von der interviewenden Person Vermutungen und Überlegungen angestellt, die den Verlauf des Interviews bestimmen. Latente Sachverhalte werden durch Konfrontation, Klärung, selten durch eine Deutung aufgedeckt und damit die Hypothese verworfen oder bestätigt. (vgl. Greenson, 1981)

Exemplarisch möchte ich die Steuerungs- und Deutungsarbeit während des Interviewprozesses anhand von zwei Interviews darlegen. Es handelt sich dabei um eine nachträgliche Analyse des Prozesses. Im Englischen zeigt sich die Nähe des Erstgesprächs zum Forschungsinterview bereits im Wort „explorative interview". Bei der Analyse der Steuerung im Interviewprozeß durch die Interviewerin möchte ich fünf Aktivitätsformen unterscheiden:

1. Initialfragen: Das sind Fragen, die ein neues Thema in den Gesprächskontext einführen, wie z. B. „Wie war so ihr beruflicher Werdegang?" oder „Wie geht es Ihnen mit Ihren Mitarbeitern?" oder „Wie war die Einstellung des Vaters zur Arbeit?"

2. Zustimmende Äußerungen: Damit sind die verbalen Äußerungen der Zustimmung gemeint (ja, Mhm, Mmh), die anzeigen, daß die Zuhörerin versteht und zuhören will. Die dauernd stattfindende non-verbale Kommunikation, die über Blickkontakt und zustimmendes Kopfnicken läuft, ist nicht berücksichtigt. Diese Dimension wird in der Interviewtechnik m. M. n. zu wenig berücksichtigt. Sie entspricht dem „holding", den „stützenden Interventionen im analytischen Prozeß". Winnicott versteht darunter „die Funktion des Haltens als mütterliche Fürsorge, die ein Werden des Säuglings ermöglicht". (Winnicott 1983, 129)

3. Nachfrage: Darunter verstehe ich Fragen, die einen allgemein beschriebenen Sachverhalt konkretisieren helfen, wie etwa: „Was wär das zum Beispiel?", „Wie haben sie das gemacht, ein guter Bub zu sein?", „Sie sagen schwierige Situation, was war daran schwierig?" Gerade Konkretisierungen, Beispiele und das Beschreiben von Szenen machen einen Zugang zum primärprozeßhaften Denken möglich.

4. Bezug zu früheren Aussagen herstellen: Das sind Fragen, die einen Zusammenhang mit Antworten erstellen, die zeitlich früher gegeben wurden, aber einen Seitenaspekt beleuchten. Sie sollen nicht verloren gehen. Es sind Fragen wie: „Sie sagten, die Familie der Mutter war nicht standesgemäß. Was war die Familie der Mutter?" – „Sie haben gut gelernt, wie war ihr Verhältnis zu den Lehrern?" Hier ist es wichtig, dieselben Worte zu wählen, die die interviewte Person verwendet hat, um an die emotionale Bedeutung des Worts für diese Person anzuschließen.

5. Wiederholen, Konfrontieren, Deuten: Darunter fallen jene Äußerungen, die tieferliegende Zusammenhänge aufzeigen.

Wie sah nun das Verhältnis der oben beschriebenen Aktivitäten in den beiden Interviews aus? Es enthielt bei der einen Managerin, die ich „Gudula" nannte, 8 Initialfragen, 81 zustimmende Äußerungen, 61 Nachfragen, 7 Herstellen zu früheren Aussagen und 45 konfrontierende Äußerungen oder Deutungen. Bei der anderen Managerin, die ich „Rosalia" nannte, stellte ich 7 Initialfragen, 103 zustimmende Äußerungen, 37 Nachfragen, 3

Bezüge zu früheren Aussagen, 60 konfrontierende Äußerungen fest. Die geringe Anzahl der Initialfragen (8 bzw. 6) war zunächst auch für mich überraschend und verweist auf die Eigendynamik, die beim Erzählen der Lebensgeschichte wirksam wird. Ein Bezug zur Herkunftsfamilie wurde bei fast allen Interviewten schon bei der Beantwortung der ersten Frage hergestellt. Die Initialfragen unterscheiden sich natürlich bei jedem Interview. Subjektiv hatte ich den Eindruck, während der 1–2stündigen Interviews mehr Initialfragen gestellt zu haben.

Die zustimmenden Äußerungen (81 bzw. 103) erleichtern es, die affektive Beziehung der interviewten Person zur Interviewerin aufrecht zu erhalten. Die Funktion „des Haltens" ist besonders in belastenden emotionalen Situationen wichtig. Hier war es umgekehrt, die enorm große Zahl der sprachlichen Unterstützung übertraf meine Selbstwahrnehmung.

Die Nachfragen (61 bzw. 37) ermöglichen es, konkrete Daten über die Person zu erhalten, und gestatten so einen Zugang zu den zunächst verborgenen Bereichen der Lebensgeschichte. Bezogen auf den Interviewprozeß werden abstrakte Erzählungen oder Beschreibungen als Widerstand verstanden, oft rationalisiert durch die Vorsicht „nicht zu viel zu erzählen". Im Interviewprozeß findet eine unausgesprochene Verständigung über den Grad der Offenheit und der Intimitätsgrenzen statt. Geschützt werden sollten die interviewten Personen, deren Lebensgeschichte einem großen Leserkreis preisgegeben wird. Wissenschaftlerinnen, die schon wissenschaftlich-psychoanalytisch gearbeitet haben, kennen das Problem und verstehen daher die Einschränkung.

Ein Bezug zu früheren Aussagen (7 bzw. 3) wird hergestellt, um die Frage nicht als etwas Fremdes auszuweisen. So kann eine früher gemachte Äußerung der interviewten Person weitergeführt werden.

Konfrontierende Äußerungen oder Deutungen (45 bzw. 60) sollen den latenten Gehalt des Mitgeteilten erschließen. Oft tauchen alle wichtigen Lebensthemen in der ersten Antwort auf. Ähnlich wie beim „Initialtraum", das ist der erste Traum, der während einer Analyse erinnert und erzählt wird, kommt der ersten Antwort im Interview eine besondere Bedeutung zu. Zur Demonstration möchte ich zwei verschiedene Antworten auf die Eingangsfrage zitieren. Die Initialfrage lautet: „Wie war so Ihr beruflicher Werdegang?" Eine Antwort eines Top-Managers besteht in einer Rückfrage: „Beruflicher Werdegang sollte eigentlich beginnen nach -ah- der Mittelschule, könnte man so sagen?" Eine Rückfrage ist zunächst als Abwehr zu interpretieren, ein sich Schützen vor eindringenden Fragen. In der weiteren Antwort wurden die formalen Bildungsschritte beschrieben. Ich verstehe das als Ausdruck von Unsicherheit. Durch die Rückfrage wird ein Einverständnis mit mir hergestellt, wobei die Beschreibung der beruflichen Ausbildungsschritte wie ein Korsett stützt. Die Form des Körpers wird dabei verborgen so wie er seinen individuellen Werdegang zunächst hinter dem formalen Abschluß der Schule und des Studiums verbirgt. In einem anderen Interview beantwortet eine Managerin dieselbe Frage sehr ausführlich (vgl. Falldarstellung von Gudula).

Eine mögliche Kritik könnte sich auf die Verschränkung von deskriptiven und interpretiven Vorgehen beziehen und damit die Möglichkeit einer „reinen" Tatsachenfeststellung unterstellen. Dabei würde dann nicht reflektiert, daß in jeder Deskription schon eine Interpretation steckt. Das hermeneutische Vorgehen impliziert ein positives Verständnis der Vorurteile, mit denen jeder an Tatsachen herangeht, um sie im Verstehungsprozeß deutlich zu machen.

Ein weiterer Kritikpunkt könnte sich auf die Verwendung projektiver Tests beziehen, die als Verwässerung der narrativen Methode bezeichnet werden könnte. Ich erhoffte mir von der Einbeziehung des Rorschachtest eine Abstützung der Diagnose der Persönlichkeit, die aus dem Material des narrativen Interviews gewonnen wurde.

Die beiden häufigsten Formen der *Übertragung* in der Interaktion der Interviewsituation sind die positiven Übertragungen, die sich in Wertschätzung, Offenheit und Vertrauen äußern, und die negative Übertragung, die als Widerstand und Abwertungsstrategie auftritt. Die Tatsache, daß ich selbst als Wissenschaftlerin und nicht Studenten oder Hilfskräfte das Interview durchführten, wurde als Wertschätzung erlebt. Die negative Übertragung wurde immer auf die Thematik und Methodik der Untersuchung verschoben: So wurde die Psychoanalyse als „Irrtum des Jahrhunderts" bezeichnet oder als unwissenschaftliche Methode; es wurde betont, daß der berufliche Erfolg ausschließlich auf die eigene Leistung zurückzuführen sei etc. Der psychologische „Gewinn" solcher Abwehrstrategien liegt im Hinauszögern des Interviewbeginns, der mit Angst verbunden ist. Die Abwertung der Untersuchung soll vermutlich insofern beruhigen, als sie damit nicht so gefährlich erscheint. Mein Umgang mit Widerständen dieser Art bestand darin, mein Interesse an ihren lebensgeschichtlichen Erfahrungen zu betonen und zu versichern, nach dem Interview noch auf theoretische Fragen einzugehen, aber vorerst mit dem Interview zu beginnen. Die

Deutung dieser Verhaltensweise als Widerstand wird auch dadurch bestätigt, daß diese Personen weder nach Abschluß des Interviews noch bei der Besprechung der Auswertung auf die theoretischen Fragen zurückkamen. Soweit sie ein Gespräch über die Interpretation ihrer Biographie wünschten, betonten sie, wie interessant die Ergebnisse für sie gewesen seien.

Eine andere wichtige Dimension des Interviewprozesses stellt der Machtaspekt dar. So interpretiere ich den Versuch, die Interviewsituation in eine Prüfungssituation umzuwandeln, als Wiederherstellung der Dominanzwünsche des interviewten Universitätsprofessors. Da das narrative Interview der interviewten Person die Führung und damit die Aktivität weitgehend überläßt, münden diese Widerstände nach Beginn des Interviews in eine flüssige Erzählung. Das Zuhören kann die Ängste, ,,aufgemacht" oder ,,zerlegt" zu werden, abbauen, da die Interviewten die Grenze dessen, was sie erzählen wollen, selbst bestimmen.

2.2 Phase der Transkription

Die Transkription des gesamten Interviewtextes ermöglichte eine mehrmalige Lektüre und machte eine Vielzahl der im Interviewprozeß von mir nur teilweise registrierten Informationen verfügbar. Wörtliche Transkriptionen halten auch Versprecher fest, die man sonst überhört. Im Text kann auch der Prozeß der Interaktion rekonstruiert und mit den subjektiven Eindrücken verglichen werden (vgl. Ehlich u. a. 1976).

2.3 Phase der Interpretation und Auswertung

Die Anwendung der Psychoanalyse in der qualitativen Forschung außerhalb eines klinischen Zusammenhanges ist noch wenig erprobt. Der Innovationsgehalt der gewählten Fragestellung läßt sich auch darin ablesen, daß er für Personen, die mit dieser psychoanalytischen Forschungsrichtung vertraut sind, gut verständlich ist. Für andere Personen, die keine psychoanalytische Erfahrung haben, ist die Verlagerung des Interesses von der äußeren auf die ,,innere Realität" schwer nachvollziehbar, da es zu einer Verschiebung der Fokussierung und Abgrenzung der Fragestellung, nämlich von der äußeren auf die ,,innere Welt", kommt, d. h. wie eine Person ihre Familie, ihre Erziehung, ihre Chancen wahrgenommen und verarbeitet hat. Die Wahl der beruflich erfolgreichen Personen könnte bei manchen Lesern und Leserinnen Anlaß zu Mißverständnissen gegeben. Die Frage nach karrierefördernden

Familien- und Sozialisationsbedingungen hat nichts mit der Affirmation bestehender gesellschaftlicher Strukturen zu tun. Es geht auch nicht um eine moralisierende Bewertung von sozialen Aufsteigern. „Karriere" wurde als operationales Kriterium behandelt. Die sozialen Kosten der Karriere wurden nur indirekt sichtbar, wenn die Arbeit einen so zentralen Platz im Leben einnahm, daß die Familie zu kurz kam und andere Dimensionen der Persönlichkeit nur wenig entwickelt werden konnten. In den Falldarstellungen konnte gezeigt werden, wie die Psychoanalyse die Sprengkraft hat, die dem Bewußtsein zugängliche Fassade des Lebenskonzeptes aufzubrechen und die dahinterliegenden inneren Konflikte und Spannungen sichtbar zu machen. Gerade durch das Einbeziehen des projektiven Zeichentestes „Verzauberte Familie" (Kos/Biermann 1973) war ein Einblick in verdrängte bzw. unbewußte Bereiche möglich. Schon der Wechsel vom Medium des gesprochenen Wortes zur Zeichnung hilft, Fassaden abzubauen. So drückte ein konformistischer Manager, der zunächst gemeint hatte, es habe keine Konflikte in der Familie gegeben, beim Zeichnen der Mutter als kläffenden Hund seine Wut über die ewig unzufriedene Mutter aus. In der Zeichnung des „verwöhnten Prinzen" wurde die verleugnete negative Seite der Sonderposition ausgedrückt: die eines hilflosen, verstümmelten Säuglings. Die narzißtische Bedeutung der Sonderposition wurde durch die Stufen und den Thron gezeigt. Interessant war, daß in den Stellungnahmen, zu denen die Interviewten eingeladen wurden, nie die Interpretation in Frage gestellt wurde. Es wurde wiederholt auf die sorgfältige Interpretationsarbeit hingewiesen. Das hermeneutische Sinnverstehen orientiert sich an der Plausibilität der Alltagssprache. Ein positivistisch orientierter Einwand, daß das empirische Material der gewählten psychoanalytischen Interpretationsprinzipien widerlegbar sein sollte, wäre ein Widerspruch in sich selbst. Man kann Persönlichkeitsmodelle wie das Drei-Instanzenmodell von Freud oder die Jung'sche Archetypenlehre nicht durch empirisches Material widerlegen, weil Modelle nicht direkt beobachtbar sind. Es handelt sich eben dabei nicht um ein empirisch-deduktives Modell, sondern um ein Vorverständnis, mit dem ich an die Daten herangegangen bin. Die Angemessenheit der gewählten Interpretationsprinzipien zeigt sich, wenn ein „Sinnvolles-Darüber-Sprechen" möglich ist. Die Frage, ob das psychoanalytische Persönlichkeitsmodell und die Psychoanalyse als Wissenschaft anerkannt werden kann, stellt eine Außenperspektive dar. Darüber sind die Akten, wie auch die Kontroverse über Grünbaum (1988) zeigt, noch nicht geschlossen.

2.4 Phase der Supervision

Die Supervision hatte eine doppelte Aufgabe: einmal meine Interpretation durch eine unabhängig davon vorgenommene zweite Auswertung zu ergänzen, zu vertiefen oder zu kritisieren, und zweitens die Verzerrung, die durch Übertragungs- und Gegenübertragungsphänomene zustande kommt, aufzuzeigen.

Eine Lehranalytikerin der Wiener Psychoanalytischen Vereinigung, Frau Dr. Liesl Brainin, übernahm diese Aufgabe. Sie war zunächst skeptisch, ob aus den relativ oberflächlichen 2stündigen Interviews Persönlichkeitsstrukturen sichtbar gemacht werden könnten. Ihr immer stärker werdendes Interesse an der Arbeit und die Widerlegung ihrer Vorurteile bestärkten mich in meinem Arbeitsvorhaben. Frau Brainin las die transkribierten Interviews und kommentierte sie unabhängig von mir. Anschließend besprachen wir unsere Interpretationen.

Anhand von einigen Beispielen will ich ihre Anregung zum Material aufzeigen:

Bei dem hier schon genannten Interview der Managerin ,,Gudula" wies sie auf einen durchgängigen Abwehrmechanismus der Verleugnung hin: sie verleugne den Geschlechtsunterschied, sie verleugne die Zeit als Sekräterin, und sie verleugne die Trauer um den Verlust des Bruders. Ich hätte die narzißtische Gratifikation durch intellektuelle Leistung und Erfolg sowie die Erwartungshaltung ihrer Eltern ,,Du wirst es schaffen" zu wenig herausgearbeitet. Wichtig für das Verständnis von Gudula sei ihre Fähigkeit, die äußere und die innere Welt zu kontrollieren. Das gebe ihr Sicherheit. Die Rivalität mit der Mutter spiele eine große Rolle, die zu einem teilweisen Verzicht der Wahrnehmung ihrer weiblichen Funktionen führte. Die Karriere stelle so unbewußt einen Ersatz für weibliche Funktionen dar. Die phallische Größenphantasie wird durch die Aussage ,,80 Männer unter sich zu haben" deutlich.

Beispiele für die Bearbeitung von Gegenübertragungsphänomenen:

Es gibt unterschiedliche Begriffsbestimmungen von ,,Gegenübertragung". Unklar ist auch, ob dieser Begriff außerhalb des psychoanalytischen Settings Verwendung finden kann, ohne seine spezifische Bedeutung zu verlieren. Da es sich aber in Interviewsituationen um eine nicht symmetrische Kommunikationssituation handelt, glauben wir diesen Ausdruck heranziehen zu können. Ich verstehe Gegenübertragung als zunächst unbewußte Gefühlsreaktionen der Interviewerin, die entweder auf unbewußten Beziehungsangeboten der interviewten Personen oder auf verzerrte Impulse aus der Vergangenheit der Interviewerin zurückgehen. (Glover 1955).

Die *Gegenübertragung* trat in den verschiedenen Formen auf, die teilweise zunächst unbewußt waren und erst im Lauf der Supervision deutlich wurden. Besonders bei den ersten Interviews war ich sehr aufgeregt, da ich die ausgewählten Personen als mächtig und einflußreich ansah und nicht sicher war, ob sie tatsächlich bereit sein würden, mir all die persönlichen Dinge zu erzählen, die ich untersuchen wollte. Meine Angst vor dem ersten Interview zeigte sich in einer Fehlleistung: Ich fand das Haus der zu interviewenden Person nicht, obwohl ich schon öfter in dieser Straße gewesen war. Ich war eine halbe Stunde zu früh weggefahren, um pünktlich dort zu sein, und irrte dann fast eine Stunde in den umliegenden Gassen umher, bis ich es schaffte, die richtige Straße zu finden. Zu den Interviews erschien ich pünktlich zum vereinbarten Termin und bemerkte, daß ich vor allem bei den Interviews mit den Personen aus dem Management eine passende, repräsentable Kleidung gewählt hatte. Eine neue Lackledertasche, in der die Unterlagen fürs Interview untergebracht waren, vervollständigte das Bild und war wohl Ausdruck meines Wunsches, akzeptiert zu werden.

Die von Mertens (1986) als „hilfreiches Instrument" charakterisierten unbewußten Gefühlsregungen der Gegenübertragung traten in einigen Interviews auf: Trotz einer positiven Grundstimmung und Sympathie sowohl von seiten der Interviewten als auch von mir, hatte ich während eines Interviews das Gefühl eines Kampfes. Sobald ich eine Frage oder Deutung aussprach, nahm mir die interviewte Managerin das Wort förmlich aus dem Mund. Da ich das Phänomen bereits während des Interviews bemerkte, zog ich mich zurück, indem ich Sätze nicht zu Ende sprach, d. h. verstummte, sobald ich unterbrochen wurde. Interessant war, daß dies beim Anhören des Bandes und Lesen des Textes nicht bemerkbar war, sich jedoch inhaltlich als Grundmuster der Kampfhaltung der interviewten Person ihrem Vater gegenüber wiederholte und so ein zusätzliches Material darstellte. Die Widerspiegelung eines Grundmusters einer Persönlichkeitsstruktur im Interviewprozeß kam öfter zur Darstellung. So hatte ich im Interview mit einer Universitätsprofessorin den Eindruck, sie beschützen zu müssen wie einen verletzten Vogel. Das war genau die Beziehung, die sie sowohl mit ihrer Mutter als auch später mit ihrem Ehemann eingegangen war.

Öfter tauchte auch eine Identifikation von mir mit den interviewten Frauen auf, wenn feministische Themen wie Diskriminierungserfahrungen oder Durchsetzungsstrategien von Frauen angesprochen wurden. Beim Interview wirkte sich das jedoch nicht störend, sondern eher stimulierend dahingehend aus, mehr darüber zu sprechen.

Schwierig war es, wenn tabuisierte Themen weder von der interviewten Person noch von mir als Interviewerin erkannt wurden. So bemerkte ich erst in der Supervision beim Besprechen der ersten Interviews, daß die Antwort auf die Frage nach der politischen Einstellung der Eltern meist ausweichend ausfiel und von mir nicht nachgefragt wurde. Nachdem ich meinen Anteil an dieser Situation erkannt hatte, konnte ich dieses Tabu durchbrechen, indem ich z. B. ganz konkret fragte, was der Vater während des Krieges gemacht hatte oder ob die Eltern Mitglieder der NSDAP gewesen seien. Interessant war, daß ausweichende Antworten nicht nur von Kindern von Nazi-Eltern gegeben wurden, sondern ebenso von Nazi-Gegnern oder von Kinder jüdischern Eltern.

Besonders deutlich zeigte sich die Vielschichtigkeit der Kommunikation des Unbewußten bei einem Interview mit einer mir gut bekannten Person. Meine Supervisorin bemerkte nach der Lektüre des Textes, daß ich in diesem Interview eine „Abwehrkomplizin" eines Managers gewesen sei und ich in diesem Interview vielen Dingen nicht auf den Grund gegangen sei. Ich dagegen hatte den Interviewten als abwehrend und belehrend in Erinnerung. Die Erforschung der Vorgeschichte zeigte die Zusammenhänge auf: Wir hatten uns vor mehr als zehn Jahren gekannt, keine enge Beziehung gehabt, aber einander gefallen und miteinader geflirtet. Die großen Schwierigkeiten, einen Termin auszumachen, einige Absagen und sein Wunsch, das Interview nicht in seinem Büro durchzuführen, konnten als Antwort auf seine unbewußten erotischen Wünsche interpretiert werden, die verboten waren. Tatsächlich fand das Interview dann bei mir in der Wohnung auf einer Couch statt. Meine Befangenheit, die sich in der Fragehaltung äußerte, drückt ebenso widersprüchliche Gefühle aus, und zwar den Wunsch nach Nähe durch distanziertes Verhalten abzuwehren. Der gewählte Ort, nämlich mein Wohnzimmer, hat die Abwehr auf beiden Seiten sicherlich erhöht. Das Beispiel zeigt aber sehr eindrucksvoll, wie der abgewehrte unbewußte Wunsch zur Darstellung drängt. Am Ende des Interviews äußert der Interviewte seine Verwunderung, daß es schon aus sei. Er habe gedacht, „ich wolle etwas anderes von ihm", nämlich ihn nach den Erziehungspraktiken mit seinen Kindern zu befragen. In diesem Beispiel stellten die Übertragungs- und Gegenübertragungsreaktionen eine Beeinträchtigung des Interviews dar.

Wenn ich den bei den anderen Interviews üblichen Standard nicht erreicht hatte, zu wenig Nachfragen stellte und vieles unklar bleibt, versuchten wir in der Supervision die Ursache dafür zu finden. Es ging dabei um „unbewußte Kollisionen", wie Jürg Willi die ineinander greifenden, unbewußten Mechanismen nennt. Zur Illustration des diskursiven Verlaufes ein Beispiel:

So fragte mich Frau Brainin, was beim Interview mit einem von mir „Fritz" genannten Universitätsprofessor losgewesen sei. Er „speise mich mit fertigen Geschichten ab", und ich sei wie gelähmt. Nach der Methode der freien Assoziation teilte ich meine Einfälle mit: Fritz habe schon zu Beginn Widerstand gezeigt, indem er versuchte, die Interviewsituation in eine Prüfung umzuwandeln. Während der Erzählung sei ich tatsächlich wie „erschlagen" von der Dramatik der „wilden" Geschichten gewesen. Die Massivität der Mutter sei fast beängstigend gewesen. Vor allem die Zeichnung mit dem Ungetüm der Mutter sowie dem Vater als kargen Baum hatte mich beeindruckt und erschüttert.

Anhand des Textmaterials zeigte mir nun Frau Brainin, wie Fritz die Szene hysterisch dramatisiert hatte: Die chaotische Mutter, die ihn die Kniestrümpfe mit losem Gummi anziehen ließ, sei alltäglich und lasse eher Rückschlüsse auf seine Zwanghaftigkeit zu. Welche Mutter könne immer alle Kniestrümpfe tadellos versorgen? Er versucht zu „bluffen" und stellt einen „Familienroman" dar. Die finanzielle Lage der Eltern (Mutter Krankenschwester, Vater ein kleiner Beamter) sei sicherlich nicht so gut gewesen, wie Fritz das dargestellt habe, indem er sagte, die Mutter habe enorm viel Geld hinausgeschmissen, und dann sei nichts dagewesen. Sie hatten eben gerade genug, um die Familie zu ernähren und nicht so viel wie die Eltern seiner wohlhabenden Freunde.

Mir fiel dazu ein, daß ich während seiner Erzählung bereits an ein Psychodrama gedacht hatte. Meine Gefühlsäußerungen wie Überraschung und Entsetzen hatten ihm gut gefallen und ihn animiert. So konnte er sich hinter den Geschichten verstecken und mich ähnlich überrollen wie ihn seine Mutter überrollt hatte.

Mir fiel dann auch ein, daß die Erzählung über den Vater von Fritz im Gegensatz zu dem gezeichneten kahlen Baum stand. Fritz sprach über die Vitalität und Aggression des Vaters (z. B. einer Tante gegenüber, die er einsperrte). Das gezeichnete Bild stellte den „inneren Vater", die Objektbeziehung dar. Sie gab Auskunft über einen ödipalen Konflikt, wobei der Sohn wünscht, der Vater möge „saftlos" (ausgedörrt) sein und die dynamische Mutter nicht befriedigen können.

Ich bin etwas genauer auf dieses Beispiel eingegangen, um den Prozeß der Bearbeitung aufzuzeigen. Es gibt sehr wenig empirisch gesichertes Material zur Übertragung und Gegenübertragungsarbeit in Forschungsprozessen.

2.5. Phase der Beiziehung der Soziolinguistik

Ziel der Konsultation mit einer Soziolinguistin war es, die sprachlichen Manifestationen der Interviewten, deren Deutung auf Analogieschlüssen aus Erfahrungen der psychoanalytischen Arbeit beruht, textanalytisch zu untersuchen. Die Soziolinguistik wurde im Rahmen dieser Untersuchung als Hilfswissenschaft definiert, die neben der psychoanalytischen Supervision als eine zweite Kontrollebene für die Übereinstimmung oder Konvergenz der Interpretation dienen sollte. Auch von der soziolinguistischen Konsulentin wurden unabhängige Interpretationen der transkribierten Texte vorgenommen. Dieselben Stellen im Interview wurden als bedeutungsvoll gekennzeichnet. Divergierende Interpretationen gab es praktisch nicht. Die Auswertung wurde bereichert um Aussagen über den Texttyp des Interviews, die Art zu sprechen und die Struktur der Erzählung. Sie wurden in die Falldarstellungen integriert.

Meine Hypothese, daß in der ersten Antwort auf die Frage nach dem beruflichen Werdegang – ähnlich wie im Initialtraum im analytischen Prozeß – die wichtigen Merkmale der Persönlichkeit und deren innere Konflikte sichtbar werden, diskutierte ich mit Konrad Ehlich, einem damals in Wien lehrenden Gastprofessor für Sprachwissenschaften. Obwohl eine genauere Ausarbeitung dieser Hypothese wegen der großen Datenfülle nicht möglich war, starteten wir ein kleines Experiment, nämlich eine erste Antwort (des ersten ausgewerteten Interviews von „Gudula") einer diskursanalytischen Interpretation zu unterziehen. Die Entwicklung der Diskursanalyse sei, so meinte Ehlich, meist in einer theoretischen Konstruktion entwickelt worden und daher „materialfern" verlaufen. „Eine analytische Detailarbeit empirischer Daten könne die Brauchbarkeit der Konzeption der „speech act theory" demonstrieren. Seine Analyse erfolgte in vier Schritten, und zwar:

1. Analyse der diskursiven Struktur,
2. Handlungsanalyse,
3. Bestimmung der diskursiven Gattung und
4. Untersuchung zu den aktualisierten Wissensstrukturen (Ehlich 1989, 4).

Das Gesagte wurde dabei als „Potential des aktualisierten sprachlichen Handelns" verstanden. Es galt die sprachlichen Kennzeichen aufzufinden, was die Sprecherin bei ihrer Gesprächspartnerin kommunikativ bewirkte, d. h. es ging um die „Rekonstruktion von Verstehenspotential". Diese Untersuchung des Textes der Antwort der Managerin „Gudula" (Textumfang weniger als eine Seite) durch Ehlich umfaßt mehr als 60 Seiten und bestätigt die Interpretation, die auf der Basis einer psychoanalytischen Persönlichkeitstheorie durchgeführt worden war.

Die kurz angerissene Darstellung der Prozesse in der Supervision und in der interdisziplinären Arbeit mit Soziolinguisten zeigt die Komplexität des gewählten methodischen Verfahrens. Man könnte die Methodik zum Gegenstand machen und in einem unendlichen Prozeß ad infinitum reflektieren. Man könnte untersuchen, an welchen Stellen Steuerungs- oder Deutungsimpulse von der Interviewerin ausgehen, wie die Interviewten die Eingangsfrage beantworten und welche Rückschlüsse daraus zu ziehen sind.

Es ging mir in der Untersuchung darum, Entwicklungsprozesse von beruflichen Erfolgskarrieren nachzuzeichnen sowie eine Selbstreflexion der Interviewten in pädagogischer Absicht zu ermöglichen. Eine interdisziplinäre Forschung unter Einbeziehung psychoanalytischer Methoden stellt eine Bereicherung dar und ermöglicht eine differenzierte Sichtweise der Lebensgeschichte und Aufstiegsmotivation.

Literaturverzeichnis

Adorno, Th. u. a.: Studien zum autoritären Charakter, Frankfurt 1973.
Aichhorn, A.: Verwahrloste Jugend, Wien 1951.
Andersen, H. Ch.: Märchen und Erzählungen. hrsg. von Sven Larsen. Flendsteds Verlag, Odense 1958.
Andraschko, E./Ecker, A.: Frauen im Lehrberuf, in: Unterricht und Erziehung 1982, H.2, S.295–309.
Argelander, H.: Der Flieger. Eine charakteranalytische Fallstudie. Suhrkamp 1972.
Argelander, H.: Das Erstinterview in der Psychotherapie. Darmstadt 1983.
Argyris, Ch.: Das Individuum und die Organisation: Einige Probleme gegenseitiger Anpassung, in: K. Türk (Hg.). Organisationstheorie. Hamburg 1975, S. 215 ff.
Bateson, G.: Geist und Natur, Frankfurt 1984.
Beck, P.: Zwischen Identität und Entfremdung. Die Hochschule als Ort gestörter Kommunikation, Frankfurt 1975.
Benard, Ch./Schlaffer, E.: Selbstblockierung, Wien 1989.
Bettelheim, B.: Die symbolischen Wunden. Pubertätskrisen und der Neid des Mannes. München 1975.
Bettelheim, B.: Kinder brauchen Märchen. Dt. Verlag-Anst., Stuttgart 1977.
Bettelheim, B.: Ein Leben für Kinder. Erziehung in unserer Zeit, Stuttgart 1987.
Betz, N./Fitzgerald, L.: The Career Psychology of Women, Academic Press, Orlando 1987.
Bimmer, B.: Zum Selbst- und Fremdbild von Wissenschaftlerinnen. Erste Teilergebnisse einer empirischen Studie, in: Bock u. a.: Frauen an den Universitäten, Frankfurt 1983.
Bion, W. R.: Lernen durch Erfahrung, Frankfurt 1992.
Bock, U. u. a. (Hg): Frauen an den Universitäten, Frankfurt – N.Y. 1983.
Bock-Rosenthal, E., Haase, C. Streek, S.: Wenn Frauen Karriere machen. Frankfurt 1978.
Bohm, E.: Lehrbuch der Rorschach-Psychodiagnostik, Für Psychologen, Ärzte und Pädagogen, Bern Stuttgart Toronto 1951.
Bohm, E.: Psychodiagnostisches Vademecum. Hilfstabellen für den Rorschach – Praktiker. Bern Stuttgart Wien 1975.
Bosetzky, H./Heinrich, P.: Mensch und Organisation. Aspekte biographischer Sozialisation, Kohlhammer, Köln-Stuttgart-Berlin 1985.
Boszormeny-Nagy, I. Spark, M. G.: Unsichtbare Bindungen. Die Dynamik familiärer Systeme. Klett-Cotta, Stuttgart 1981.
Bourdieu, P.: Homo academicus, Frankfurt 1988.
Breen, D. (Ed.): The Gender Conundrum. Contemporary Psychoanalytic Perspectives on Femininity and Masculinity. New Library of Psychoanalysis, London and New York 1993.

Bremer, I.: Koeduktation in der Diskussion unseres Jahrhunderts, in: Frauen verändern Schule, hrsg. v. Kindermann, G. u. a., Berlin 1987.
Britton, R.: The missing link: parental sexuality in the Oedipus complex, in: The Oedipus Complex Today, ed. b. R. Britton, M. Feldman, E. O'Shaughnessy, Karnak Books, London 1989.
Brown, L. M./Gilligan, C.: Die verlorene Stimme. Wendepunkte in der Entwicklung von Mädchen und Frauen, Frankfurt, New York 1994.
Bundesgesetzblatt für die Republik Österreich: Verordnung: Frauenförderung im Wirkungsbereich des Bundesministeriums für Wissenschaft, Forschung und Kunst vom 31. März 1995.
Byng-Hall, J.: Scripts and Legends in Families and Family Therapy. in: Family Process, 27, London 1988, p. 167–180.
Canetti, E.: Die Blendung. Frankfurt 1965.
Canetti, E.: Masse und Macht, Fischer-TB, Frankfurt 1980.
Chasseguet-Smirgel, J. (Hg.): Psychoanalyse der weiblichen Sexualität, Frankfurt 1974.
Chasseguet-Smirgel, J.: Das Ich-Ideal. Psychoanalytischer Essay über die „Krankheit der Identität". Lit. d. Psychoanalyse, hg. von A. Mitscherlich, Suhrkamp, Frankfurt 1981.
Chodorow, N.: Das Erbe der Mutter. Psychoanalyse und Soziologie der Geschlechter. Frauenoffensive, München 1985.
Cicourel, A. V.: Methode und Messung in der Soziologie. Frankfurt 1970.
Claessens, D.: Familie und Wertsystem. Berlin 1962.
Claessens, D.: Das Konkrete und das Abstrakte. Soziologische Skizzen zur Anthropologie. Suhrkamp, Frankfurt 1980.
Coolican, H.: Research Methods and Statistics in Psycology, Hodder & Stroughton, London 1993.
Cole, J./Zuckerman, H.: Ehe, Mutterschaft und Forschungsleistung, in: Spektrum der Wissenschaft, H.4, April 1987, S.42–48.
Dahmer, H.: Psychoanalyse ohne Grenzen, Darmstadt 1989.
Devereux, G.: Angst und Methode in den Verhaltenswissenschaften. München 1976.
Demos, E. V.: Resiliency in Infancy, in: The Child in Our Times, ed. by Dugan, T. F. and Coles, R. New York 1989.
Dienst, H.: Männerarbeit – Frauenarbeit im Mittelalter. In: Beträge zur historischen Sozialkunde, H.3, 11. Jg., 1981, S. 88–90.
Dinnerstein, D.: The Mermaid and the Minotaur, Harper & Row, New York 1976.
Dohm, H.: Erziehung zum Stimmrecht der Frau. (Schriften des Preußischen Landesvereins für Frauenstimmrecht Nr. 6) 2. Aufl., Berlin 1910, zit. n. Meißner 1987.
Dowling, C.: Der Cinderella-Komplex, Frankfurt 1987.
Dreitzel, H. P.: Die gesellschaftlichen Leiden und das Leiden an der Gesellschaft. Vorstudien zu einer Pathologie des Rollenverhaltens. Stuttgart 1980.
Ecker, A.: Sozialgeschichte Zugänge zum Thema: Frau und Mann in der Gesellschaft, in: Medienkoffer: Frau und Mann: Partnerschaft des BMUKS, Bohmann-Verlag, Wien 1986.
Edding, C.: Einbruch in den Herrenclub. Von den Erfahrungen, die Frauen auf Männerposten machen. Reinbek 1983.

Ehlich, K.: „So kam ich in die IBM". Eine diskursanalytische Studie, unveröffentlichtes Manuskript, Dortmund 1989.

Ehlich, K./Rehbein, J.: Praktisches Transkripieren. In: Linguistische Berichte 4, 1976, S. 21–42.

Elias, N.: Über den Prozeß der Zivilisation. Soziogenetische und psychogenetische Untersuchungen, Bd. 1 u. 2, Frankfurt 1978.

Elias, N., u. a.: Etablierte und Aussenseiter. Frankfurt 1989.

Ellwein, Th.: Die deutsche Universität. Vom Mittelalter bis zur Gegenwart, Athenäum Verlag, Königstein/Ts, 1985.

Fagerson, E.: "Male" Career Women, in: USA Today, 13 Sept. 1984.

Feyl, R.: Der lautlose Aufbruch. Frauen in der Wissenschaft. Darmstadt und Neuwied 1983.

Firnberg, H.: Frauen und Forschung, in: Frauenstudium und akademische Frauenarbeit in Österreich 1968–1987, hrsg. von V. A. K. Wien o. J., S. 17–29.

Fischer-Kowalski, M.: Universität und Gesellschaft in Österreich, in: H. Fischer (Hg.): Das politische System Österreichs, Wien 1974.

Forer, L. K./Still, H.: Erstes, zweites, drittes Kind ... Welche Bedeutung hat die Geschwisterfolge für Kinder, Eltern, Familie? Rowohlt, Reinbek 1982.

Freud, S. (1900): Die Traumdeutung, in: Studienausgabe, Bd. 2, Frankfurt 1972.

Freud, S. (1923): Das Ich und das Es, G.W. XIII, 237–287.

Freud, S. (1933): Neu Folge der Vorlesungen zur Einführung in die Psychoanalyse, G.W. XV.

Freud, S. (1937): Konstruktion in der Analyse, in: Studienausgabe, Ergänzungsband, Frankfurt 1975, S. 393–406.

Freud, S. (1937a): Die endliche und die unendliche Analyse, in: Studienausgabe, Ergänzungsband, Frankfurt 1975, S. 351–392.

Fromm, E.: Anatomie der menschliche Destruktivität, Reinbek 1974.

Fromm, E.: Arbeiter und Angestellte am Vorabend des Dritten Reiches. Eine sozialpsychologische Untersuchung, hrsg. v. Bonß, W., Stuttgart 1980.

Gallese, L. R.: Von den Folgen des Erfolgs. Gespräche mit Spitzen-Managerinnen, Reinbek 1986.

Gambaroff, M.: Utopie der Treue, Reinbek bei Hamburg 1984.

Geissler, J.: Psychologie der Karriere. Neurose im Beruf und ihre Überwindung, München, Zürich 1977.

Gillespie, W. H.: Concepts of vaginal orgasm, in: Int. Jour. of Psych.-Anal. 1969, 50, S. 495–7.

Glaser, B. G./Strauss, A. L.: The Discovery of Grounded Theory. Strategies for Qualitative Research. New York, Aldine 1979, zit. n. Hermans, H., 1982, S. 120.

Glover, E.: The Technique of Psycho-Analysis. London 1955.

Goldbrunner, H.: Arbeit mit Problemfamilien. Systemische Perspektiven für Familientherapie und Sozialarbeit, Mainz 1989.

Greenson, R. R.: Dis-Identifikation. In: Int. J. Psycho-Anal. 49, 1968, S. 370–374.

Greenson, R. R.: Technik und Praxis der Psychoanalyse, Bd. I, Klett Cotta, Stuttgart 1981.

Grinberg, L./Sor, D./Tabak de Bianchedi, E.: New Introduction to the Work of Bion, Jason Aroson, Northvale, New Jersey, London 1989 (deutsch: W. R. Bion. Eine Einführung. Stuttgart – Bad Canstatt 1993).

Grünbaum, A.: Die Grundlagen der Psychoanalyse. Eine philosophische Kritik. Stuttgart 1988.

Habermas, J.: Strukturwandel der Öffentlichkeit. Untersuchungen zu einer Kategorie der bürgerlichen Gesellschaft. Neuwied und Berlin 1962.

Hegel, G. W. F. (1807): Phänomenologie des Geistes, Frankfurt 1970.

Heindl, W.: Die Studentinnen der Universität Wien. Ein Beitrag zur Bildungs- und Wissenschaftsgeschichte, Projektbericht, Wien 1985 (erscheint in: Schriftenreihe des Universitätsarchivs Wien).

Horney, K.: Die Psychologie der Frau. München 1977.

Hurrelmann, K./Ulich, D. (Hg): Handbuch der Sozialisiationsforschung, Weinheim und Basel 1989.

Ingrisch, D.: „Alles war das Institut". Eine lebensgeschichtliche Untersuchung über die erste Generation von Professorinnen an der Universität Wien, 1992.

Jones, E.: The early development of female sexuality, in: Int. Jour. of Psycho-Analy., 8, S. 459–72.

Ketsch, P.: Frauen im Mittelalter. Bd. 1, hrsg. von Kuhn, A., Düsseldorf 1983.

Klein, M.: The Oedipus complex in the light of early anxieties, in: diess: Love, Guilt and Reparation, London 1945.

Kohut, H.: Narzißmus. Eine Theorie der psychoanalytischen Behandlung narzißtischer Persönlichkeitsstörungen. Frankfurt 1973.

Kos, M., Biermann, G.: Die verzauberte Familie. Ein tiefenpsychologischer Zeichentest. München, Basel 1973.

Krainz, E.: Organisationsentwicklung und das Problem der Geschlechtertrennung. Thesen zur Frage der männerbündischen Organisation. In: Didaktische Reflexion und Wissenschaft in einer sich ändernden Welt. Forschungsperspektiven, Klagenfurt 1984, S. 255–269.

Lacan, J.: Ecrits, Paris: Editions du Seuil 1966.

Le Goff, J.: Die Intellektuellen im Mittelalter. Stuttgart 1985.

Le Mayer, K.: Die Verwaltung der österreichischen Hochschulen von 1868–1877, Wien 1878.

Lieber, E. K.: The Professional Woman: Coping in a Two-Career Family, In: Educational Horizons 1980, 58, 3, Spring, S. 156–161.

Luukkonen-Gronow, T.: Myths and Realities of Role Incompatibility of Women Scientists, In: Acta Sociologica 1983, 26, S. 3–4, 267–280.

Maccoby, M.: Gewinner um jeden Preis. Der neue Führungstyp in den Großunternehmen der Zukunftstechnologie. Reinbek 1977.

Marcuse, H.: Über den affirmativen Charakter der Kultur, in: ZfS 1937, H.1.

Marcuse, H.: Der eindimensionale Mensch. Neuwied 1967.

Marx, K.: Das Kapital. Kritik der politischen Ökonomie. Berlin 1972.

Maturana, U./Varela, E.: Der Baum der Erkenntnis. Die biologischen Wurzeln des menschlichen Erkennens, Hamburg 1987.

Mc Clelland, D. and Winter, D. G.: Motivating Economic Achievement, N.Y. Free Press 1969.
McDougall, J.: Homosexuality in women, in: Chasseguet-Smirgel, J. (ed) Female Sexuallity, London 1981.
Mentzos, S.: Neurotische Konfliktverarbeitung. Einführung in die psychoanalytische Neurosenlehre unter Berücksichtigung neuer Perspektiven. Kindler Geist und Psyche, München 1982.
Mertens, W.: Psychoanalyse. Kohlhammer, Stuttgart 1986.
Metz-Göckel, S. (Hrsg.): Frauenstudium. Zur alternativen Wissenschaftsaneignung von Frauen. Hamburg 1979.
Metzler, G.: Frauen, die es geschafft haben. Portraits erfolgreicher Karrieren. Econ-Verlag, Düsseldorf-Wien 1985.
Mill, J. St./Mill, H. T.: Die Hörigkeit der Frau. Texte zur Frauenemanzipation. Frankfurt 1976 (erstmals 1869).
Miller, J. B.: Die Stärke weiblicher Schwäche. Zu einem neuen Verständnis der Frau, Fischer-TB, Frankfurt 1976.
Mintzberg, H.: The Nature of Managerial Work. New York 1973.
Mitscherlich, A.: Auf dem Weg zur vaterlosen Gesellschaft. Ideen zur Sozialpsychologie. Piper-Verlag, München 1976.
Mitscherlich, M.: Die friedfertige Frau. Eine psychoanalytische Untersuchung zur Aggression der Geschlechter. S. Fischer Verlag, Frankfurt 1985.
Mitterauer, M.: Geschlechtsspezifische Arbeitsteilung in vorindustrieller Zeit, in: Beiträge zur historischen Sozialkunde, 11. Jg., H.3, 1981, S. 77–87.
Mitterauer, M.: Ledige Mütter. Zur Geschichte unehelicher Geburten in Europa. München 1983.
Mohr, W.: Frauen in der Wissenschaft. Ein Bericht zur sozialen Lage von Studentinnen im Hochschulbereich. Freiburg im Breisgau 1987.
Morrison, A. A. et al: Breaking the Glas Ceiling, Can Women Reach the Top of America's Largest Corporations? Addison-Wesley Pub. Comp. 1987.
Morrison, A. M./White, R. P./Van Velsor, E.: Executive Women: Substance Plus Style. To be successful in upper Management, Women must constantly monitor their Behavior, making sure they are neither too masculine nor too feminine. In: Psychology today, Aug. 1987, S. 17–26.
Moser, T.; Jugendkriminalität und Gesellschaftsstruktur, Frankfurt 1987.
Parin, P./Parin-Mattey, G.: Subjekt im Widerspruch. Aufsätze 1978–1985, Frankfurt 1986.
Parker, B.: Chronik einer gestörten Familie, Frankfurt 1975.
Pietschmann, H.: Das Ende des naturwissenschaftlichen Zeitalters. Wien, Hamburg 1980.
Pizan; Ch.: Das Buch von der Stadt der Frauen, 1405, übersetzt, Orlanda-Frauenverlag, Berlin 1986.
Roe, A.: The Making of a Scientist, N.Y., Dadd, Mead 1953.
Riemann, H.: Grundformen der Angst, Frankfurt 1972.
Rousseau, J. J.: Emile oder Über die Erziehung. Paderborn 1972 (erstm. 1762).
Rumpf, H.: Alltägliche Hochschule. Über die szenisch vermittelte Lähmung von Subjekten, In: Klaus Horn (Hg.): Kritik der Hochschuldidaktik, Frankfurt 1978.

Schelsky, H.: Einsamkeit und Freiheit. Idee und Gestalt der deutschen Universität und ihrer Reformen, Reinbek 1963.
Scheu, U.: Wir werden nicht als Mädchen geboren, wir werden dazu gemacht. Frankfurt 1981.
Segal, H.: Delusion and artistic creativity, in: The Work of Hanna Segal, London 1986.
Sohn-Rethel, A.: Geistige und körperliche Arbeit. Zur Theorie der gesellschaftlichen Synthesis. Frankfurt 1973.
Stierlin, H.: Delegation und Familie. Beiträge zum Heidelberger familiendynamischen Konzept, Frankfurt 1982.
Suttner, B. v.: Das Maschinenalter. Zürich 1891.
Trömel-Plötz, S.: Frauensprache: Sprache der Veränderung. Frankfurt 1982.
Trömel-Plötz, S. (Hg.): Gewalt durch Sprache. Die Vergewaltigung von Frauen in Gesprächen. Frankfurt 1984.
Veith, M.: Frauenkarriere im Management. Einstiegsbarrieren und Diskriminierungsmechanismen, Frankfurt, New York 1988.
Vogt, R.: Innere und äußere Realität in Psychoanalysen. In: Psyche, 42. Jg., August 1988, Klett Cotta, Stuttgart 1988, S. 657–688.
Vogt-Heyder, B.: Ist die Ehe überholt? In: Brede, K. u. a.: Befreiung zum Widerstand. Aufsätze zu Feminismus, Psychoanalyse und Politik. Festschrift für M. Mitscherlich. Frankfurt 1987.
Weber, M.: Die protestantische Ethik. Hamburg 1975.
Weber, M.: Wirtschaft und Gesellschaft. Studienausgabe hrsg. v. Winckelmann, Frankfurt 1972.
Wiggershaus, R.: Die Frankfurter Schule. Geschichte. Theoretische Entwicklung. Politische Bedeutung, München, Wien 1988.
Winnicott, D. W.: Bruchstück einer Psychoanalyse. Stuttgart 1982.
Winnicott, D. W.: Reifungsprozesse und fördernde Umwelt. München 1974.
Winnicott, D. W.: Von der Kinderheilkunde zur Psychoanalyse. München 1983.
Wolf-Graaf, A.: Frauenarbeit im Abseits. Frauenbewegung und weibliches Arbeitsvermögen. Frauenoffensive, München 1971.

Aus dem Programm Psychologie

Marianne Leuzinger-Bohleber/ Eugen Mahler (Hrsg.)
Phantasie und Realität in der Spätadoleszenz
Gesellschaftliche Veränderungen und Entwicklungsprozesse bei Studierenden
1993. 344 S. Kart.
ISBN 3-531-12382-3

Identitätsbildung und Identitätskonflikte stehen im Zentrum der spätadoleszenten Entwicklung und werden durch das Spannungsfeld von Innen und Außen, Individuum und Gesellschaft, Phantasie und Realität determiniert. Im ersten Teil des Buches befassen sich namhafte Psychoanalytiker in klinischen und kulturtheoretischen Beiträgen mit diesem in der psychoanalytischen Fachliteratur bislang vernachlässigten Thema. Im zweiten Teil werden die Ergebnisse eines mehrjährigen Forschungsprojektes, in dem Entwicklungsprozesse bei Studierenden während der letzten zwanzig Jahre psychoanalytisch und sozialpsychologisch untersucht wurden, kritisch zusammengefaßt.

Daniela Rastetter
Sexualität und Herrschaft in Organisationen
Eine geschlechtervergleichende Analyse
1994. 300 S. (Beiträge zur psychologischen Forschung, Bd. 33) Kart.
ISBN 3-531-12604-0

Durch organisationale Herrschaft wird Sexualität kanalisiert und unterdrückt. Dennoch werden sexuelle Bedürfnisse als Widerstand gegen Repression ausgelebt. Ausgewählte Themen der Untersuchung sind: offizielle Sanktionen gegen sexuelles Verhalten am Arbeitsplatz, die Ökonomisierung von Sexualität in Organisationen, Dynamiken sexueller Belästigung und erotischer Romanzen sowie die spezifische Situation von Frauen in Führungspositionen, die mit „Männerbünden" konfrontiert sind.

Gabriele Sobiech
Grenzüberschreitungen
Körperstrategien von Frauen in modernen Gesellschaften
1994. 351 S. Kart.
ISBN 3-531-12588-5

Machtverhältnisse kommen in modernen Gesellschaften vor allem auch in der „Modellierung" des Körpers zum Ausdruck. Die Strategien, die den Körper disziplinieren und gefügig machen - die Politik des Körpers - ist zugleich eine der Geschlechterdifferenz. Während für Männer die Handlungs- und Erfolgsmaximen wie Leistungsfähigkeit, Handlungswille und Effizienz am Körper ablesbar sein sollen, muß die „normale" Frau ihren Körper gemäß den von Männern entworfenen Schönheitsidealen formen, um ihre „Weiblichkeit" zu demonstrieren. Wie die Frauen in den gesellschaftlich-kulturellen Grenzen von „Weiblichkeit" handlungsfähig bleiben und wo sie diese Grenzen überschreiten, ist Gegenstand dieser Studie.

WESTDEUTSCHER VERLAG
OPLADEN · WIESBADEN

Aus dem Programm Psychologie

Michael B. Buchholz (Hrsg.)
Psychotherapeutische Interaktion
Qualitative Studien zu Konversation, Metapher, Plan und Geste
1995. XII, 230 S. Kart.
ISBN 3-531-12755-1

In diesem Band werden neue Verfahren der qualitativen Psychotherapieforschung erprobt. Sichtbar wird, was alles in einer psychotherapeutischen Sitzung geschieht und wie abhängig die Ansichten von der verwendeten Methode sind; sichtbar wird aber auch, wie sehr die Ergebnisse konvergieren und im Geiste des Betrachters zu einer Synthese verschmelzen. Jedes Verfahren stellt das Zentrum eines eigenen Diskurses dar, und von jedem Zentrum gehen Verbindungslinien zum anderen. Insbesondere kommen hier zur Anwendung: Konversationsanalyse, Metaphernanalyse, objektive Hermeneutik, die Planfeststellungsmethode, die Mikroethnographie der Kommunikation und eine klinische Sichtweise.

Gerhard Schneider/
Günter H. Seidler (Hrsg.)
Internalisierung und Strukturbildung
Theoretische Perspektiven und klinische Anwendungen in Psychoanalyse und Psychotherapie
1995. 331 S. Kart.
ISBN 3-531-12750-0

‚Internalisierung' und ‚Strukturbildung' sind zentrale Begriffe im Zusammenhang mit dem Entstehen und der Aufrechterhaltung einer inneren, psychischen Welt. Diese innere Welt ist nicht einfach eine Art Abbild der äußeren Wirklichkeit, sondern bildet sich im Wechselspiel unter Konfrontation zwischen mitgebrachten Reaktionsdispositionen, körperlichen Bedürfnissen und Phantasien einerseits und befriedigenden und versagenden bis hin zu traumatisierenden Erfahrungen mit den wichtigen Bezugspersonen in der Kindheit und Jugend andererseits. Anliegen des Buches ist es, verschiedene Aspekte solcher Internalisierungs- und Strukturbildungsprozesse in theoretischer wie klinischer, diagnostisch-therapeutischer Hinsicht zu beleuchten.

Barbara Eisenmann
Erzählen in der Therapie
Eine Untersuchung aus handlungstheoretischer und psychoanalytischer Perspektive
1995. 225 S. Kart.
ISBN 3-531-12732-2

Im Mittelpunkt dieser Studie steht die Frage, ob es möglich ist, mit einem psychoanalytisch fundierten Handlungsmodell und einem entsprechenden begrifflichen Instrumentarium in der Analyse von Erzählungen, die Patienten in Therapiegesprächen mitteilen, auch unbewußte Prozesse als mentale Verfahrensweisen handlungstheoretisch zu rekonstruieren. Anhand von vier Mikroanalysen von Erzählungen kann gezeigt werden, daß die Analyse spezifischer sprachlich-mentaler Eigenschaften von Erzählungen Aufschluß über die innere Welt des erzählenden Subjekts und - in Teilen - dessen unbewußte Handlungsweisen geben kann.

WESTDEUTSCHER VERLAG
OPLADEN · WIESBADEN